JN320690

増山幹高著

議会制度と日本政治

― 議事運営の計量政治学 ―

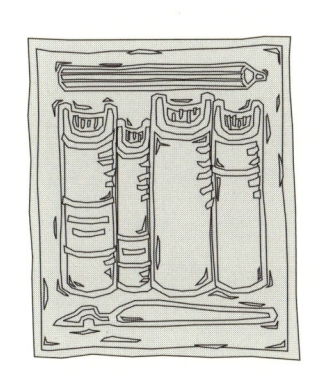

木鐸社刊

AGENDA POWER IN THE JAPANESE DIET

by MASUYAMA, Mikitaka

Copyright © 2003 by MASUYAMA, Mikitaka

Bokutakusha Pub. Ltd.
5-11-15-302, Koishikawa
Bunkyo-ku, Tokyo, 112-0002, Japan

目次

第1章 序論 ... 11
  1 制度論と戦略性 ... 12
  2 国会の機能と運営 ... 14
  3 既存研究における問題点 ... 20
  4 研究の目的と意義 ... 22
  5 本書の構成 ... 25

第2章 国会研究における観察主義 ... 31
  1 官僚支配論 ... 31
  2 与野党協調論 ... 37
  3 代理委任論 ... 42
  4 観察主義の陥穽 ... 47

第3章 国会は全会一致的か？ ... 49
  1 国会における立法手続き ... 49
  2 国会法規の再考 ... 51
  3 議事運営の比較制度論 ... 61

第4章 議事運営の分析方法論 ... 71
  1 議事運営権の理論 ... 72
  2 分析概念としての「立法時間」 ... 74
  3 議事運営権の制度的均衡 ... 78
  計量分析概論 ... 81
    1 生存分析 ... 81
    2 サンプル・セレクション ... 85

第5章 議事運営による非決定 ... 89
  1 セレクション・バイアス ... 89
  2 法案賛否の不均一分散 ... 101
  3 議院内閣制における国会の機能 ... 110

第6章 議事運営と立法時間 ... 113
  1 会期制による時間制約 ... 113
  2 立法時間の推計 ... 115

3	立法時間の均一性	127
補足推計		130

第7章　議事運営と立法的効率　133
 1　委員会における議事運営権　134
 2　政権基盤の脆弱性と議事運営権　136
 3　議事運営の制度化　144
 4　議事運営と政党制　150
 補足推計　155

第8章　議事運営と行政的自律　159
 1　議事運営と行政裁量　160
 2　議事運営と行政組織　165
 3　政治優位における官僚主導　175

第9章　政権流動期における議事運営　179
 1　流動期における積極的議事運営権　179
 2　流動期における消極的議事運営権　184
 3　政権流動化の政策的帰結　190
 4　政権流動化と国会の機能　194
 補足推計　200

第10章　結論　203
 1　立法における行動と制度　203
 2　立法時間と議事運営権　206
 3　立法・行政関係と政権流動性　213
 4　国会研究における制度論的方向性　216

注　219

参考資料　239
 戦後国会における立法動向　239
 新憲法下の国政選挙　245
 変数の定義と基礎統計（法案支持確率）　248
 変数の定義と基礎統計（立法危険率）　249
 厚生省部局再編前後の関連法案一覧　251

目次	5
参考文献	254
あとがき	269
索引	273
英文要旨	279

図表一覧

表1-1	法案審議の具体例	(17)
表2-1	内閣提出法案と議員提出法案	(32)
表2-2	内閣提出法案の修正動向	(35)
表2-3	法令の動向と与党議席	(39)
表2-4	法令動向の比較：安定期 vs 不安定期	(44)
表3-1	多数主義的な議事運営の指標化	(67)
表5-1	立法時間メディアンの委員会別動向	(92)
表5-2	提出時間メディアンの委員会別動向	(92)
表5-3	審議時間の基礎統計	(98)
表5-4	セレクション・バイアスの推計	(99)
表5-5	法案支持の確率推計	(109)
表6-1	会期延長による立法時間と提出時間	(120)
表6-2	立法時間の媒介変数型推計	(122)
表6-3	ワイバル・モデルによる立法危険率推計	(124)
表6-4	コックス・モデルによる立法危険率推計	(126)
表6-5	コックス・モデルによる立法危険率推計（継続法案を含む）	(130)
表7-1	立法危険率と野党委員長	(135)
表7-2	立法危険率と政権脆弱性	(143)
表7-3	立法危険率と国会法改正	(150)
表7-4	法案序列の効果と議事運営権	(151)
表7-5	立法危険率と野党委員長（継続法案を含む）	(155)
表7-6	立法危険率と政権脆弱性（継続法案を含む）	(156)
表7-7	立法危険率と国会法改正（継続法案を含む）	(157)
表7-8	法案序列の効果と議事運営権（継続法案を含む）	(158)
表8-1	政策分野別の法案数と省令数	(163)

表8-2	省令数のパネル分析	(164)
表8-3	委員会別の内閣提出法案修正・可決率	(166)
表8-4	厚生省における部局再編	(169)
表8-5	厚生省部局再編前後の立法動向	(174)
表9-1	立法危険率と連立政権	(183)
表9-2	法案支持確率と連立政権	(186)
表9-3	野党の法案支持確率の変化	(187)
表9-4	衆参ねじれ期における野党反対の内閣提出法案数	(190)
表9-5	衆参ねじれ期における野党反対の内閣提出法案一覧	(192)
表9-6	連立第一期における野党反対の内閣提出法案一覧	(193)
表9-7	連立第二期以降における野党反対の内閣提出法案数	(194)
表9-8	立法危険率と連立政権（継続法案を含む）	(200)
図1-1	立法機関と政策形成過程	(16)
図2-1	戦後立法の動向	(33)
図2-2	戦後政省令の動向	(36)
図2-3	野党の法案支持率と与党議席	(41)
図3-1	国会の議事運営における多数主義度	(66)
図4-1	立法時間の4類型	(75)
図4-2	サンプル・セレクション・バイアス	(85)
図5-1	戦後の予算国会における法案審議動向	(91)
図5-2	審議時間のセレクション・バイアス	(101)
図5-3	法案賛否と審議時間	(106)
図6-1	カプラン・マイヤー法による法案の生存関数	(117)
図6-2	立法危険率の時間依存	(123)

議会制度と日本政治

― 議事運営の計量政治学 ―

第1章　序論

「国会は，国権の最高機関であつて，国の唯一の立法機関である.」
(日本国憲法第41条)

　議会は民主主義的な政治体制の根幹となる制度である．大統領のいない民主主義国家はあっても，議会のない民主主義国家は存在しない．つまり，国家の立法権とは，他に列することはあっても，少なくとも他に従うことのない政治権力である．したがって，ある政治体制における民主主義の成否は，究極的には立法権を司る議会が国民の選出する代表によって構成されるのかどうかに懸かっている．
　このように議会は民主主義や政治のあり方を理解し，改善していくうえで最も重要な政治制度であるが，皮肉にも，三権分立による均衡と抑制を民主主義の原理とするアメリカの連邦議会が最も研究されている．むしろ，立法権が他に優越する議院内閣制の国々においては，議会研究は政治分析の中心的な地位を占めていない．とくに日本においては「何もしない無能な国会」というイメージが一般にも研究者の間にも根強く定着している．このように憲法的な政治機構論と政治の実証的研究に乖離が生じている背景には，議会制度とそれに条件づけられる立法過程や政治行動が適切に把握されてこなかったという政治学的な「伝統」がある．
　「言論の府」という理念的な国会像がそうした「伝統」を象徴していると言えよう．つまり，国会は国民の代表による「議論」を通じて，国家の最高意思を決定するという政治制度であるが，国会がそうした理念を実現していくにあたって，国会を構成する議員たちによって実際に打々発止と議論がたたかわされることは必ずしも必要ではない．しかしながら，国会について「何もしない」あるいは「無能」という評価が下されるとき，「何かをする」ある

いは「有能」とみなす基準として，往々にして「見える形」における国会議員による論争や立法活動が着目され，結果的には，議論しない国会，立法しない国会というイメージを定着させてきた．

また国会を何もしない無能なものとみなす理由は，こうした理念的な国会像と関連して，国会について実証的な研究を試みる場合においても，個々の議員が主体的に立法や政策形成に関与するとみなされるアメリカ議会を参照基準としていることにある．しかしながら，議会の制度的機能として期待されることは，アメリカに典型的な三権分立を民主主義の原理とする大統領制と，立法権が他に優越する議院内閣制では根本的に異なる．つまり，アメリカのような三権分立の政治体制において，行政権を司る大統領は実質的には国民による直接選挙を通じて選出され，国民に責任を負う一方，立法権は議会に属し，大統領は法案提出権をもたず，アメリカ議会における立法は否が応でも百パーセント議員立法となる．これに対して，議院内閣制においては，行政権を司る内閣は議会に対して責任を負う．したがって，議会の信任に依拠する内閣に権力を集中させ，政府や政策の責任所在を明確にし，その責任を選挙において国民に問うという意味において，議院内閣制は民主主義を実現するのである．議会の立法過程における役割は自ずと受動的なものとなり，「見える形」において議会が活動的でないということ自体は議院内閣制という代議制度の必然的な帰結に過ぎない．

本書は，こうした議会制度に条件づけられた国会の立法過程を体系的に解明する試みとして，従来の研究における理念的な議会観と行動論的な分析アプローチの伝統から脱却し，議会制度からみた日本政治論を展開していくものである．この序論では，本書における研究課題を概観するために，まず本書の基調となる「制度」の捉え方を提示し，そうした制度論的な観点から，国会に関する一般的な見解を構築し直すとともに，既存研究における方法論的な問題点を指摘しておきたい．

1　制度論と戦略性

一般論として，制度はその下で行動する個々人にとって行動規範となるような制約条件であると同時に，個々人はそうした制度的制約を各々の目標を達成するために利用し，また各々の目標に合致するよう制度的環境を変更し

ていく⁽¹⁾．

　ここで将棋を考えてみよう．将棋の目標は相手の王将を詰むことにある．ただし，プロの棋士は先々を読んで，どちらかが「負けました」と投了した時点で勝敗が決定され，実際に王将を詰むまで将棋をさし続けることはない．しかし，素人の場合，先を読むことには限界があり，王将が逃げ惑うヘボ将棋となることもある．

　国会においても憲法や国会法というゲームのルールに則った「立法ゲーム」が繰り広げられていると考えることができよう．政治家や官僚といった立法ゲームのプレーヤーが立法の「プロ」であるならば，立法の成り行きを前もって予測した戦略的な行動を採っているはずである．国会でなくとも，企業の株主総会であれ，大学の教授会であれ，何らかの重要な意思決定をなす権限を備えた議決機関であるならば，事前の準備もしないで案件を諮るということは無闇に時間を浪費するだけであり，少なくともプロのすることではないであろう．

　国会は憲法によって国権の唯一，最高の機関と規定されている．国会における決定は最高レベルの権威と拘束力を持ち，最高レベルの形式性と手続き的な完成度が求められることは言うまでもない．そうした国会の議決を経ることが立法の要件とされるのであり，法案が事前に予想される批判や質問に可能な限り配慮したものであることは想像に難くない．つまり，立法ゲームのプレーヤーがプロであれば，ありとあらゆる論点が事前に検討され，国会において議員たちが議論をたたかわせることもなく，また法案に朱を入れる必要がなくなっていても不思議ではないのである．このような観点からすると，「言論の府」という理想像からの国会無能論は，プロの棋士にヘボ将棋をさせと言っているのに等しい．

　議院内閣制とは，議会の信任に依拠する内閣が立法を主導することによって，政府運営や政策形成における責任の所在を明らかにし，選挙における国民の選択を国家の意思決定に反映させる代議制度である．したがって，議院内閣制における最も効率的な立法は，議会が政府の法案に対して難癖をつける必要がなく，あたかも真空状態のように抵抗のない議会において，法案が粛々と成立していく場合に実現される．そうした「見える形」においては受動的な議会による立法を通じて，民主主義が実現されるには，議会が意思決

定のルールとして多数決を採用し，議会の多数派が安定的な与党として，議会のあらゆる権限を掌握することが必要となる．とりわけ，与党が議会における円滑な立法を可能にする議事運営の権限を掌握することによって，立法の功罪すべてが与党に帰着することになり，国民は選挙において与党を支持するか否かの政権選択を行うことができるようになるのである．

ただし，日本の国会がこうした議院内閣制の理念型を実現しているわけではない．実際には，議会制度，選挙制度，政党制，政官関係が立法過程を重層的に規定しており，将棋にも棋士の能力によって異なる展開があるように，いかに効率的な立法が達成されるのかということは，国会における多数派に権力がどの程度集約されているのかということに依存している．また将棋といっても，はさみ将棋もあれば，詰め将棋もあるように，「ゲームのルール」は目的に応じて変更され，立法に関する規則や手続きも改廃されていくことに留意する必要がある．

本書においては，こうした代議制度という観点から，立法過程を議院内閣制という国会の制度構造に条件づけられたものとして再検討し，そうした制度的帰結としての立法をめぐる戦略的行動を実証的に解明していきたい．具体的には，第一に国会における立法の大部分を占める内閣提出法案を対象とする計量分析によって，議事運営の立法的作用を体系的に把握していく．第二に議事運営の制度的権限が立法的な効率性に及ぼす動態的作用とともに，国会の制度や立法・行政関係に及ぼす構造的作用を検証していく．

2　国会の機能と運営

このように本書の目的は，民主主義的な政治体制の根幹である立法権の行使が議会制度的にいかに条件づけられているのかということを理解し，そうした議会制度的な観点から日本の政治を見直していくことにある．したがって，国会における立法過程の詳細は他の教科書的な解説に譲るとして，ここでは国会の機能と運営に関する一般的な特徴を議会制度と戦略的行動という観点から概観するにとどめ，議会制度的な詳細については別の章で扱うこととしたい．

「立法」をある種のゲームと捉えるならば，国会における立法とはプロ野球選手が高校球児を相手にするような野球に喩えることができるかも知れない．

この野球の勝敗は試合を始める前からついているが,試合を成立させるためには,通常は9イニングをこなしていく必要がある.

プロ側の投手に相当するのが,国会の指名する内閣総理大臣(首相)である.国会は衆議院と参議院から成り,首相の指名において衆議院が優越し,内閣の存続は衆議院の信任のみに依存する.実際の試合は予算や法案の国会における審議や議決である.予算は内閣によって作成され,衆議院に提出される.議員は各々の属する議院に議案を発議することができるが,憲法は首相も内閣を代表して議案を国会に提出するとしており,実際に国会において審議される法案の大部分は行政省庁が作成したものである(図1-1参照).

そうした法案は内閣提出法案ないし閣法と呼ばれる.それらは与党の政務調査会といった政策審議機関における「事前審査」を経て,国会に提出されることが慣行となっている.例えば,自由民主党(自民党)の政務調査会は国会の常任委員会と行政省庁の所管する政策分野に対応して組織されている.自民党が長期にわたって政権の座にあった結果として,そうした政務調査会の各部会や小委員会において,行政省庁は国会提出を予定する法案について説明し,自民党の政治家によって予算の手当てや利害調整が図られ,それらの法案の国会提出を事前に承認するという慣行が生まれてきたのである.また「族」議員とは,特定の政務調査会部会や小委員会に継続的に所属することによって,政策専門家としてのキャリアを確立するとともに,そうした部会や小委員会の管轄下にある業界と密接な関係を持ち,利益誘導や既得権保護に影響力を及ぼすようになった議員のことである.自民党の政務調査会では,農林,建設,商工といった部会の所属議員数が多く,自民党議員における政策的傾向を示している.

したがって,内閣提出法案の実質的な部分は,こうした国会の多数を占める与党によって国会提出前にすでに承認されているのであり,多数決を意思決定ルールとして採用する国会は,法案に対する議決を行うだけの儀式的なものとなる.ただし,このように国会における立法過程は形式的であっても,それが議院内閣制という制度的な帰結であることを忘れてはならない.さらに,野球にルールがあり,1イニングには3アウトが必要であり,1アウトにはバットを振らない打者に対しても少なくとも3球は投げねばならないように,国会においても法案が法律となるには通過しなければならない制度的な

図1-1 立法機関と政策形成過程

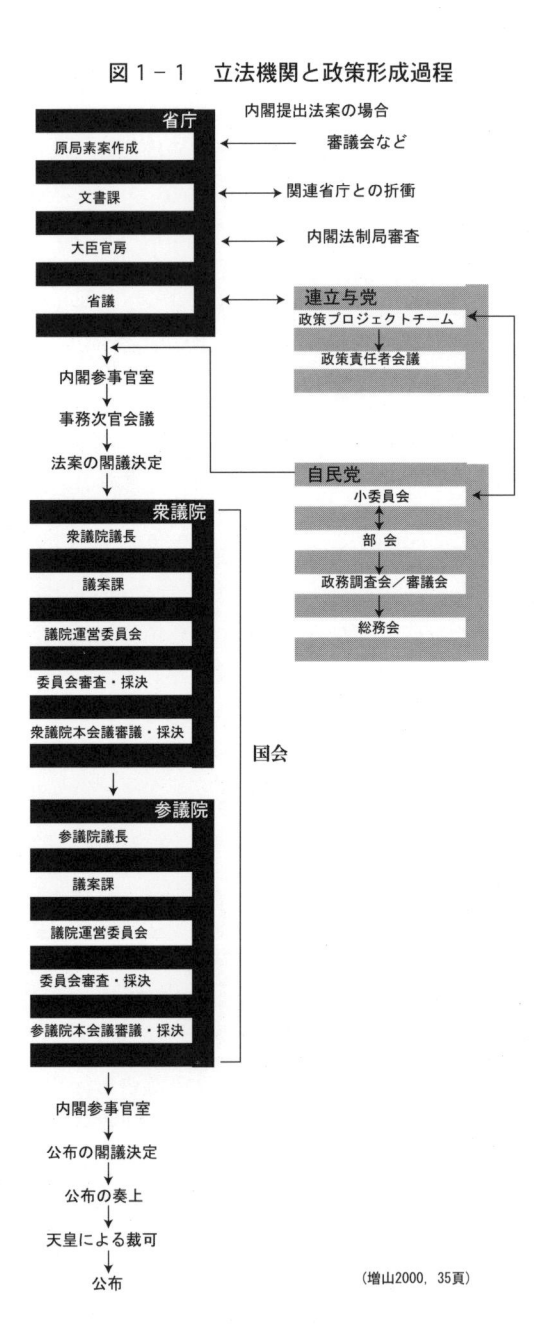

省庁
- 原局素案作成 ←→ 内閣提出法案の場合／審議会など
- 文書課 ←→ 関連省庁との折衝
- 大臣官房 ←→ 内閣法制局審査
- 省議 ←→ **連立与党**
  - 政策プロジェクトチーム
  - 政策責任者会議

↓
- 内閣参事官室
- 事務次官会議
- 法案の閣議決定

自民党
- 小委員会
- 部会
- 政務調査会／審議会
- 総務会

↓

国会

衆議院
- 衆議院議長
- 議案課
- 議院運営委員会
- 委員会審査・採決
- 衆議院本会議審議・採決

↓

参議院
- 参議院議長
- 議案課
- 議院運営委員会
- 委員会審査・採決
- 参議院本会議審議・採決

↓
- 内閣参事官室
- 公布の閣議決定
- 公布の奏上
- 天皇による裁可
- 公布

(増山2000, 35頁)

関門がいくつかある．

　表1-1は最近の立法に関する審議過程を例示している．例えば，「テロ対策特別措置法」は，2001年9月11日の米国における同時多発テロへの対応として，日本政府が緊急に立法化を目指したものである．この法案は首相が内閣を代表して国会に提出し，その法案審議のためには衆議院においてテロ防止特別委員会が設置されている．また委員会審査に先立って本会議における趣旨説明も行われている．委員会においては，首相に対する質疑，参考人からの意見聴取が行われ，与野党各々の提出した修正案が審議されたうえで，自衛隊によるテロ対策支援活動などを国会の事後承認事項とする与党修正が加えられ，与党のみの多数により可決されている．

　参議院においては，この法案は外交防衛委員会に付託されている．やはり，本会議における趣旨説明が行われ，また関連法案が付託された国土交通委員会と内閣委員会との連合審査や公聴会における学識経験者からの意見聴取が行われ，再び与党のみの多数により衆議院案が可決されている．このように

表1-1　法案審議の具体例

件名 (提出者)	国会	提出	衆議院			参議院			公布
			委員会 付託	委員会 議決	本会議 議決	委員会 付託	委員会 議決	本会議 議決	
テロ対策特別措置法案 (首相)	153	2001 10.5	10.10 テロ特別	10.16 修正・附帯	10.18 修正	10.19 外交防衛	10.26 可決・附帯	10.29 可決	11.2
			本会議趣旨説明　10.10			本会議趣旨説明　10.19			
確定拠出年金法案 (首相)	147	2000 3.6							
	150	11.14	11.28 厚生	閉会中審査					
			本会議趣旨説明　11.28						
	151		2001 1.31 厚生労働	6.8 修正・附帯	6.12 修正	6.13 厚生労働	6.21 可決・附帯	6.22 可決	6.29
						本会議趣旨説明　6.13			
ストーカー規制法案 (委員長)	147	2000 5.16	5.16 地方行政 (予備)	5.18 可決	5.18 可決			5.17 可決	5.24

重要な法案の審議においては，委員会における質疑，討論，採決といった手続きに加えて，本会議における趣旨説明や関連委員会との連合審査，公聴会も一般的に行われている．

また日本版401Kといわれる「確定拠出年金法」は年金資金の自己責任による運用を促進することを目的とするものである．この法案は首相によって2000年3月6日に国会に提出されているが，審査未了のまま衆議院が解散されたために一旦は廃案となっている．法案は2000年の衆議院選挙後における本格的な国会である第150回国会に再提出されているが，審査は再び終了せず，国会閉会中も審査を継続するものとされている．ようやく2001年の第151回国会において，実質的な法案審議が行われたが，審議遅延のために当初の施行期日には法案の成立が間に合わず，施行期日の変更という形式的な法案修正が必要となっている．この法案は与党に民主党や自由党といった野党も加えた賛成多数により可決されているが，6月29日の法律交付にたどり着くまでに約16カ月を要したことになる．

「ストーカー規制法」は議員立法である．この法案は，参議院の地方行政・警察委員会において，委員である自民党議員が草案を作成し，委員会質疑のうえで全会一致をもって委員会により起草されている．こうした法案は委員会提出法案となり，形式的には，法案の提出者を委員長とし，委員会審査は省略される．「ストーカー規制法」の場合，委員長は野党の民主党議員であった．法案提出の翌々日には衆議院において参議院案のとおりに全会一致で可決されており，こうした委員会提出法案の場合，与野党の合意があるために国会における法案審議に時間のかからないことも多い．委員会提出であれ，一般議員の発議による法案の場合であれ，少なくとも与党の同意のない議員提出法案が成立する可能性はなく，したがって，内閣提出法案も含めて，与党の同意しない法案が国会を通過することはない．

このように法案が法律となるには，野球と同様に，ゲームのルールに則って国会を通過する必要がある．立法過程全体からすると国会における審議や手続きはつまらない「消化試合」のようなものであっても，それは議院内閣制という国会の憲法的構造による制度的な帰結であり，試合の成立にとっては不可欠の手続きである．先にも触れたように，「国会は何もしていない」という見解は根強いが，それは往々にして議院内閣制と大統領制という代議制

度の相違にもかかわらず，アメリカ議会を比較対象として，国会の機能を議員立法の推進や政府立法の修正・廃案という「見える形」の立法活動に求めているからである．

ただし，「何もしていない」という否定的な国会観に対する反論がこれまでにもなされなかったわけではない．そうした反論は，国会の制度や慣行的な特徴に着目し，いわば「バッターがいかに粘れるのか」ということを強調するものが多く，具体的には，国会における立法が専門分化した委員会の審査と衆参両院の議決を経る必要のあることを指摘する．また議事日程などの国会運営において全会一致が尊重され，それが国会の開会期間を制限する会期制と相俟って，国会における立法の時間的制約を厳しいものにしていると主張する．これまでの国会に関する実証的研究は，こうした時間的制約を野党に影響力を行使させる国会の制度的特徴と捉える傾向があり，審議拒否から物理的妨害まで，野党の引き延ばしによって，立法活動は制度上理解されているよりも「粘り」が効き，与党は譲歩を強いられていると論じている．

しかし，国会は権力の集中を促す議院内閣制を採用しており，プロ野球選手vs高校球児の試合のように，制度的には与党に権力を掌握させるものである．したがって，内閣が国会の多数派である与党に信任され，その内閣が立法を主導することによって，政府や政策の責任所在を明らかにするという議院内閣制の観点からは，「何もしない国会」はむしろ望ましい状態である．つまり，議院内閣制における国会の機能とは，内閣の依拠する与党の政策目標を実現するような法案を行政省庁に立案させ，そうした法案を効率的に成立させることにあり，その前提として与党に法案の生殺与奪を握る制度的権限を付与することにある．

言いかえれば，野党は制度的な権力集中を部分的に緩和できるに過ぎず，立法の時間的制約も必ずしも与党にとって足かせではなく，限られた立法枠をめぐる行政省庁間の競争を促し，与党の政策目標に沿わない法案を排除する一方，より与党の目標に沿った法案を厳選するように作用するものと考えることができる．野党による引き延ばしは，むしろ与党による法案の生殺与奪権により効力をもたせるものであり，結果的には，与党内部における法案の事前審査を政策形成における決定的に重要な段階として位置づけ，行政省庁が与党の政策選好を確認するとともに，与党議員が政府立法に影響力を行

使する機会を提供しているのである．

3 既存研究における問題点

　従来からの国会に関する見解を大別すると，圧倒的多数は国会が行政機関の推進する立法活動を形式的に裁可するに過ぎないものとみなしており，国会が憲法上，国権の最高機関としての地位を与えられていることに留意するものは僅かである．先にも触れたように，国会を無能とする見解に対しては，国会が制度的に政党間の協調を促進し，立法過程を見かけ以上に「粘着的」にしているという反論がある．このように国会の機能を見直す端緒となったのは，議会研究における行動論的な実証主義を国会に応用したマイク・モチヅキの研究である（Mochizuki, 1982）．次章において詳しく検討していくが，モチヅキは国会の制度が立法活動における「時間」を条件づけることによって，与党の立法能力を抑制するように機能するという主張を展開し，国会研究におけるパラダイム転換を行った[3]．

　言うまでもなく，モチヅキの研究に端を発する一連の実証的研究は，国会の実態を解明するうえで多大な貢献をなした．例えば，個々の立法事例の詳細な分析は，法案がいかに国会を通過し，いかなる要因が法案の成否を左右するのかを理解するうえで貴重な情報を提供している．しかしながら，そうした事例研究は，往々にして法案自体の説明に実質的な目的があり，対象事例を越えた一般化に適した分析枠組みを備えていることは稀である．また，そうした事例は耳目を集める「見える形」において論争的なものであることが多く，対象事例の選択自体がバイアスをもつ可能性から逃れることは難しい．

　一方，個々の立法事例ではなく，例えば，ある「国会」の法案成立率といった集計的なレベルにおける分析も国会研究に伝統的な手法である．例えば，国会が開かれている期間としての「会期」といった集計単位を採用することによって，与野党の議席割合など，集計単位ごとの政治的な状況とその集計単位における立法的な動向を関連づけることが試みられている．ただし，こうした集計単位の選択が，会期の他，年，内閣，年代，政策分野など，研究者の主観的な問題関心に依存することは言うまでもない．

　さらに，こうした集計的指標の解釈にも注意を要する．例えば，成立法案

数の提出法案数に占める割合という意味における「成立率」に関して言えば，内閣提出法案の成立率が高いという事実は，しばしば行政機関が意のままに法案を国会に認めさせ得ることの証拠として言及されている．しかし，それは国会における審議の難航を予測し，行政機関が物議を醸す法案の提出を戦略的に控えるという可能性がある限り，行政機関の意向が実現されていることを意味するものとして一義的に捉えることは難しい．

　こうした集計的分析の問題は従来の国会研究における根本的な方法論的問題を浮かび上がらせる．すなわち，国会において審議される法案とは潜在的な政策争点を含めた立法課題全体の一部に過ぎないが，従来の研究は内閣提出法案の不成立や法案審議における与野党対立といった研究者の観点から観察可能な限られた事象にのみ着目し，それらの「見える形」における国会の活動から，政府の立法能力や法案の重要性を推測するという手法を採用している．ここでは，こうした分析アプローチを「観察主義」と呼ぶことにするが，そうしたアプローチに基づく推測が潜在的争点をも含む立法の全体に妥当するという根拠は理論的にも経験的にもない．

　例えば，日本政治を官僚支配と捉える研究者は内閣提出法案の高い成立率に言及し，国会は官僚的立法を追認する単なるゴム印のようなものに過ぎないと論じる．そうした見解は内閣提出法案の成立が官僚的な政策意図の実現であることを前提としているが，その想定に問題のあることは先にも触れたとおりである．実際，政官関係を官僚支配とは全く逆の代理委任関係として捉える研究者の観点からは，内閣提出法案の高い成立率は効率的な権限委譲の証拠とされている．同様に，モチヅキのように，国会の機能を評価しようと試みる研究者も立法過程における与野党対立といった観察可能な事象に着目しているが，それらの国会における対立がせいぜい野党の反対する法案の提出された割合を示すに過ぎないことは認識されていない．つまり，そうした「見える形」の対立がない場合，通説的に野党が無力であるのか，あるいは国会の意向が内閣提出法案にすでに盛り込まれており，そもそも野党に反対する理由がないのかは一概に判断できないのである．

　ここで「観察主義」として批判する分析アプローチが国会研究における実証主義を促してきたことは評価されるべきである．しかしながら，立法活動の失敗や与野党の対立が観察された事例から「論争的立法」を事後的に定義

し，そうした事例に分析の焦点を置くことによって，国会研究の視野を非常に限られたものにしてきたことは否めない．従来の国会研究において観察主義的手法は二重の限界となっている．つまり，観察主義は国会自体を研究対象として魅力のないものにするだけでなく，研究者の関心を法案の立案や利害の調整が「見える形」において活発である国会以前の段階に集中させ，官僚支配論を意図的にしろ，意図的でないにしろ，過大評価させる傾向を生み出しているのである．

　自民党が戦後の長期間に及んで政治体制における優位な位置を占めてきたことから，実証主義的な帰結として，自民党の組織や制度，自民党の政治家の果たす役割に研究者の関心が向けられてきたことは自然な展開である．自民党の政務調査会といった政策審議機関や法案の国会提出を左右する与党による事前審査，さらには特定分野で影響力を持つようになった「族」議員の活動が戦後の日本政治を理解するうえで決定的に重要であることに疑いはない．ただし，国会以前の行政省庁や与党が主として関与する段階において，「見える形」における影響力の行使が活発となるのも，議院内閣制という国会の制度に立法過程が構造化されているからであり，立法に関する議会制度的制約を適切に把握することなくして，行政省庁や与党が潜在的に繰り広げている立法の戦略的行動を理解することは不可能である．

　つまり，国会以前の段階における「見える形」の政治的介入に注目する研究は，政治化されなかった事例を分析の視野に入れず，その非政治化の理由を問うこともない．こうした観察主義の必然的な帰結として，従来の研究は国会が日常的に処理する法案の大部分を「論争的」でないという理由から分析の対象とせず，また，与党の事前審査や「族」議員の活動が重要となる国会の制度的制約に目を向けてはこなかったのである．

4　研究の目的と意義

　本書は国会研究の焦点を「立法ゲーム」のルールである議会制度およびそれに規定される戦略的な立法活動に合わせ直すことによって，2つの相互に関連する研究課題に取り組んでいく．いずれも国会において行使される議事運営の制度的権限がいかなる立法的作用を及ぼしているのかということを解明するものであるが，一方は立法過程の動態的側面，他方は議会制度の静態

的側面に各々焦点がある．

　第一の課題は，議事運営の制度的権限という観点から，国会における「立法過程」を体系的に理解するということにある．これは従来の研究が立法過程を解明してこなかったということを意味するのではなく，事実，本書もそれらの先行研究に多くを負っている．問題は，多くの研究者が国会の制度的特徴として時間の管理が重要であるということを認めながら，時間的要素が法案個々の審議過程においていかに作用しているのかということを体系的に分析してこなかったということにある．したがって，本書の第一の課題は立法過程における時間の影響を個々の法案レベルにおいて検証することにある．

　こうした目的から，本書は，時間的事象を統計的に処理する手法として開発・応用の進められてきている「生存分析」（あるいはイベント・ヒストリー分析，生存時間分析とも呼ばれる）を立法過程の分析に導入し，立法過程をある法案が成立するまでにどれくらい時間がかかるのかという問題として捉え，立法過程の「時間」がいかなる要因によって規定されているのかということを検証していく．生存分析の考え方は，国会における法案個々の審議過程を統計的に把握するうえで重要であるだけでなく，国会以前の段階を含む政治体制全般を通じた政策形成過程を概念化するにあたっても有益なものである．具体的には，新憲法下の内閣提出法案を包括的に分析対象とすることによって，単に事後的に「論争的」であると定義される立法事例だけでなく，日常的な立法も含む立法全般を視野に置き，法案個々の審議期間について体系的な分析を加えていく．こうした分析は，立法過程の時間的作用を解明するとともに，法案個々の成否に関して議事運営の制度的権限が行使される形態や与野党の国会に占める議席の趨勢がいかに関連しているのかということを明らかにすることが期待される．

　第二の課題は国会の制度的構造を再解釈することにある．従来の研究において，国会は主として野党が影響力を行使する政治制度と捉えられてきた．こうした解釈からは，立法過程の時間的制約となる国会の制度構造は審議の引き延ばしや妨害を通じて野党が法案の生殺与奪権を握り，また政策的譲歩を勝ち取ることを可能にするものとみなされている．しかしながら，この捉え方は，実際には「見える形」において論争的な法案審議が相対的に稀であることから，結局は野党には影響力があまりないという見解を導き出してい

る．このことは国会に対する機能不全という否定的な評価を一層強固にさせることになり，先にも指摘したように，研究者の関心を国会から遠ざけるという皮肉な結果をもたらしている．さらに，こうした国会の制度的機能を野党の影響力行使と捉える議会観の限界は，仮に国会の制度が立法過程に時間的制約を課し，野党に影響力を行使させるように作用するとしても，なぜ意思決定のルールとして多数決を採用する国会において，多数派が少数派に譲歩せざるを得なくなるにもかかわらず，そうした議会制度を変更することなく，維持してきたのかという疑問に答えることができないことにある．

　本書においては，国会に関する制度的，手続き的規定を再検討し，国会を与党に影響力を行使させる政治制度として捉え直していく．したがって，本書における内閣提出法案に関する計量分析は，制度的な時間制約が及ぼす立法的作用を解明しつつ，そうした法案個々における議事運営の実態と与党に影響力を行使させるという意味における「多数主義」的解釈が国会において一貫したものであるのかどうかを検証するものとなる．また，こうした国会の多数主義的な制度構造は国会内の立法活動にとどまらず，国会自体の制度選択や国会と行政機関の関係においても派生的に作用しているであろう．

　本書は，こうした議会制度的な多数主義の派生的構造化を検証する試みとして，議事運営の準拠法規である国会法の変遷を跡づけ，そうした議事運営の制度選択が与党にとって有利な議事運営を可能にするものであるのか否かを検証していく．なぜ多数決を意思決定のルールとする議会において，多数派にとって立法的な権限を制約するような制度が選択されるのかという問題は，一連の議会制度をめぐる合理的選択論の中心的な論争点であり，こうした問題意識を共有する本書の分析は，日本の国会における制度選択を明らかにするだけでなく，立法手続きの比較制度論としても貢献することが期待されるものである．

　さらに与党による議事運営が法案の成否を左右するならば，それは法案を作成する行政省庁の立法活動にも影響を及ぼすであろう．例えば，与党の政策目標に忠実な法案の成立を目指す省庁は組織的な自律性を与えられるであろうし，逆に与党の意向に沿わない立法を企図する省庁は冷遇されることが予測される．こうした立法府と行政府の構造的関係は，これまでにも政官関係を代理委任論から捉える研究者の自民党分析においても解明が試みられて

いる．しかし，これまでの研究においては行政省庁の立法活動や人事に変化がないことから，官僚の政治家に対する忠誠が消極的に推測されるにとどまっている．

また政治家が官僚に対して優位であるという代理委任論の制度的根拠が憲法による立法府の優越性にあるにもかかわらず，それらの研究においては，国会における安定的な多数派の存在や政党幹部の指導力といったことが議院内閣制の制度的帰結として考慮されるに過ぎず，国会のいかなる制度的特徴が行政機関に対して，どのように構造的な影響を及ぼしているのかということは実証的な分析対象とされてこなかった．これに対して，本書においては立法における議事運営と行政的な自律性の関係を省令の動向や組織の改廃から分析し，立法・行政関係における議会制度的な多数主義の派生的構造化を検証していく．こうした分析によって，日本における政官の代理委任関係が実証的に解明されるだけでなく，政治体制における議会，政党，官僚機構といった制度・組織を通じて，多数主義が派生的に作用していくメカニズムを理解することが可能となる．

5 本書の構成

続く第2章においては，従来の国会や立法過程に関する「観察主義」を検証し，戦後のマクロな立法動向を概観するとともに，立法過程について何が説明を要する現象であるのかということを浮き彫りにしていく．具体的には，まず政治情勢の変化にもかかわらず，戦後の立法的生産性が比較的に安定していることを確認する．同時に，従来の観察主義的な研究が国会の制度的機能を議員立法の推進や政府立法に対する抵抗と捉え，そうした「見える形」において論争的な立法事例に焦点を置くことによって，国会研究の視野を非常に限られたものにしてきたことを明らかにする．これまでの国会研究の問題は，国会が日常的に処理する法案の大部分を「論争的」でないという理由から分析対象としてとり上げず，そうした大多数の法案個々において作用する政治的力学を解明することなく，戦後の日本における立法動向の特徴である立法的生産の安定性を分析の視野に入れてこなかっということにある．

第3章においては，国会における立法手続きを概説したうえで，まず国会を制度的に特徴づけている国会関連法規を議事運営に関する規定を中心に再

検討し，立法活動として観察可能となる制度的な必然と「立法ゲーム」のプレーヤーがそうした制度や非制度的な環境に対処するためにとる戦略的な対応を区別することの重要性を指摘する．とくに，国会の議事運営規則が全会一致的であり，立法過程における与野党協調を不可欠にすると一般的に認識されているが，そうした制度がどの程度拘束的なものであるのかは規則上も運用上も明確ではない．本書においては，ヨーロッパ諸国の議会制度を比較したヘルベルト・デーリングの研究に基づいて（Döring, 1995），日本の国会関連法規が与党に影響力を行使させるという意味において，いかに多数主義的な議事運営を保証しているのかということを比較議会論的に検討し，日本の国会を議院内閣制において与党が影響力を行使する制度的機能を備えるものとして捉え直す．

　第4章においては，議事運営の分析枠組みを提示していく．具体的には，まずゲイリー・コックスとマシュー・マッカビンズによる議事運営モデルを基礎として（Cox and McCubbins, 1993），時間的な制約から帰結する「議事運営権」の立法的作用を理論化する．次いで，時間的事象の統計的分析手法である「生存分析」の基本的な考え方を応用し，立法過程における「時間」を分析概念として定義する．立法過程における時間的次元を理解することは，国会における法案個々の審議過程を統計的に把握するにあたって決定的に重要であるだけでなく，国会以前の段階を含む政治体制全般を通じた政策形成過程を包括的に概念化するにも有益なものとなる．つまり，国会において観察可能となる立法過程とは，その始まりにおいて，法案を取捨選択する「半導体」を通過した法案に限定されており，その終わりにおいては，国会の会期という制度によって観察制約が課されるものである．第4章においては，このように観察可能性が制約される「立法時間」を分析の基本概念として定義し，立法過程における時間を管理する「議事運営権」とその立法的帰結について仮説を提示する．

　第5章からは議事運営の実証分析に移り，第4章において提示した仮説を検証していく．はじめに，立法に関する議事運営の制度的均衡のうち，「議事運営権」を掌握することによって好ましくない法案を議事から排除する「消極的議事運営権」の立法的作用について分析する．第一に，与党が議事運営権を掌握する程度に応じて，立法過程の顕在化が規定されるという仮説を検

証する．具体的には，観察対象の顕在化によるバイアスを統計的に抽出する手法である「セレクション・モデル」を応用し，議事運営権による取捨選択の立法的作用を内閣提出法案に関して明らかにしていく．第二に，そうして取捨選択の「半導体」を通過した法案は，議事運営権を掌握する与党にとって好ましいものであると同時に，議事運営権を行使し得ない野党にとっては，それらが各党の政策目標に一致しない程度に応じて好まれないものであるという仮説が導き出される．第5章においては，内閣提出法案の採決における政党の賛否を統計的に分析し，立法過程における時間の推移が政党の法案賛否各々に不均一に及ぼす作用を考慮するとともに，国会の担う制度的機能として，与党か野党のいずれに影響力を行使させるのかということを解明する．

第6章と第7章は「積極的議事運営権」の立法的作用に分析の焦点を移し，議事運営権を掌握することによって好ましい法案を推進するという意味における多数主義的解釈が国会について妥当であるのかを検証していく．具体的には，まず第6章においては，法案が法律に転換するという意味において，法案個々の審議期間から立法的な成立確率を推計し，いかに立法過程の時間的次元が内閣提出法案の成否を規定しているのかということを明らかにし，法案個々のレベルにおいて審議期間を推計する基本モデルの構築を目指す．

次いで，第7章においては，第6章における分析を比較の基礎として，法案個々の成否が与党の議事運営権を掌握する程度にいかに依存しているのかということを検討していく．こうした立法過程の動態的側面に加えて，本書は国会の多数主義的な制度構造が国会自体の制度選択および国会と行政機関の関係にも派生していると考える．そこで第7章においては，議事運営の準拠法規である国会法の変遷を跡づけ，そうした国会の制度構造を規定する制度選択が与党にとって有利な議事運営を可能にするものであったのか否かを検証しておく．とくに自民党政権発足後の国会法改正に焦点を絞り，それらの制度変更が法案個々の審議期間に及ぼした影響を解明することによって，国会における制度選択と政党制の展開を関連づけていく．

第8章は国会の多数主義的制度の派生的構造化を立法・行政関係において検証していく．具体的には，法案個々に付与される議事運営上の優先度がそれらの法案を作成した行政省庁の自律性といかに関連しているのかを省令の動向や組織の改廃から分析する．与党による議事運営が法案の成否を左右す

るならば，それは法案を作成する行政省庁の立法活動にも影響を及ぼすであろう．与党の政策目標に忠実な法案を作成する省庁は組織的な自律性を与えられるであろうし，逆に与党の意向に沿わない省庁は冷遇されることが予測される．こうした仮説を検証することは，代理委任論が政官関係における政治家優位を消極的に推測してきたのとは異なり，国会の制度的特徴が行政機関に対して及ぼす構造的作用を実証的に解明するものとなる．

　第9章では，1990年代以降の政治変動が議事運営権の立法的作用にいかなる影響を及ぼしてきたのかということを検証していく．具体的には，1990年代において自民党が参議院における多数を維持できなくなり，また自民党単独政権が崩壊したことにより，議事運営権の消極・積極の両側面において，いかなる変化が生じているのかということを解明し，そうした政権の流動化による政策的帰結を明らかにしておきたい．

　第10章では，本書による分析結果をまとめ，それらの日本政治論としての意義を考察する．

　最後に，本書が国会研究の1つとして何を目指し，何を目指していないのかということを確認し，この章のむすびとしておきたい．

　本書の目的は「立法」という政治的現象を計量的に把握することにある．本書においては，そうした目的を実現するために，戦後日本の国会を対象として，その制度構造を見直し，また同時期における立法動向や政党政治の展開も検討していく．本書における分析の主眼は，教科書的に従来の研究を網羅したり，国会や立法過程をめぐる歴史的展開を詳述することにはない．本書において言及される研究は立法過程を計量的に把握するという目的にとって関連するものに限られ，国会や立法過程に関する視点や主張についても代表的な研究に言及するに過ぎない．むしろ，「立法」を把握するための方法論的な問題については詳細に検討し，「立法」が観察可能となる制約に関しては，比較議会制度的な議論を展開していく．

　また本書は立法事例の個別具体的な理解を目指すものでもなく，むしろ法案個々の独自な要素を捨象し，そうした法案個々に共通する一般的な要素を体系的に抽出することを目指している．したがって，法案個々の観点からは決定的に重要であると思われる立法過程の特徴が考慮されないこともある．

ただし，ここで注意を要するのは立法事例に共通する一般的な特徴は往々にしてありふれたものであり，重要でないとみなされるとともに，そうした認識枠組み自体が法案個々の独自な特徴を際立たせるという可能性を排除できないにもかかわらず，分析対象の選択自体が分析結果を左右するという問題は意識されない傾向にあるということである．本書は，こうした方法論的な問題意識に基づいて，「立法」という政治的現象が観察可能となる制度的な制約を理解し，そうした制約条件下において，法案個々に共通する一般的な特徴を計量的に明らかにしようと試みるものである．

　こうした立法過程の計量分析を通じて，本書においては，国会の制度的機能が議事運営権を掌握することによって，与党に影響力を行使させることにあるという議会制度観を提示し，そうした観点から期待される議事運営の立法的作用に関する仮説を検証していく．本書の観点と従来の観点の相違を強調するために，これまでの国会研究における議論を単純化し，本書の観点とは対照的な関係にあるものとして整理している．しかし，既存の研究を本書の観点と異なる観点のものとして分類する場合においても，本書はそれらの研究を個別に全面的に否定することを目指しているわけではなく，国会について異なる観点が存在することを前提として，あくまで相対的な意味において，与党が影響力を行使するという多数主義的な解釈が立法過程の実態に合致すると主張するものである．

　本書の目的は国会研究における「ルビンの壺」となることにあると言えるかも知れない．「ルビンの壺」とは，黒地に白い壺が描かれているが，しばらく見ていると，顔をつき合わせて何事かをささやき合っているような人影が浮かび上がってくるという「多義図形」の1つとされているものである．いわば従来の「何もしない無能な国会」というイメージが「白い壺」であり，既存の研究によって繰り返され，現場感覚や体験主義といった主観的な根拠から，無意識に刷り込まれてきたものであるとするならば，本書の目指していることは，背景の人影が浮かび上がる一瞬のように，国会を理解する新たな視点を提示すると同時に，多面的な国会研究を触発していくことにあると言えよう．

第2章　国会研究における観察主義

　この章では，第一に従来の国会や立法過程に関する「観察主義的解釈」を検証し，第二に戦後のマクロな立法動向を概観するとともに，国会における立法活動として何が説明を要する現象であるのかを浮き彫りにしていきたい．

1　官僚支配論

　チャルマーズ・ジョンソンの通産省研究はしばしば日本政治における官僚支配論の代表例として言及される（Johnson, 1982）．彼の研究は戦後日本における奇跡的な経済成長を説明しようとすることに動機づけられており，日本が産業化における後発国としての立場から，開発主義的な経済戦略を採用し，管理能力に長けたエリート官僚に経済成長を目的とした計画経済を委ねてきたと結論づけている．ジョンソンによれば，官僚機構はこうした開発主義の政策目標を達成するために広範な権限を与えられ，一方政治家は単なる「安全弁」として経済成長の恩恵に浴さなかった階層を救済することに終始し，政治家の役割は結果的には官僚的な経済運営を外的な圧力から隔離するという機能を果たしてきたに過ぎないとされている（315頁）．立法に関しては，ジョンソンは国会で成立する法案の大多数が省庁によって立案されていると指摘し，彼の観点からすると，国会は法律を書くこともなく，審議することもなく，よって全く機能していないということになる（47-48頁）．

　こうした官僚支配論は多くの研究者も根強く共有しているが，立法動向の実証的な分析から，政策形成における官僚の影響力の増大を跡づけた先駆的な研究としては T. J. ペンペルの論文がある（Pempel, 1974）．彼の立法に関す

る主張は次の4点にまとめられる.
(1) 国会において成立する法案の9割が官僚によって起草されたものであり，内閣提出法案は8割以上成立している.
(2) 他方，議員立法は実数においても成立率においても凋落傾向にある.
(3) また内閣提出法案の修正率も年々減少しつつある.
(4) 同時に，政府は政策を実施するにあたって立法よりも，政省令といった行政的手段に依存するようになっている.

しかしながら，こうした主張が妥当であるか否かは疑わしく，以下においては，ペンペルの分析と同様の集計的分析を戦後から2001年までの立法資料に関して行い，彼の主張の妥当性を確認しておきたい[6]. 表2－1は法案の提出や成立の動向を5年ごとに集計しており，国会において成立する法案の大多数が議員立法でなく，政府立法であることを確認している[7]. また1950年代前半を除いて，成立法案の8割以上が一貫して内閣提出法案であり，ペンペルの主張するように，提出法案全体の4割が議員提出であることを考慮すれば，政府立法の優勢は一層際立つと言えよう.

表2－1　内閣提出法案と議員提出法案

| | 法案数 | | | | | | 割合% | | | | | |
| | 内閣提出法案 | | | | 議員提出法案 | | 内閣提出法案 | | | 議員提出法案 | | |
立法年	提出 A		成立 B		提出 C		成立 D	$\frac{A}{A+C}$	$\frac{B}{B+D}$	$\frac{B}{A}$	$\frac{C}{A+C}$	$\frac{D}{B+D}$	$\frac{D}{C}$
1947～51	1,241	(25)	1,113	(5)	329	(25)	230	(2)	79.0	82.9	89.7	21.0	17.1	69.9
1952～56	1,219	(49)	959	(10)	808	(181)	300	(16)	60.1	76.2	78.7	39.9	23.8	37.1
1957～61	1,179	(125)	895	(20)	816	(331)	101	(16)	59.1	89.9	75.9	40.9	10.1	12.4
1962～66	986	(73)	776	(20)	693	(269)	66	(5)	58.7	92.2	78.7	41.3	7.8	9.5
1967～71	751	(63)	571	(14)	468	(121)	60	(0)	61.6	90.5	76.0	38.4	9.5	12.8
1972～76	646	(108)	478	(39)	656	(289)	80	(1)	49.6	85.7	74.0	50.4	14.3	12.2
1977～81	601	(82)	412	(31)	706	(313)	74	(3)	46.0	84.8	68.6	54.0	15.2	10.5
1982～86	525	(73)	421	(22)	647	(402)	69	(6)	44.8	85.9	80.2	55.2	14.1	10.7
1987～91	644	(154)	456	(46)	444	(279)	65	(4)	59.2	87.5	70.8	40.8	12.5	14.6
1992～96	565	(51)	508	(16)	336	(112)	76	(4)	62.7	87.0	89.9	37.3	13.0	22.6
1997～01	778	(90)	678	(44)	746	(249)	139	(13)	51.0	83.0	87.1	49.0	17.0	18.6
1947～01	9,135	(893)	7,267	(267)	6,649	(2,571)	1,260	(70)	57.9	85.2	79.6	42.1	14.8	19.0

注：立法年は一般会計予算を審議する予算国会に始まり，次年度の予算国会までに召集された国会を含み（ただし，1947年は第1回国会のみ），それらを5年ごとに集計している．括弧内は継続法案数であり，複数の国会に及ぶ場合，国会ごとに提出されたものとして集計している．

また内閣提出法案は高い成立率を維持しており，戦後の内閣提出法案のおよそ8割が成立していることになる．ペンペルは1970年代前半までを対象とする分析ではあるが，内閣提出法案の成立率が1955年以降徐々に上昇していることに着目する（649頁）．しかしながら，表2-1はむしろ内閣提出法案の成立率が1960年代半ばに若干上昇するものの徐々に下降し，1970年代後半には最低の68.6%にまで落ち込むことを示している．したがって，分析結果の若干の相違は集計単位による可能性もなくはないが，少なくとも内閣提出法案の成立率に一貫した上昇傾向のないことは明らかである．事実，内閣提出法案の実数は提出数においても，成立数においても凋落傾向にある．例えば，最初の5年間においては1,000本以上の内閣提出法案が成立しているが，以後，成立数は一貫して減少し，1970年代に入ってからは5年間に500本前後の水準に安定してきている．図2-1は法案数の推移を立法年ごとに示したものであり，この図からも戦後一貫した閣法の凋落傾向は明白であろう．

第二にペンペルは議員立法が減少し，国会自体の立法能力が低下していると主張する．表2-1は一見こうした傾向を確認するかのようである．最初の5年間においては議員提出法案の成立率はおよそ7割であるが，引き続く15年間で成立率は急速に下降している．しかしながら，まず認識されねばな

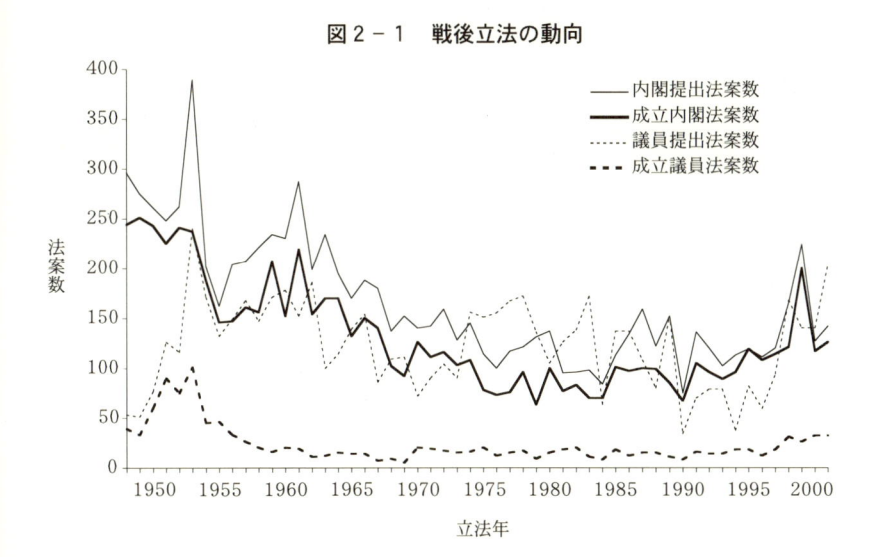

図2-1 戦後立法の動向

らないのは1950年代前半の議員提出法案には内閣提出法案が含まれているということである．図2－1も示すように，1951年に議員立法の成立数は急激に増加する．これは1950年12月からの第10回国会に始まる「依頼立法」と呼ばれる議員立法のためであり，それらは政府立法を名目的に議員が提出しているに過ぎない．例えば，第10回国会においては成立した議員立法のほぼ4割がそうした依頼立法であるとされている．[8] そうした慣行は単に手続きを複雑にするだけであったため次第に採用されなくなった．したがって，1950年代前半に議員立法が多いのは見かけ上に過ぎず，これを基準として議員立法が凋落傾向にあるとすることには問題がある．

さらに議員立法を制限する議会制度の存在も認識する必要がある．実際，ペンペルも国会法第56条によって法案提出には衆議院において20名以上，参議院において10名以上の議員の賛成が必要であり，予算関係の法案提出には必要賛同議員数が各々50名，20名となると記している（649頁）．しかし，この条件は1955年の国会法改正によって導入されたものであり，[9] 当時問題となっていた個々の議員による「お土産法案」といわれるような立法を制限するためのものであった．したがって，国会法改正以後に議員立法の成立数が減少することから，国会の立法能力に変化が生じているとは一概に判断できない．また野党議員による成立の見込みのない法案は依然として提出されており，結果として議員立法の成立率は一層低いものとならざるを得ないのである．[10]

こうした法案提出における賛同要件は，保守合同による安定多数の確立とともに，法案提出に与党が関与しない法案の成立を実質的に不可能としてきた．事実，自民党単独政権下，野党のみの支持によって提出された議員立法は1件を除いてすべて成立していない．[11] ペンペルは成立した議員立法の大半が国会の委員長によって提出されていることから，議員個々の立法能力に否定的見解を示しているが（651頁），委員会提出法案は与野党協議を経て形式的に委員長が提出するものであり，議員立法が委員会提出によるということ自体は政党を主体とする国会運営の制度化を示すに過ぎない．したがって，1950年代後半において議員立法は数字のうえで確かに減少しているが，このことから国会の立法能力が低下したと推測するのは適切ではないであろう．

ペンペルの第三の主張は内閣提出法案の国会修正についてである．表2－

2は内閣提出法案に関する法案修正の動向をまとめており，1970年代までは成立した内閣提出法案のおよそ2割が修正されていることを示している[12]．つまり，ペンペルの主張とは食い違い，内閣提出法案の修正率が下降し始めるのは1980年代に入ってからということになる．ただし，これらの修正のすべてが実質的であるわけではないということはペンペルも指摘するとおりである（652頁）．修正には単純に施行期日を書き直すだけのものもあり，こうした「形式修正」は国会における審議が遅れて当初の施行期日までに成立しない場合に必要となる法案修正である．例えば，谷勝宏の分析によれば，1965年からの20年間において，国会における修正のほぼ半数がこうした形式修正であるとされている[13]．

さらに検討を要するのは1992年から毎年の予算を審議する通常国会が1月に召集されるようになったことである．このように国会法が改正される以前は，通常国会は12月に召集されており，正月休みのためほぼ4週間が実質的に失われていた．制度変更以降，国会の召集はほぼ1カ月遅くなっているが，

表2-2　内閣提出法案の修正動向

立法年	提出数	修正数	割合%
1947〜51	1,241	297	23.9
1952〜56	1,219	306	25.1
1957〜61	1,179	257	21.8
1962〜66	986	214	21.7
1967〜71	751	155	20.6
1972〜76	646	172	26.6
1977〜81	601	114	19.0
1982〜86	525	85	16.2
1987〜91	644	89	13.8
1992〜96	565	44	7.8
1997〜01	778	78	10.0
1947〜01	9,135	1,811	19.8

注：立法年は一般会計予算を審議する予算国会に始まり，次年度の予算国会までに召集された国会を含み（ただし，1947年は第1回国会のみ），それらを5年ごとに集計している．継続法案は，複数の国会に及ぶ場合，国会ごとに提出されたものとして集計している．修正数は衆参の各議院のいずれかにおいて，委員会ないしは本会議において修正案の可決された内閣提出法案を対象としている．

それ以前には頻繁に行われた会期の延長が少なくなっている．法案修正については個々の内容をみていく必要があるが，国会の召集日に関する制度変更によって，法案審議の遅延のために会期を延長する必要の少ない最近の国会においては，形式的な修正を必要とする立法事例が少なくなくなってきたことが推測される．こうした推測が妥当である限りにおいて，1990年代の修正率の低下は形式修正の減少によるところが大きいことになる．例えば，福元健太郎の分析は1990年代に「形式修正」が激減したことを如実に示している[14]．1989年の通常選挙において自民党が参議院の多数を失ったことによる「衆参ねじれ」や1993年からの連立政権時代への移行といった政治情勢の変化と併せれば，1960年代以降に国会が実質的な修正を内閣提出法案に加える割合は１割前後の範囲で比較的安定していると考えることができる．

最後に政省令についてのペンペルの主張を検討しておこう．図２−２の点線は政省令数と成立した内閣提出法案数の合計に占める政省令数の割合を「政省令率」として各立法年ごとに示している[15]．ペンペルは「政省令率」の上昇傾向から行政的手段の重要性が高まってきていると主張している．ただし，図２−２が示すように，政省令実数（太実線）の推移には一貫した傾向はなく，先に検討したように，成立した内閣提出法案数（細実線）に一貫した凋

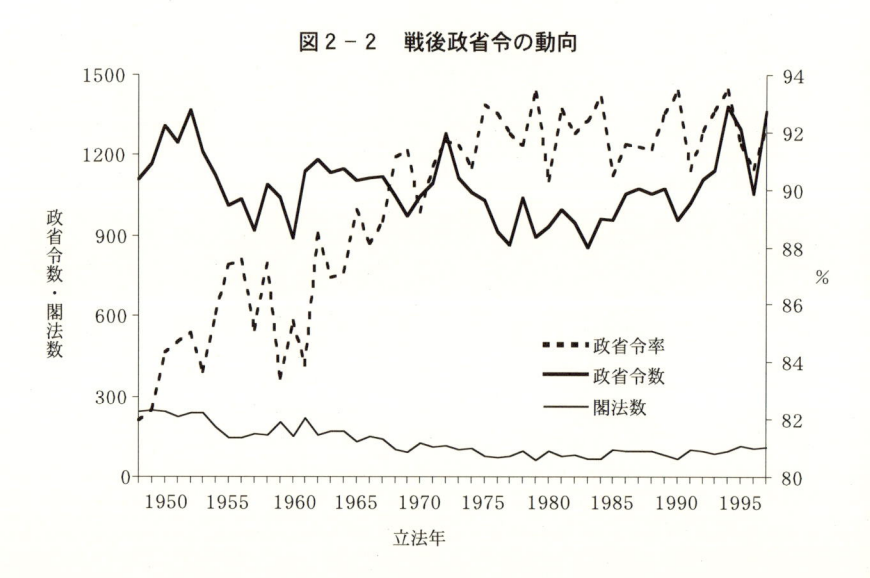

図２−２　戦後政省令の動向

落傾向が見られるのとは対照的である．実際，政省令実数はむしろ1950年代に減少し，1970年代初めに一時的に以前のレベルを回復したに過ぎない．したがって，「政省令率」の増加は政省令数の一貫した増加ではなく，むしろ政省令と内閣提出法案の実数における規模の相違と内閣提出法案の実数における減少傾向によって合成されたものであることがわかる．さらに戦後全体を考慮すれば，政省令数の動向から行政的手段への依存が増加していると結論づけるのは一層難しいことになる．

　まとめ：一般にも認識されていることであるが，政府立法の優位が確認できる．内閣提出法案は成立率も高く，国会において成立する法案の大多数を占めている．ただし，国会関連法規の改変を考慮すれば，議員立法や国会での法案修正が一貫して減少していると結論づけることは難しい．また内閣提出法案数の減少に対応する一貫した政省令数の増加がみられるわけでもない．したがって，こうした分析結果からペンペル流の立論をすれば，彼の主張とは裏腹に，むしろ国会において官僚の推進する立法が徐々に難しくなっているという結論が導かれるであろう．

2　与野党協調論

　ペンペルに代表されるような国会無能論に対して，より実証的な立法過程分析からは，国会の制度的特徴によって与野党協調が促進されるとする肯定的な見解が示されている．この国会機能論はマイク・モチヅキ（Mochizuki, 1982）やエリス・クラウス（Krauss, 1984）による研究に端を発する[16]．両者は国会の制度的特徴に着目し，日米安保条約改定をめぐる議会政治の混乱を経て，政治的争点がイデオロギー対立から経済成長に移行し，コンセンサス型民主主義のようなエリート間相互作用が国会において制度化されてきたと考える．ただし，与野党間に協調関係が発達したと考える要因について両者の見解は分かれている．

　クラウスは1970年代の伯仲国会の出現を強調している．彼は，国会における自民党の議席が徐々に減少するにつれて，与野党交渉や協調的な国会運営が行われるようになり，国会における紛争管理が制度化されてきたとしてい

る．国会運営の与野党交渉は，1960年代には，「待合い政治」と言われるように料亭など国会外において行われたが，1970年代に与野党の国会における議席が伯仲したため，国会内の与野党協議として制度化される．そして1970年代半ばに自民党の議席がいくつかの常任委員会において多数を確保できないまでに落ち込むに至って与野党の協調関係が確立される．クラウスによれば，こうした協調関係の制度化は，アメリカ議会において議論されてきたリチャード・フェノ流の「超党派的多数」による少数派の権利保障[17]，議長や議院運営委員会といった議事運営を司る役職・組織，党派的対立を回避する行動規範として具現化されている．

　一方，モチヅキは与野党協調を国会において人間関係が徐々に制度化された結果と考える．ジャン・ブロンデルは議会が政府の法案を修正し，また法案審議を遅らせ，中断させる能力を「粘着性（viscosity）」と定義しており[18]，モチヅキはそうした国会の「粘着性」を高め，野党の立法過程における参画を促す制度として，会期制，非集権的な委員会制，二院制，議事運営における全会一致の4つを挙げている．クラウスと異なり，モチヅキによれば，行動規範における世代的分断は1970年代ではなく，戦後と戦前の間にあり，国会における与野党の協調関係は自民党が安定多数を確保し，野党の多党化の始まる1960年代の初めにはすでに制度化されていることになる（426-429頁）．

　1970年代までを範囲とする分析ではあるが，モチヅキは「立法年」を分析単位とすることによって，内閣提出法案の成立率にも，また修正率にも長期的な動向はみられないと指摘している（90頁，97頁，213-224頁）．また確かに議員立法の成立法案に占める割合が1970年代以降に若干増加するものの（表2－1参照），モチヅキはこれを与野党協調の手段として議員立法が活用されるようになったというよりは，内閣提出法案の減少による見かけ上の増加に過ぎないとして（111頁），内閣提出法案の長期的な衰退に着目している．

　ペンペルが政省令の比重の高まりと併せて官僚の影響力の増加を主張するのに対して，モチヅキは内閣提出法案数の減少をむしろ国会における立法が徐々に困難になり，省庁が行政的手段に頼らざるを得なくなり，国会の過剰負担とならないよう成立を期する法案の提出を絞り込んだ結果と考えている（92頁）．またクラウスも伯仲期における法案数の減少と政省令数の増加を官僚による意図的な国会での紛争回避戦略と捉えている（284頁）．ただし，図

2-2が示すように,政省令数に長期的に一貫した傾向は見られず,1970年代においては減少傾向にあることから,法律が政省令と補完関係にあると想定することは難しいと言えよう.

さらに内閣提出法案数の減少自体についても,戦後しばらくは法体系整備のために新規立法の需要が高かったこと,1963年に内閣提出法案を法制化の必要のないものは政省令化し,複数の密接な関連法案を一括法案化することが閣議決定されていることなど,社会情勢,制度慣行の変化を考慮する必要がある.[19] 実際,図2-1が示すように,内閣提出法案数は1950年代前半までの水準が格段に高く,1960年代後半から徐々に減少し,1970年代以降,年間100本ほどの水準において安定しているのである.

表2-3はクラウス的な与野党の議席割合を重視する見解の妥当性を検証するために,内閣提出法案および政省令の動向と与党の議席割合の相関を求めている.分析単位はこれまでと同様「立法年」であり,自民党単独政権(1956~1992年)を分析対象としている.与党の議席割合は各国会会期における与党国会議員の議席割合を会期幅の相違を考慮するために会期日数で重みづけした立法年平均を用いている.[20]

まず内閣提出法案実数をみると,[21] 提出数,成立数,修正数のいずれも与党の議席割合とプラスの相関があり,とくに衆議院において強い関係にある.一方,与党の議席割合は法案の不成立数とは統計的に有意な関係にはない.また与党の議席割合と内閣提出法案の成立率の間にも相関はなく,修正率に関しては,参議院における与党議席割合と緩やかなプラスの関係がみられる.最後に与党の議席割合と政省令数の関係をみると,政省令率(政省令の政省

表2-3 法令の動向と与党議席

	内閣提出法案						政省令数	政省令率*
	提出数	成立数	不成立数	修正数	成立率	修正率		
衆議院	0.729	0.777	0.289	0.611	0.234	0.078	0.541	−0.720
	(0.000)	(0.000)	(0.083)	(0.000)	(0.163)	(0.647)	(0.001)	(0.000)
参議院	0.288	0.339	0.047	0.404	0.163	0.298	0.334	−0.286
	(0.084)	(0.040)	(0.781)	(0.013)	(0.334)	(0.073)	(0.043)	(0.086)

注:自民党単独政権(1956~92年)における立法指標各々と衆参各々の与党議席割合の相関係数(p値)を報告している.分析の単位は立法年.与党議席割合は当該立法年に含まれる各国会の会期日数から加重平均している.政省令数は暦年ごとに集計している.
* 政省令数の内閣提出法案成立数と政省令数の合計に占める割合.

令数と内閣提出法案成立数の合計に占める割合）については，衆議院における与党の議席割合とマイナスの相関があることがわかる．ただし，先にも指摘したように，政省令率の増加傾向は政省令数と内閣提出法案数における規模の相違および内閣提出法案実数における減少傾向によって合成されたものであり，事実，政省令実数と与党の議席割合にはプラスの相関もみられる．こうした分析結果からは，与党の議席割合の減少が内閣提出法案の不成立や修正の増加をもたらさず，また政省令の増加ももたらさないことは明らかである．

したがって，与野党伯仲によって野党の立法過程における影響力が高まるのであれば，それは一般に考えられているように法案の成立を阻止したり，修正することではなく，むしろ内閣の立法活動を抑制するという形においてのみ行使されることになり，それは内閣提出法案実数と与党議席割合のプラスの相関によって確認されているとも言える．ただし，先にも触れたように，内閣提出法案数の推移に関しては，社会情勢や制度慣行の違いもあり，1960年代に先立つ時期における法案数を割り引いて考える必要がある．したがって，仮に法案数の長期的な動向が見かけよりも緩やかなものであるとすれば，政治情勢や時間的推移との関係もより弱いものとなることは留意されるべきである．

仮にクラウスのような与野党の議席割合であれ，モチヅキのような人間関係の制度化であれ，国会における与野党協調が政府の法案提出を抑制するのであれば，提出された法案も野党の要望に沿ったものであることが予想される．モチヅキは1965年から1979年までの野党の法案支持率を分析し，法案支持に顕著な変化がみられるのは共産党のみであり，その他の野党の法案支持率は比較的に高く安定していると指摘している．このことから，モチヅキは与野党の協調関係が少なくとも1960年代後半には制度化されており（288-292頁），こうした法案支持の包括化が一層進むと予測している（315頁）．図2－3は自民党単独政権における主要4野党の内閣提出法案支持率の推移を示している[22]．図2－3からは，1970年代までのモチヅキの指摘が確認される一方，彼の予測とは裏腹に，1980年代半ばに日本共産党（共産党），日本社会党（社会党）に法案支持率の低下もみられることがわかる[23]．これは1983年総選挙において自民党が議席を減らし，新自由クラブと国会における統一会派を組

図2-3 野党の法案支持率と与党議席

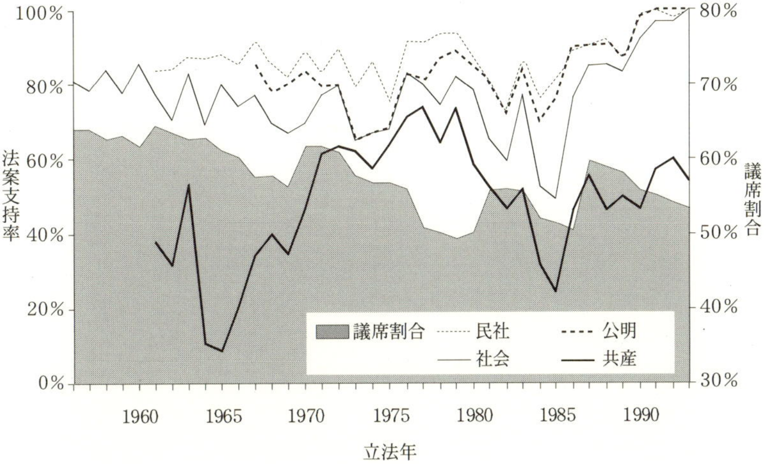

まざるを得なくなった時期であり、クラウスの期待するような与野党の議会勢力的趨勢による作用とは逆の結果とも言える.[24]

まとめ：内閣提出法案の成立率も修正率も長期的には安定しており、与野党の議席割合や人間関係の制度化と関連があるとは言い難い．このことは与野党協調を国会の機能と考えるにしても、不成立に終わった法案や修正の加えられた立法事例から、国会の立法能力を論じることに問題があることを示唆している．むしろ与野党協調の進展は政府の立法的活動に制限を課し、政府の法案提出を抑制するとともに、政府の法案作成に国会の意向を反映させるように作用してきたという可能性がある．ただし、法案数の減少がモチヅキ流の人間関係の制度化か、あるいはクラウス的な与野党の議席割合のいずれに規定されているのかは一概に判断できず、また法案数がどの程度実質的に減少してきたのかということにも疑問の余地がないわけではない．さらに共産党を除く野党の内閣提出法案を支持する傾向は比較的安定しており、政府の法案作成において野党の意向が配慮されるようになった変化の時期を特定することはできない．

3　代理委任論

　これら官僚支配論や与野党協調論に対して，政治家と官僚の関係を制度論経済学の観点から代理委任として捉える研究者は，官僚が自律的に行動しているようにみえるのは，政治家の目標達成に貢献しているからであり，政治家が積極的に介入するようになるのは官僚が政治家の追求する目標の達成から逸脱する行動を採るときに限られると主張している．マーク・ラムザイヤーとフランシス・ローゼンブルス（Ramseyer and Rosenbluth, 1993）によれば，日本においては単記非移譲式中選挙区制という特殊な選挙制度のために，国会において多数を確保しようとする政党は同一選挙区に複数の候補を立てざるを得ず，選挙戦が政党間の競争だけでなく，むしろ候補者間の激しい個人戦となり，議院内閣制でありながらも非集権的な政治体制となっている[25]．こうした選挙制度において，個々の議員は個人的な集票活動を重視し，そうした議員によって構成される集団としての政党には，誰かがやってくれるならば，自分はやらなくても済むという個人的には合理的であっても集団的には非合理な集合行為論的ディレンマが生じることになる．ラムザイヤーらは，長期に政権を独占してきた自民党が組織的メカニズムとなり，合理的個人による集合行為論的ディレンマを権限委譲という形において解消するのであり，立法府と行政府の関係も自民党と官僚機構の代理委任として理解されると主張している．

　こうした代理委任論からすると，政党は組織として選挙資金を提供し，選挙における「看板」となり，また幹部に権限の移譲を図ることによって，議員の個人的な合理性に基づく行動からは追求されないような集団的な「公共財」を供給し，与党として国会の運営や官僚機構の監視といった任務を担うとともに，個人的集票に動機づけられた個々の議員による「抜け駆け」を抑制することが可能となる．ラムザイヤーらによれば，自民党は選挙区における自民党候補者間や党首の座をめぐる派閥領袖間の熾烈な競争にもかかわらず，党内に派閥や政務調査会を制度化していくことによって，議員の個別的な利益追求の要請を充足させ，派閥間に役職を均等に配分し，派閥内の地域的・政策的な議員構成を派閥間で相違のないようにすることによって，政党全体としての利益を実現するよう効率的な幹部への権限委譲に成功している

ことになる (97-98頁).

政官における代理委任関係については，ラムザイヤーらは政党幹部が次の方法によって官僚を忠実な代理人として行動させることができるとしている (107-108頁).

(1) 官僚の行動に対して拒否権を行使し得る.
(2) 官僚の人事に介入し得る.
(3) 官僚に退職後の報酬として所得の大部分を「積み立て」させ得る.
(4) 官僚の行動を監視するために，
・選挙区からの「陳情」
・いずれ自民党から出馬するであろう政治的野心のある官僚
・省庁間の競争
を通じて必要な情報を入手し得る.

ラムザイヤーらの観点からすれば，ペンペルが官僚支配的と捉える立法動向は政治家と官僚の関係を評価するには何ら役立たない (104頁). すなわち，仮に官僚が政治家の欲する法案を作成するならば，政治家がそうした立法作業を官僚に任せるのは合理的な判断である. したがって，国会は表面的には官僚の起草した法案を成立させるだけであるが，それは政治家の意向に沿った法案を官僚が準備しているからに過ぎない. 同様に，政省令が行政的，組織的に効率的な政策手段であるならば，官僚が政治家の目標に沿った政策を実施する限り，政治家が法制化によらず，政省令の活用を促進するのも当然の結果である.

ただし，政官関係における代理委任の体系的な分析としては，ラムザイヤーらは戦後を通じて自民党の政策目標が変遷しているにもかかわらず，官僚の人事や立法に大きな変化がないことから，自民党に忠実な官僚の行動を消極的に推測するにとどまっている (133-139頁). 具体的には，法令数の動向に関して，彼らはケント・カルダー (Calder, 1988) の提起した「危機」的時期を自民党の政策転換期と捉え，成立した法案数に占める内閣提出法案の割合と省令数を「危機」の時期とそうでない安定期に関して年代順に比較し，そうした指標に循環的な上下動がみられないことをもって，官僚が政治家の忠実な代理人であることの証拠としている.

表2-4はこうしたラムザイヤーらの主張を検証するために，カルダーの

表 2 - 4　法令動向の比較：安定期 vs 不安定期

法令動向	時期区分	年数	基礎統計			
			平均	標準偏差	最小	最大
閣法割合[A]	安定期	24	87.1	4.5	76.0	95.2
	不安定期	17	84.7	7.2	70.1	93.4
省令数[B]	安定期	24	656.3	61.0	534.0	762.0
	不安定期	17	737.4	98.1	574.0	932.0

	分散[C]	T検定		
		T	自由度	有意度
閣法割合	均等	−1.341	39.0	0.188
	不均等	−1.242	25.8	0.226
省令数	均等	3.265	39.0	0.002
	不均等	3.021	25.7	0.006

注：分析の単位は立法年ないしは暦年であり，時期区分は1949〜89年を分析範囲としている（Ramseyer and Rosenbluth, 1993, 139頁）．
[A] 閣法割合は全成立法案数に占める内閣提出法案数の割合．
[B] 省令数であり，政令は含まない．
[C] 2集団の分散が等しいとする帰無仮説に関する χ^2 検定は，閣法割合において4.122, 省令数において4.225であり，いずれも分散が等しくないことを示している．

定義に従って，政治的な安定期と不安定期において立法活動各々の集計的指標を比較している．まず内閣提出法案の割合についてみると，安定期と不安定期の平均は各々87.1%，84.7%であり，表 2 - 1 からも想像に難くないように，時期区分による相違は大きいとは言えない．安定期と不安定期の分散が等しいとする χ^2 検定は分散が等しくないことを示しており，不均等分散の場合の T 統計量は−1.242となり，内閣提出法案割合の安定期と不安定期における平均が等しいという帰無仮説を棄却できない．他方，省令数についてみると，安定期と不安定期の平均は各々656.3, 737.4であり，不安定期において省令数は相対的に多いことがわかる．先と同様に，χ^2 検定は安定期と不安定期の分散が等しくないことを示しており，T 統計量が3.021であることからも明らかなように，省令数に関しては，内閣提出法案割合と異なり，安定期と不安定期の平均を等しいとする帰無仮説は棄却される．

したがって，自民党の政策転換にもかかわらず，官僚の行動に変化がないという意味において官僚が政治家の忠実な代理人となっているというラムザイヤーらの主張は，内閣提出法案の割合については否定されないが，省令数

の動向に関しては否定されることになる．ただし，自民党に対して官僚機構が自律的であっても人事や立法に変化がみられないということは可能である．したがって，内閣提出法案のように時期的な変動がないとしても，このことをもって代理委任であるか，官僚支配であるかを区別することはできない．また仮に官僚が造反し得るとして，なぜ自民党の政策転換に呼応して造反しなければならないのであろうか．自民党の政策転換とは無関係な官僚行動の変化がある場合（つまり，安定期・不安定期においては明確な相違は生じないものの，異なる時期区分において看取されるような相違の場合），ラムザイヤーらのように解釈すると，自民党の政策目標の変化と無関係に官僚が造反したということになるのだろうか．さらに，省令数のように自民党の政策転換に応じて変動がある場合，それがなぜ官僚の造反を意味しなければならないのかは明らかではない．つまり，省令数が不安定期に増加するという事実自体は官僚機構が政治的にコントロールされている可能性を排除するものではないのである．

　官僚支配論に対すると同様，ラムザイヤーらは与野党協調論にも反論を加えている（30頁）．第一に会期制や審議時間，立法手続きは憲法ではなく，通常の法律で規定されており，野党の審議引き延ばしが与党に不利に作用するのであれば，国会の多数を制する与党はそうした法令を改正するはずである．逆に，ラムザイヤーらの観点からすると，そうした時間制限的な会期制は，与党内の利害対立を国会に至る前の段階において調整させるという意味において，与党にとって有利な制度として捉えられている．事実，会期延長回数を制限する国会法改正は自民党単独政権発足後の1958年に成立している[28]．しかし，長期の延長や臨時国会の開催に制度的制限があるわけではなく，年間の会期日数も実際には長期化する傾向にあり[29]，与党が制度的な時間制限を積極的に維持してきたと単純に判断することは難しい．

　第二にラムザイヤーらは全会一致の原則がしばしば，とくに自民党の議席が相対的に多いときに反古にされると指摘している．第三に，たとえ国会において与野党が伯仲している場合にも，自民党には野党の審議妨害を回避する方策があり，野党への譲歩はとるに足らないものであるとしている．確かに，議事運営に関する全会一致の原則は一般に認識されているほどに拘束的なものではなく[30]，第3章において詳しく検討するように，むしろ国会関連法

規は，与党が立法の制度的権限を掌握するという意味において，多数主義的な議事運営を保証していると言える[(31)]．しかし，先に検討したように，与党の議席割合は内閣提出法案数とプラスの関係にあるが，内閣提出法案の成立率を高めるわけではなく（表2-3参照），また法案の賛否における与野党の態度一致も比較的安定し，与党議席割合との関連は希薄であった（注(24)参照）．

国会の制度に関するラムザイヤーらの指摘は与野党協調論批判としては正鵠を射たものであるが，その運営の実態は彼らの期待と必ずしも一致していない．野党の影響力が限られたものであることは，程度の差こそあれ，これまで検討してきた3つの観点においていずれも一致するところであろう．しかしながら，このことから国会無能論を導き出すのは誤りであり，それは可視的な与野党の対立や交渉，その結果としての法案の修正や不成立のみに着眼する限られた国会観によるものである．

確かに，代理委任論は，中選挙区制という特殊な選挙制度に規定される議員個人の動機から，本来は集権的な議院内閣制にもかかわらず，日本政治にみられる非集権的な遠心力を解明するという意味において画期的なものである．ただし，そうした非集権と集権の相互作用メカニズムとしては，政務調査会や派閥といった自民党内における分配的利益の表出過程や利害調整過程にのみ分析の焦点が置かれている．しかし，そうした可視的な現象自体はむしろ議員個人と政党幹部における効率的でない代理委任関係の部分を反映しているのであり，政官関係の効率性が期待される部分は実証的な分析対象からは除外されている．

のみならず政治家の行動を規定する制度は選挙制度だけではない．仮に，立法，行政，政党に何らかの変化があったとすれば，1996年に新しい制度による総選挙が実施されるまでは中選挙区制であり，議院内閣制という憲法的枠組みにも変わりはないのであるから，変化の原因は選挙制度や憲法的枠組み以外に求めねばならない．日本政治に関する代理委任論は，政治家優位の根拠が憲法による立法府の優越性にあるにもかかわらず，安定的な国会における多数の存在や政党幹部の指導力といったことを議院内閣制の制度的帰結として考慮するにとどまり，国会の制度的特徴が立法や行政に及ぼす構造的影響を実証的に解明してきたとは言い難い．

まとめ：自民党の政策転換にもかかわらず，官僚の行動に変化がないという意味において，官僚が政治家の忠実な代理人であるというラムザイヤーらの見解は部分的に否定される．また否定されないとしても，自民党の政策転換にかかわらず，単純に一定であるのか，自民党の政策転換とは呼応せずに変化しているのか，いずれの可能性も排除できない．他方，自民党の政策転換に応じて官僚の行動に変化があったとしても，それが官僚の政治家に対する造反とみなされる理由も明らかではない．さらに，代理委任の観点に基づく会期制や全会一致の原則に関する与野党協調論批判は正鵠を射たものであるが，これまでの代理委任論研究においては政治体制を非集権的にする選挙制度に焦点が置かれ，自民党内における可視的な利害の対立や調整が分析されるに過ぎず，国会の制度およびその運用実態と構造的な作用は分析対象として顧みられていない．

4　観察主義の陥穽

　この章においては，国会研究における観察主義と呼ぶ3つの観点を概観し，各々による国会や立法過程に関する主張を再検証してきた．こうした分析からは，戦後を通じて政府立法が支配的であることが確認され，また内閣提出法案の成立率も修正率も比較的に安定していることが明らかとなっている．しかし，これらのことをもって，日本政治における政官関係が官僚支配か代理委任であるかを識別することはできない．むしろ長期的な変化として顕著であるのは内閣提出法案実数における減少傾向である．このことから国会における与野党協調が政府立法にとって越えがたい障害のように機能していると解釈することも可能であるが，社会情勢や制度慣行の相違を考慮すれば，そうした内閣提出法案数の減少傾向もある程度割り引いて捉える必要がある．また政省令実数に関しては長期的に一貫した傾向はみられず，官僚支配論や与野党協調論が想定するような立法との補完関係はなく，むしろ代理委任論の主張を否定するような政策転換期におけるその増加傾向が看取される．

　したがって，まず戦後日本における立法動向の特徴として，政治情勢の変化にもかかわらず，立法的な生産性が比較的に安定していることを認識しな

ければならない．しかしながら，従来の研究は国会の機能を議員立法の推進や政府立法に対する抵抗と捉え，そうした「見える形」において論争的であると事後的にみなされた立法事例に焦点を置くことによって，国会研究の視野を非常に限られたものにしてきた．結果として，「論争的立法」が相対的に少ないことから，国会は研究対象として魅力のないものとなり，国会が日常的に処理する法案の大部分が「論争的」でないという理由から，国会の機能を評価しようと試みる実証的な研究においてさえ分析対象として顧みられず，戦後立法の最大の特徴とも言える立法的生産の安定性は分析の視野に入っていない．

議院内閣制とは，議会の多数派が与党となり，その与党に依拠する内閣が立法活動を主導することによって，政府運営や政策形成における責任所在が明確にされ，それを国民が選挙において問うことによって，国民の意思を政府や政策に反映させる代議制度である[32]．政府の立法的生産性は内閣が議会の多数に信任され，行政機構が内閣の管理下にある程度に依存する．したがって，議院内閣制における議会の機能とは，与党の政策目標に沿った法案を行政省庁に作成させることにあり，効率的な法案作成が実現される前提条件として，与党が議会における立法の制度的権限，とくに議事運営の制度的権限を掌握し，法案の成立を左右し得ることにある．これまでの研究が対象としてきた「見える形」において論争的な立法とは，こうした観点からは，むしろ議院内閣制における非効率な部分であり，従来の研究においては，内閣提出法案を成立させるという議院内閣制本来の立法機能が主たる分析対象として扱われてこなかったことになる[33]．

日本の国会のように，開会期間を比較的短く限定する会期制を採用している場合，議事運営，とくに法案審議などに要する「時間」の管理が立法的生産性を大きく左右すると言われている．しかしながら，これまで立法過程において時間的要素がどのように作用しているのかということは体系的に検証されてきたとは言い難い[34]．本書は，そうした国会研究における空白部分を埋める試みとして，時間的事象を統計的に把握する「生存分析」と呼ばれる分析手法を採用することによって，ある法案が成立するまでにどれくらい時間がかかるのかという問題を設定し，国会における議事運営のあり方や政治情勢が法案個々の成否に及ぼす影響を検証していく．

第3章 国会は全会一致的か？

　前章では，国会研究における「観察主義」的な分析アプローチによって，戦後立法の最大の特徴とも言える日常的な立法活動の長期的には安定した生産性が見逃されてきたことを明らかにした．これは従来の研究が国会を議員個人や野党が主として影響力を行使するという理念的な捉え方を採用し，「見える形」において論争的な立法事例に分析の焦点を合わせてきたことに多く由来している．こうした観察主義的なアプローチは国会の制度的構造が全会一致や与野党協調を促すという前提に基づいている．この章においては，まず国会における立法手続きを概説したうえで，憲法，国会法，議院規則といった国会関連法規を詳しく再検討していく．[35] 次いで，国会の制度的特徴を議事運営の制度的権限に関するヘルベルト・デーリング（Döring, 1995）の類型化と照らし合わせることによって，国会における議事運営の制度的権限が与党に掌握されるという意味において，いかに多数主義的であるのかということを比較論的に考察していく．

1　国会における立法手続き

　第1章においても触れたように，国会は衆議院と参議院から構成され，各議院において議員のみに議案を発議する権利が認められている．ただし，各議院における委員会も所管事項について法案を提出することができ，この場合，形式的には委員長が法案を提出することになっている．また憲法は首相が内閣を代表して法案を提出するものと定めている．こうした内閣提出法案については衆議院，参議院のいずれを先議とするかについて法的な規定はな

いが，憲法によって予算の衆議院先議が定められており，慣例として予算に関連する法案は衆議院に提出されることになっている．

　第1章においてもいくつかの具体例の概略を紹介したが，法案が法律となるには，以下のような手続きを経る必要がある（図1－1参照）[36]．

　まず提出された法案は各議院の議長によって，その法案を所管する委員会に付託される．委員会においては，議員提出ならその提出者から，また内閣提出ならその所管国務大臣から，提案の理由や議案の内容について趣旨説明が行われる．

　次いで，委員会委員による提出者や国務大臣に対する質疑に入り，必要に応じて，参考人から意見を聴取し，ときには委員会に小委員会を設け，また他の関連委員会との連合審査会を開いたりする．とくに予算関連法案や「重要法案」と呼ばれるものについては，利害関係者や学識経験者を招いて公聴会を開くこともある．委員会における「質疑」が終了すると，各党の代表委員が議案に対する賛否を表明する「討論」を行い，「採決」をして議案に対する委員会の意思を決定する．

　こうした委員会審査が終了すると，法案は本会議に付される．まず法案を審査した委員会の委員長が法案の内容と委員会審査の経過および結果を報告書にまとめ，議長に提出する．次いで，法案は本会議の議事日程に記載され，委員長報告の後，本会議において表決に付される．ただし，あらかじめ各党を代表する議員による質疑や討論の申し出がある場合，それらの議員による発言が終わった後に表決に付されることになる．

　このように，まず委員会における審査を経たうえで本会議における議決を求めるのが一般的な原則であるが，委員会審査に入る前や委員会審査の途中において，本会議に対する法案の趣旨説明を求めることもある．重要な法案などについて，常任委員会の1つである「議院運営委員会」がとくに必要と認めた場合，法案を提出した議員あるいは内閣提出法案についてはその所管国務大臣から，本会議において趣旨説明が行われ，それに対して質疑も行われる．

　とくに緊急を要する法案については，発議者または提出者の要求に基づいて，議院の議決により，委員会審査を省略することもある．委員長提出法案については，草案の段階から十分に委員会における法案審議が尽くされてい

るという理由から，委員会審査を省略して直ちに本会議の議題とされる．

さらに，委員会における法案審査の遅れがはなはだしい場合，各議院は当該委員会に中間報告を求めることができる．中間報告とは，委員会審査中の案件について審査経過を議院に報告させるものであり，中間報告の行われた案件について，議院は，とくに緊急を要すると認めるとき，委員会審査に期限を設け，また議院の会議において審議することができる．

先議院を通過した法案は後議院に送られ，同様の手続きを経て，両院を通過したときに初めて成立する．つまり，立法には両議院の一致した議決を経ることが不可欠であり，両議院の議決が一致しない場合，例えば，衆議院を通過した法案を参議院において修正したときには，参議院案を衆議院に回付し，衆議院がそれに同意したときに成立することになる．また両議院の意見を調整するために両院協議会を開くこともできる．ただし，憲法上，衆議院の優越性が認められており，衆議院において可決した法案に参議院が異なった議決をした場合に限り，衆議院における出席議員3分の2以上の多数によって再び衆議院案を可決すれば，それが国会の議決となるとされている．

2　国会法規の再考

前章において検討したように，国会は憲法上，国権の最高機関であり，唯一の立法機関であるが，これまで一般には行政機関の推進する立法を形式的に裁可するに過ぎないものとみなされてきた．例えば，ハンス・ベアワルドは委員会中心主義のアメリカ議会を参照枠組みとして，国会の立法過程における受動性を戦前の帝国議会と同様に判を押すに過ぎないものと評している（Baerwald, 1974, 124頁）[37]．

こうした国会無能論に対して，モチヅキは国会の制度的特徴として，二院制，委員会制，会期制，議事運営における慣行に着目し，国会の立法過程が見かけ以上に「粘着的」であるという反論を提起している（Mochizuki, 1982）．ただし，ラムザイヤーとローゼンブルスも指摘するように，会期や審議時間，立法手続きを規定するのは憲法ではなく，通常の法律であり，野党の審議引き延ばしが与党に不利に作用するのであれば，国会の多数を制する与党はそうした法令を改正するはずであろう（Ramseyer and Rosenbluth, 1993, 30頁）．また，ラムザイヤーらによれば，議事運営における全会一致の原則について

も，与党が国会の議席において比較的優勢なときには反古にされ，たとえ与野党が伯仲している場合にも，与党は野党の審議妨害を回避する方策があるとしている．

　したがって，モチヅキの着目する国会の制度的特徴が立法において越えなければならないハードルを高くしているとしても，むしろクラウスが強調するように，そうした制度構造を前提として，国会における議事運営は与野党の議会勢力に依存しているのかも知れない（Krauss, 1984）．この節では，国会関連法規を詳しく再検討することによって，国会の制度は一般に認識されているほどには全会一致的ではなく，むしろ与党が議事運営に関する制度的権限を掌握していることを明らかにしていく．

(1)　議院内閣制と二院制

　国会は唯一の立法機関であり（憲法第41条）[38]，議案の発議は各議院において議員のみが行うものとされている（国会法第56条1項）．具体的には，国会法は当初，議員の議案発議に賛同要件を課していなかったが，1955年の同法の改正により，議員が議案を発議するには，衆議院において20人以上，参議院において10人以上の賛成を要し，とくに予算に影響を及ぼす法案については，衆議院において50人以上，参議院において20人以上の賛成を要することとなった．ただし，実際には，国会において審議される法案の大部分は行政省庁によって立案されたものであり，憲法は首相が内閣を代表して議案を国会に提出すると定めている（憲法第72条）[39].

　首相を指名するのは国会の重要な役割である．すなわち，首相は国会議員の中から国会の議決によって指名されなければならない（憲法第67条）．憲法は首相の指名において衆議院の優越性を認め，衆参両院が首相の指名において異なる議決をし，両院協議会の意見が一致しない場合，あるいは衆議院の議決を受領後10日以内に参議院が指名を行わない場合，衆議院の議決が国会の議決となると定めている．

　内閣の成立は衆参両院の議決に基づくが，内閣の存続は衆議院の信任のみに依存している．衆議院が内閣不信任案を可決ないしは信任案を否決した場合，内閣は10日以内に衆議院を解散し，総選挙を実施するか，総辞職しなければならない（憲法第69条）．ただし，「7条解散」と呼ばれ，内閣の助言と

承認による天皇の国事行為として衆議院を解散するという憲法の規定から，内閣は衆議院の信任の如何にかかわらず，衆議院を解散することができるとされている．

内閣は毎年の国家予算を作成し，国会に提出する（憲法第73条）．予算は先に衆議院に提出しなければならず，参議院が衆議院の議決と異なる議決をし，かつ両院協議会においても調停案が得られない場合，あるいは参議院が衆議院の議決を受領後30日以内（国会休会中を除く）に議決をしない場合，衆議院の議決が国会の議決となる（憲法第60条）．こうした衆議院の優越性は条約の承認に関しても適用されるが（憲法61条），内閣は条約を先に参議院に提出することができ，その場合上記の「30日規定」は該当しない．

このように予算や条約に関しては衆議院の優越性が保証されているが，通常の法案審議に関しては両院の議決の一致がより重要である．すなわち，法案は両議院において可決されたときに初めて法律となり得る（憲法第59条）．例えば，後議院が先議院の送付案を修正した場合，後議院は修正された法案を先議院に回付し（国会法第83条3項），それに先議院が同意すれば法律となる．ただし，衆議院の議決と異なる議決を参議院がした場合（修正ないしは否決），衆議院が出席議員3分の2以上の多数によって再議決すれば，衆議院案が法律となる（憲法第59条2項）[40]．また衆議院の議決を受領後60日以内（国会休会中を除く）に参議院が議決を行わない場合，憲法第59条4項によって，参議院が法案を否決したものとみなすことができ，これにより衆議院は3分の2の多数による再議決が可能となり，衆議院案を法律とすることができる．あるいは，両院協議会を開催し，出席委員3分の2以上の多数によって調停案をまとめ（国会法第92条），それを各議院が承認すれば，その調停案が法律となる[41]．

したがって，通常の法案の場合，参議院が法案を店晒しにすると，衆議院における3分の2の多数による再議決か，または両院協議会の調停案を両院において承認する以外，その法案は会期末に廃案となることを意味する．言いかえれば，与党が参議院の「拒否権」を回避するためには，まず参議院における審議期間を最低でも2カ月確保しなければならない．しかしながら，後述するように，これは会期150日の通常国会であっても容易なことではない．さらに，たとえ参議院の審議日数が確保されても，衆議院において3分

の2の多数を占めるか，両院の多数が同意し得る両院協議会3分の2の多数による妥協案を得るという実質的には乗り越え難いハードルが存在する．いずれにせよ，通常の法案審議においては，ある程度の衆議院の優越性も保証されているが，衆議院の再議決や両院協議会の議決には特別多数が要求されており，衆参両院の多数に支持されることが法案の成否を実質的に左右することになる．

参議院はいくつかの制度的な理由から衆議院とは性格を異にするものとなっている．憲法により，衆議院は任期4年であり，多数派が与党となって政府を構成し，内閣との信任関係から解散され得るものであるのに対して，参議院議員の任期は6年であり，また3年ごとの定期的な選挙によって議員の半数が改選されている．衆議院は1996年の総選挙から小選挙区と11地域ブロックごとの比例代表による並立制に変更されたが，従来は定数3～5を主とする，いわゆる中選挙区制において選出される議員によって構成されていた．これに対して，参議院議員は全国区と都道府県ごとの選挙区から選出され，1983年以降の全国区においては比例代表制が採用されている．各党の比例名簿の上位には大規模な利益集団を支持母体とする候補や知名度の高い候補が名を連ね，代表する利益が衆議院議員のそれとは異なり，資金的にも政党や派閥に依存することが比較的に少ないと言われている．なお参議院は，第二院としての制度的な存在意義を誇示するためにも，衆議院の党派的な拘束に対して独自路線を貫こうとする傾向がある[42]．

(2) 委員会制

一旦法案が提出されると，法案は所管の委員会に付託される（国会法第56条2項）[43]．委員会には常任と特別の2種類があり，各々所管の議案や請願などを審査する（国会法第40条，同第41条）．衆議院における常任委員会の所管事項はほぼ行政省庁のそれに対応しているが（衆議院規則第92条），参議院の場合は政策分野ごとに分かれている（参議院規則第74条）．特別委員会は会期ごとに各議院において必要と認めたときに，その議院の議決によって設けられるものであり，委員数や所管もそのつど決められる（国会法第45条）．

議員は少なくとも1つの常任委員となる（国会法第42条2項）[44]．常任委員会の委員と特別委員会の委員は各党の所属議員数の議院における割合に応じて

割り当てられ，各党から申し出た者について議長の指名によって選任されている（国会法第46条）．常任委員会の委員長は各議院において各々常任委員会の委員の中から選出され（国会法第25条），特別委員会の委員長はその委員会によって互選されている（国会法第45条3項）．しかし，実際には動議により委員長の選任を議長に委任し，与党の推薦する委員を議長が指名している．衆議院においては与党の議席数が許す限り，与党議員が主要な委員長ポストを占め，せいぜい特別委員会を野党に譲るに過ぎないが，参議院においては各政党の議席数に比例して委員長ポストを配分することが慣行となっている．

委員長の役割は，委員会の議事を整理し，秩序を保持することである．委員長は委員会開会日時を決定する（衆議院規則第67条，参議院規則第38条）．また委員に発言の許可を与え（衆議院規則第45条2項，参議院規則第42条2項），あるいは委員会に諮って質疑や討論，その他の発言時間を制限する（衆議院規則第68条，参議院規則第47条）．委員長は委員の発言が委員会秩序を損なう場合にはそれを禁止することもできる（衆議院規則第71条，参議院規則第51条）．委員長は討論が終局した場合，議題を表決に付し（衆議院規則第50条，参議院規則第49条），また委員会の議事は過半数によって決せられるが，可否同数のときには委員長が決裁権を行使することができる（国会法第50条）．このように委員長は委員会における広範な議事運営権を司っているが，実際には各党の代表である数名の委員が理事となり（衆議院規則第38条1項，参議院規則第31条1項），委員会運営は委員長と理事の協議によって行われている．

実質的には，大多数の法案が委員会審査を経なければ，法律となることはない．委員会は議案を本会議に付す必要はない．委員会が法案を議院の会議に付すことを要しないと決定した場合，7日以内（休会中を除く）に20名以上の議員から要求があれば，その議案を本会議に付さなければならないが，そうした要求のない場合にはその議案は廃案となる（国会法第56条3項，同4項）．したがって，法案に反対する野党にとっては，委員会の野党理事が法案の審査そのものに反対し，議事運営における全会一致の規範が尊重される限りにおいて，その法案を委員会において店晒しにすることができる．しかしながら，与党は，その法案の成立を期す場合，2つの戦略を制度的にとることができる．

第一に，先にも簡単に触れたが，議院の議決によって中間報告を求め（国会法第56条の3），店晒しになっている法案を委員会より救い出し，それを議院による審議を経て成立させる戦略がある．第二は，委員会の理事会において野党の反対を押し切って審議日程を決め，委員会では野党の審議引き延ばしを排するために，与党が動議によって法案を議題に載せ，質疑を打ち切ったうえで採決に持ちこむ戦略である（参議院規則第48条）．いわゆる「強行採決」であり，この場合には与党議員が委員会の委員長であることが重要な要件となる．

　1970年代後半，自民党は保守系無所属議員を取り込むことによって，かろうじて衆議院の多数議席を維持していたが，主要な委員会における多数を確保するために，いくつかの常任委員会や特別委員会の委員長ポストを野党に引き渡さざるを得なかった．こうした野党委員長のもとでは強行採決を行うことは不可能であり，委員会が政府の重要法案を店晒しにしたために，与党は中間報告に頼らざるを得ないという事態が生じたのである．ただし，いずれ中間報告が行われてしまえば，議院による審議を経て法案は無傷で成立するのであって，野党としても審議引き延ばしによる時間の浪費，それに伴う他の法案審議への影響を与党に勘案させることによって何らかの譲歩を得るほうが，中間報告を強いるまでに与党を追いつめるよりは得策となる．

　委員長ポストの重要性はいわゆる「逆転可決」にも示されている．1976年の総選挙によって，自民党は衆議院の511議席のうち260しか確保できなかった．これは衆議院全体としては多数であるが，委員会ごとに委員を割り当てた場合，結果として委員会の委員数が偶数の場合，多数をとるか，委員長をとるかという選択を自民党は迫られた．これは可否同数でない限り，委員長は採決に参加しないという国会法第50条の規定があるためであり，例えば，委員数30の委員会において，自民党が15の委員枠しか占められない場合，多数を得るためには委員長ポストを野党に譲らざるを得なくなる．

　実際，こうした委員数偶数の委員会において，自民党はむしろ委員長ポストをとり，野党が多数となる委員会が出現したのである．なぜ自民党は委員会多数よりも委員長ポストを選んだのだろうか．それは，衆議院全体としては，自民党は多数を占めており，たとえ委員会において法案が否決されても，採決にまで漕ぎ着ければ，委員長はその旨を議院に報告し，委員会において

否決された法案を本会議において「逆転可決」することが可能だからである．事実，こうした逆転可決は地方行政委員会における地方税法改正案に関して1977年と1978年に生じている⁽⁴⁵⁾．

(3) 会期制

　国会には常会，臨時会，特別会の3つがある．国会の常会は憲法によって毎年1回召集されると定められている（憲法第52条）．当初，常会は12月に召集されていたが，1991年の国会法改正により，毎年1月に召集されるようになった（国会法第2条）．この常会は，とくに国の予算や予算関連法案を審議するためのものであり，会期は150日間と定められている（国会法第10条）．国会の臨時会は，内閣が必要に応じて召集することができ，また衆参いずれかの議院の総議員4分の1以上から要求があった場合にも召集されねばならない（憲法第53条）．国会の特別会は衆議院の解散による衆議院議員の総選挙後に召集されるものである（憲法第54条）．臨時会と特別会の会期は召集のつど両院一致の議決で決定する（国会法第11条，同12条）．会期の延長および延長期間も両院一致の議決によるとされているが，1958年の国会法改正により，会期の延長回数は常会において1回，特別会と臨時会においては2回までと制限されている（国会法第12条）．なお会期に関して，両院の議決が一致しない場合には，衆議院の議決が優越することになっている（国会法第13条）．

　理論的には，会期の延長や臨時会の召集によって国会を一年中開会しておくことは可能であるが，実際には，国会は年間200日ほど開かれているに過ぎない．さらに，慣例や規則によって，国会の「可処分時間」はより制限されたものとなっている⁽⁴⁶⁾．すなわち，まず本会議には定例日があり，衆議院においては火木金，参議院においては月水金となっている．ただし，議長は緊急を要すると認める場合，定例日以外にも本会議を開くことができる（国会法第55条2項）．また委員会も1週間に2ないし3日の定例日が設けられているが，会期末や緊急の場合には定例日以外にも開かれている．これにより，国会の実質的な稼働日数は約半分の100日ほどとなっている．

　また憲法第72条の規定から，通常，国会が召集されると，会期の冒頭に首相が一般国務および外交についての報告を行い，それに対する質疑が数日間にわたって続く．そして，予算委員会が開かれ，予算審議が他の法案審議に

優先されて行われる．さらに慣例により，予算の審議中は審議の内容にかかわらず，全閣僚が予算委員会に出席することが求められている．したがって，予算審議が終了し，関係閣僚の出席が可能となるまでは，他の委員会は審議に入れず，たとえ会期150日の国会の通常会でさえ，大部分の会期は予算審議に費やされているのである．

　国会における時間的制約を一層厳しくしているのが，「会期不継続の原則」である[47]．これは国会の活動を会期中に限り，会期中に議決に至らなかった案件は後会に継続しないと定めるものである（国会法第68条）．ただし，委員会は議院の議決により，付託された案件を閉会中も審査することができ，こうした閉会中に審査する案件は後会に継続することになる（国会法第47条2項）．つまり，国会の活動には厳しい時間的な制約が課されており，法案審議を効率的に処理していくためには，委員会ごとの議事運営とともに，国会全般の時間の管理が立法的生産性を決定的に左右することになるのである[48]．

(4) 全会一致

　議院における議長の役割は，委員会における委員長のそれと同じであり，本会議の議事を整理し，秩序を保持することにある．すなわち，議長は議事日程を決める（国会法第55条）．また議長が必要と認めるとき，議長は議院に諮り，議事日程の順序を変更し，他の案件を議事日程に追加することができる（衆議院規則第112条，参議院規則第88条）．衆参の議長は各々の議院において選ばれ（憲法第58条），通常は与党議員である．ただし，議長は党派的に中立を維持するために，党籍を離脱することが慣行になっている．

　また議長は法案を所管の委員会に付託する（国会法第56条2項，衆議院規則第31条，参議院規則第29条）．案件の所管が判断しにくい場合，議長は議院に諮って決定した常任委員会に付託している（衆議院規則第32条，参議院規則第29条2項）．ただし，実際には，議長は議事に関して常任委員会の1つである議院運営委員会の決定に従う．国会法第55条の2では，議長は議事の順序その他必要と認める事項につき，議院運営委員会の委員長および議院運営委員会が選任する議事協議員と協議することができると定められている[49]．また議院運営委員会が必要と認めた場合，本会議において議案の趣旨説明が聴取されることになる（国会法第56条の2）．

実質的には，議事運営は議院運営委員会を通じた政党間交渉に委ねられている．国会における政党は届け出た「会派」を制度的な単位として活動し，議院運営委員会は会派議員総数に比例して配分された25名の委員から構成されている．議院運営委員会は国会会期中には日常的に開かれ，議事に関する問題を処理している．また国会の制度的機関ではないが，各政党には国会対策委員会と呼ばれる組織があり，議院運営委員会を表舞台とすれば，議事運営の裏舞台で政党間交渉の潤滑油的な機能を果たしている．

こうした議院運営委員会や国会対策委員会における与野党間の合意形成は野党に影響力を行使させる国会の制度的特徴であると一般には認識されている．ただし，議院運営委員会の議事に関する決定は慣行として全会一致によっているが，それはあくまで紳士協定であり，国会法第55条の2は議院運営委員会の意見が一致しない場合，議長に裁定する権限があると規定している．戦前の帝国議会においては議会運営に携わる各派交渉会に全会一致の明文規定もみられるが，戦後の国会においては委員会の理事会における不文の慣行として全会一致が尊重されているに過ぎない（大山，1997, 45頁）．また川人貞史は，議事運営機関の歴史的発展を跡づけるとともに，議院運営委員会における採決状況を分析し，実際には，議院運営委員会理事会が議事協議会の機能を担い，理事会において合意が得られない場合には，議院運営委員会における採決に委ねられることを明らかにしている（川人，2002）．したがって，議院運営委員会による議事運営が少数派の意見を立法に反映させるように機能するものの，与野党の意見が対立する場合には議長が決裁権をもち，実質的には多数主義的な議事運営が制度上保証されていると言える（前田，1999, 74-75頁）．

このように国会全体としても，また個々の委員会においても，多数主義的な議事運営が制度的には保証されており，国会の多数を制する与党ないしは与党連合が存在する限り，法案審議は議事日程の問題に集約されることになる．したがって，与党に対抗しようとする野党の戦略は，審議を引き延ばし，時間切れによって法案の廃案を目指すか，与党による譲歩を期待するしかないが，多数主義的な議事運営が可能である以上，与党が法案の成立を期す場合，いずれは与党の推進する法案が成立するのである．こうした実態は，国会の機能として野党に抵抗の機会を保証するものと捉える与野党協調論の議

会制度観とは異なるものであることを認識する必要がある.

ただし,野党の引き延ばし戦略に全く意味がないわけではない.与党に「強行採決」を余儀なくさせることによって,野党はそれを民主主義的な原則を踏み躙る暴挙であると国民に訴え,与党に選挙戦や世論上でダメージを与えることができるかも知れない.与党がこうした野党の抵抗による立法的な非効率や選挙戦・世論上のデメリットを重く受けとめるならば,立法的な妥協が与野党間に成り立つ余地も大きくなろう.野党が審議を引き延ばすために用いる常套手段には,まず内閣を質問攻めにすることが挙げられる(52).また野党は内閣不信任や問責決議の動議を立て続けに行い,それらすべてに記名投票を求めることもできる(53).こうした記名投票では,「牛歩戦術」と呼ばれるように,法案に反対する議員はゆっくりと演壇の投票箱に向かい,意図的に投票が終わらないように議事の進行を妨害するのである(54).

ただし,与党にもこうした野党の抵抗に対処する手段が制度的に保証されている.本会議においては,質疑が続出して容易に終わらないときには,議員20人以上によって質疑終局の動議を提出することができる(衆議院規則第140条,参議院規則第111条).国会法第61条は議長に質疑,討論,その他の発言に時間の制限を課すことを認めている.さらに,議長の職務権限の規定から,議長は投票時間も制限できるものと解釈されている(国会法第19条).また委員会においては,いずれの委員も単独で質疑終局の動議を提出することができ(参議院規則第48条),委員長は委員会に諮って質疑の時間を制限することができる(衆議院規則第68条,参議院規則第47条).さらに,委員会における審議が一向に進まない場合,議院は中間報告を求め,法案を本会議で審議することもできる(55).野党の審議引き延ばしに対して,このように与党が強硬な姿勢をとる場合,野党は物理的な審議妨害や審議拒否といった手段に訴えることもあり,結果的には,野党に対して宥和策をとるよりも時間的,政治的にコストが大きくなることもある(56).ただし,そうした国会の混乱に対する国民的な批判は必ずしも与党だけに向けられるわけではなく,野党に向けられることもある.

まとめ:戦後の国会には,アメリカ議会のような委員会中心主義が導入されているものの,議会制度としての根本的な原理はイギリス議会に典型的に

みられる権力の集中にあり，議会多数の信任に依拠する内閣が立法において主導的な役割を担う制度である．確かに，国会における立法は実質的には法案審議が行われる委員会や衆議院とは制度的に独自な参議院といったハードルを乗り越えなければならない．ただし，議事運営の制度的権限は，議会法規上は，国会の多数を占める与党の手中にあるのであって，立法の実質的な焦点は，法案がいかに会期中に採決まで辿り着くようにするのかという議事日程の管理にしぼられることになる．

モチヅキは国会における審議時間を制限する会期制が与党の立法能力にとって足かせとなるように作用していると主張したが，制度的には，会期の延長期間は無制限であり，内閣は必要に応じて国会を開会することができるのであり，与党にとって時間的制約を取り払うことは不可能ではない．国会法は通常法規であり，会期を短く規定する条項自体，国会の多数を占める与党によって改廃され得るものである．さらに，通常は与野党の全会一致を規範とする議院運営委員会が議事運営を担っているが，制度的には議院運営委員会の意見が一致しない場合には議長に決裁権があり，議長の依拠する国会の多数与党による議事運営が保証されている．したがって，立法における全会一致志向や会期による時間的制約も，与党が多数決を強行し，また会期の長期化を実現し得る国会の制度構造が前提となって，経験的に観察可能となるものであることを認識する必要がある．

3 議事運営の比較制度論

前節では，国会関連法規を再検討し，国会の制度や規則が一般に言われるほど全会一致的でないことを明らかにした．この節においては，ヨーロッパ諸国の議会における議事運営の制度的権限を比較したデーリングの議会分類により（Döring, 1995），日本の国会は多数与党が議事運営の制度的権限を掌握するという意味において，どの程度多数主義的であるのかということを検証していく．

ヨーロッパ18カ国の議会制度に関して，デーリングは議事運営の制度的権限を7基準から検討している(57)．この節においてはデーリングの基準に日本の国会の制度や規則を照らし合わせることによって，国会をヨーロッパ諸国の

議会の中に位置づけることを試みていく．具体的には，国会よりも多数与党による議事運営を可能にしている議会，あるいは制限している議会がどれだけあるのかということに分析の焦点を合わせ，ヨーロッパ諸国の議会各々を「国会より多数主義」，「国会と同等に多数主義」，「国会より多数主義でない」の3類型に分類していく．そして，それら3類型がデーリングの分析対象である18カ国に占める割合を0から100の範囲に配置することによって，国会より多数主義である議会の割合を国会の多数性の上限とし，国会と同等以上に多数主義である議会の割合を国会の多数性の下限とする．以下，まずデーリングの7基準各々において，こうした国会の多数性に関する上限下限を明らかにしたうえで，そうした分析の総括として，国会において多数主義的な議事運営が可能であることを示す総合的な指標を提示することとしたい．

(1) **本会議における議事運営権の所在**

まずデーリングは本会議において誰が議事運営権を握っているのかを検討している．彼は本会議における議事運営が与党によって担われる程度に応じて各国の議会を7つに分類する．すなわち，本会議の議事は以下によって決定される．

① 与党単独
② 与党が議席割合より過剰に代表される議事運営機関
③ 議席割合に応じて与野党の代表で構成される議事運営機関の多数
④ 全会一致が尊重される議事運営機関（議院の多数に決裁権がある）
⑤ 政党間交渉を通じた議長裁定（議院に決裁権がない）
⑥ 非集権的な複数の議事運営主体
⑦ 議院自体

したがって，国会の場合，公式な制度として議院運営委員会があり，全会一致が尊重されるものの，制度的に議院多数に依拠する議長の決裁権が規定されており，少なくとも類型④より与党の議事運営権が制限されているとは言えない．デーリングの分類では①〜③に7カ国，④には5カ国が該当し，国会における多数主義的な議事運営の指標は上限が7/18，下限が12/18の範囲，つまり，約39〜67の範囲となる．

(2) 予算関連法案に関する政府特権

　デーリングの第二の基準は，予算関連法案を提出できるのが政府にどの程度限定されているのかという点にあり，各国の議会を「限定」，「中間」，「非限定」に3分類している．日本においては憲法上予算の編成・提出権は内閣に専属し，予算の成立には国会の議決が必要とされる．また国会議員による予算を伴う法律案や修正案の提出については，議案発議における賛同要件が衆議院においては50人以上，参議院においては20人以上と通常より厳しく規定されている．さらに議員による予算関連の議案については，内閣に意見を述べる機会が与えられなければならず[58]，経費を明らかにした文書の添付が求められている[59]．また憲法学的な解釈が一致しているわけではないが，国会による予算の増額修正については一定の限界があるとするのが有力な見解である[60]．

　したがって，日本における予算関連法案に関する政府特権はかなり強いものであり，デーリングによって限定的とされたイギリスやフランスの議会ほどに限定的でないとしても，国会を少なくとも中間類型に分類することは妥当であろう．デーリングは5カ国を限定的議会，1カ国を中間的議会としており，この基準における国会の多数主義的議事運営指標は上限が28となり，下限が33となる．

(3) 委員会に対する議院の先決性

　第三にデーリングは委員会審議が本会議による事前の決定にどの程度拘束されるのかという点に着目している．例えば，アイルランド，スペイン，イギリスでは，まず議院において立法の方向性が決定されるのであり，委員会には実質的にそれを変更する余地は残されていない．またデンマークにおいては，それらの3カ国ほどに拘束的ではないものの，委員会審議に先立って議院が事前に決定を下すことになっている。残る14カ国は委員会審議が本会議に先行する議会として類型化されている．日本の国会にも委員会審議に先立って趣旨説明を本会議で聴取することが制度的には認められているが，本会議における何らかの事前の決定が後続する委員会審議を拘束するということはない．デーリングは計4カ国を第1と第2の類型に分類しており，国会を最後の類型とした場合，この基準に関する国会における議事運営の多数主

義指標は22〜100の範囲となる．

(4) 委員会の法案修正権限

　この基準は委員会による法案修正が議院をどの程度拘束するのかということにあり，具体的には，委員会審議において法案が修正される場合，引き続く本会議審議において原案自体が審議に付されるのかという点に集約される．デーリングはこの基準に関して各国の議会を4つの類型に分類している．
　① 議院は修正案が付加された原案を審議する
　② 関係閣僚が原案自体の修正を拒否する場合，議院が原案を審議する
　③ 議院は原案と委員会提出の修正対案を審議する
　④ 委員会は法案の修正に制限がない

日本の国会においては，「修正案がすべて否決されたときは原案について採決しなければならない」とされており[61]，類型①に分類されると言えよう．デーリングは5カ国を類型①としており，この基準に関する国会の多数主義的議事運営指標は0〜28の範囲となる．

(5) 委員会における議事運営権の所在

　さらにデーリングは委員会において誰が議事運営権を握っているのかということを検討している．彼は委員会における議事運営に議院が介入できる程度に応じて各国の議会を4つの類型に分類している．すなわち，委員会の議事は以下によって決定される．
　① 委員会に付託された法案は自動的に委員会議事を構成する
　② 法案の付託撤回権をもつ議院の議事運営機関が委員会議事を決定する
　③ 委員会自体が委員会議事を決定するが，議院に付託撤回の権限がある
　④ 議院には付託法案を撤回することができない

日本の国会では，委員会理事会が委員会議事を決定しているが，議院には中間報告によって委員会審議を経なくても最終的な議決を行うことが保証されており，この基準に関しては類型③に合致すると言えよう．デーリングは計11カ国を類型①と類型②に挙げており，3カ国が類型③に分類されている．したがって，委員会の議事運営権に関して，国会における議事運営の多数主義指標はおよそ61〜78の範囲となる．

(6) **議事妨害の排除**

　この基準は本会議における質疑や討論の制限に関するものであり，いかに議院の多数が法案審議における妨害を排除できるのかということを示すものである．デーリングは各国の議会を3つの類型に分類している．
　① 議院の多数によって審議に時間的制約を課すことができる
　② 政党間交渉により審議方法を決定する
　③ 何ら審議妨害を排除する方策がない
日本の国会においては，質疑や討論の終局動議は多数決によっており，また議長の職務権限として，質疑や討論，投票に時間制限を課すことが認められている．したがって，国会は類型①に分類されると言える．デーリングは4カ国を類型①に挙げており，この基準における国会の議事運営多数主義指標は0～22の範囲となる．

(7) **法案の継続性**

　最後の基準は法案が議会内において存続し得る時間的制約についてであり，デーリングは各国の議会を4つの類型に分類している．すなわち，法案の存続は①会期内，②任期内，③任期内（ただし任期を越える継続も可能），④無期限に類型化されている．日本の国会においては，議院の議決によって委員会に付託された法案が継続審議とされない限り，法案は会期末に廃案となる．したがって，国会における会期不継続の原則は類型①に該当すると言えよう．デーリングは類型①にデンマーク，アイスランド，イギリスの3カ国を挙げており，この基準に関して国会における議事運営の多数主義指標は0～17の範囲となる．

　図3-1は，これらの7基準の各々において，ヨーロッパ諸国の議会と比較して，日本の国会における議事運営権がどの程度多数主義的であるのかということをまとめている．すなわち，デーリングによって分類された18カ国に関して，国会より多数主義的な議会の割合は，国会の議事運営に関する多数主義度の上限を示し，また国会と同等以上に多数主義的な議会の割合は国会の多数主義度の下限を表す．7基準のうち，「委員会に対する議院の先決性」や「委員会における議事運営権の所在」に関しては，図3-1に示すよ

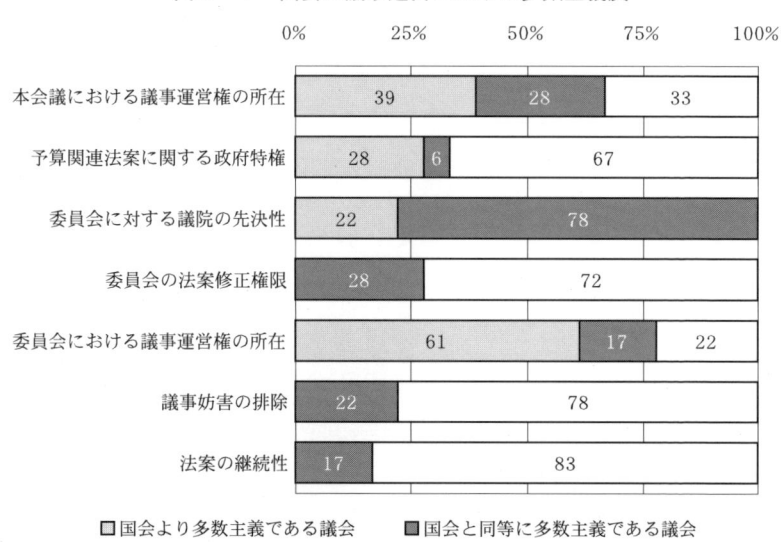

図3-1 国会の議事運営における多数主義度

基準	国会より多数主義である議会	国会と同等に多数主義である議会	国会より多数主義でない議会
本会議における議事運営権の所在	39	28	33
予算関連法案に関する政府特権	28	6	67
委員会に対する議院の先決性	22	78	
委員会の法案修正権限	28		72
委員会における議事運営権の所在	61	17	22
議事妨害の排除		22	78
法案の継続性		17	83

■国会より多数主義である議会　■国会と同等に多数主義である議会
□国会より多数主義でない議会

注：デーリングの議事運営に関する7基準各々について，国会が合致する類型の議会を「国会と同程度に多数主義である議会」とし，その類型より多数主義類型に含まれる議会を「国会より多数主義である議会」，より多数主義的でない類型に含まれる議会を「国会より多数主義でない議会」とし，これら3分類の割合を基準ごとに示している．

うに，国会と同等以上に多数主義である議会の割合が多くなっている．このことは国会が比較的に委員会の自律性を認め，議院の多数が委員会審議に介在する余地を限定的にしていることを意味し，戦後の国会にアメリカ議会の委員会中心主義が導入されたことを反映している．ただし，「本会議における議事運営権の所在」に関しては，日本の国会はヨーロッパ諸国の議会と比較してほぼ中間的であり，その他の基準において国会は比較的に多数主義的な議事運営を保証する議会制度であることが示されている．各基準の重要度が一律に扱い得るという前提においてであるが，7基準の単純平均としては，国会における議事運営の多数主義指標はおよそ21〜49の範囲となる．

こうした単純集計に加えて，議事運営の多数主義性を指標化する試みとして，以下では，2つの「尺度」を提示しておきたい．すなわち，日本を含む19

カ国に関して，デーリングの7基準における議会類型を数値化し，それらの標準化得点平均を各国について求めているのが1つ目の尺度である．表3－1は，そうした標準化得点平均の低いものから順に日本を含む19カ国を挙げており，議事運営の多数主義性がイギリスやアイルランドにおいて高く，スウェーデンやオランダといった国々において低いということを示している．日本の標準化得点平均は19カ国中において低いほうから6番目であり，日本はスペインとポルトガルの間に位置することになる．

こうした単純な集計は7基準を独自のものとして合算しているに過ぎないが，2つ目の尺度は，議会類型の数値化に基づく主因子分析を行い，各基準の相互連関を考慮している．具体的には，主因子分析の結果，第一主因子による固有値は約3.298であり，その寄与率が76.2%となることから，デーリン

表3－1 多数主義的な議事運営の指標化

	標準化得点	因子得点
イギリス	−1.549	−1.945
アイルランド	−1.415	−1.869
フランス	−0.675	−1.088
ギリシア	−0.544	−0.874
スペイン	−0.471	−0.650
日本	−0.463	−0.569
ポルトガル	−0.157	−0.324
デンマーク	−0.044	0.226
オーストリア	0.118	0.278
ノルウェイ	0.223	0.315
ルクセンブルク	0.296	0.261
ドイツ	0.364	0.392
フィンランド	0.391	0.929
イタリア	0.404	0.656
アイスランド	0.460	0.563
ベルギー	0.498	0.468
スイス	0.542	0.374
オランダ	0.944	1.545
スウェーデン	1.079	1.313

注：「標準化得点」は，デーリングの議事運営に関する7基準各々において，日本を含む19カ国の類型化を得点とし，その標準化得点の7基準における平均値であり，その昇順に各国を挙げている．「因子得点」は，同様の類型化得点に基づいた主因子分析による第一主因子得点である．

グの7基準は概ね一次元的に規定されていることが確認される.[62]

　表3-1は第一主因子の固有ベクトルに基づく19カ国の因子得点も併せて報告しており，それが基本的には標準化得点平均による議会序列に対応していることを明らかにしている．すなわち，第一主因子得点が最も低いのはイギリスであり，それにアイルランドが続く一方，第一主因子得点の高いほうにおいてはオランダ，スウェーデンが続き，これらが多数主義度の低い国であることに変わりはない．また標準化得点と同様に，日本の第一主因子得点は19カ国中で6番目に低く，スペインとポルトガルの中間に位置づけられている．さらに，因子得点が平均を0とする性質を備えていることから，日本の第一主因子得点がマイナスとなっていることは注目すべき点である．これらの分析結果を総合すると，議事運営の制度的権限を与党が掌握するという意味において，国会の制度構造はむしろ多数主義的な議事運営を可能にしていると言える．少なくとも日本の国会が北欧諸国などに典型的な比例代表による合意志向型の議事運営とは一線を画し，ヨーロッパ諸国の議会においてもイギリスを典型とする与野党対決型に近い議事運営を制度的に保証していることは認識されねばならない．

　この章においては，まず国会における立法手続きを概観し，憲法，国会法，議院規則といった議会関連法規の再検討を通じて，国会の制度や規則が一般に言われるほど全会一致的でないことを明らかにしてきた．またデーリングの議事運営の制度的権限に関する議会分類により，国会がどの程度多数主義的な議事運営を可能にするのかということを比較議会論的な視点から検討し，国会の制度構造が相対的に与党による議事運営を保証していることを明らかにしてきた．

　こうした分析からは従来と異なる国会像が浮かび上がる．すなわち，仮に国会の議事運営がヨーロッパ諸国の議会と比較してより全会一致的であるならば，それはモチヅキらの与野党協調論者が強調する国会の制度構造に由来するからではないことになる．言いかえれば，国会の制度や規則は，本章において明らかにしたように，むしろ多数主義的な議事運営を保証しているのであり，実際に観察される議事運営が全会一致的であるならば，それは多数主義的な制度構造を前提として帰結し得るものであることを理解しなりればならない．従来から，日本の国会において全会一致的な議事運営が行われ，

そうした慣行が維持される理由として，伝統的な「和」を重んずる文化的な価値規範や合意型民主主義におけるエリート間の相互作用が想定されている[63]．しかしながら，日本政治に関する文化論的な解釈の妥当性には限界があり[64]，本章における分析からも国会における議事運営が多数主義的な制度構造による帰結である可能性が示唆されたことは重要である．

　次章以降，こうした国会の制度構造に関する多数主義的解釈と立法個々のレベルにおける議事運営の実態との整合性を戦後の内閣提出法案を対象として計量的に検証していくこととする．

第4章　議事運営の分析方法論

　ここまで戦後日本におけるマクロな立法動向を概観しつつ，従来の国会研究にみられる観察主義的な分析アプローチの限界を浮き彫りにするとともに，一般的には全会一致的な議事運営を促すものとみなされてきた国会の制度構造を再検討し，むしろ国会関連法規は相対的には国会が与党に影響力を行使させ得るという意味において「多数主義」的な議事運営を保証していることを明らかにしてきた．本章からは，マクロなレベルにおいては比較的に安定している戦後立法がいかなるミクロ・レベルの動態的過程に基づいているのかを解明する試みとして，国会における議事運営が法案個々にどのように作用しているのかを検証していくこととする．

　この章においては，まずコックスとマッカビンズによる議事運営モデルを概説し，議事運営の制度的権限がもたらす立法的帰結を明らかにする．次いで，議会における制度的な時間制約を考慮した立法過程の分析枠組みを提示していく．具体的には，議会における法案個々の時間的次元を把握するために，その議会内「時間」の終了に関わる制度的条件とともに，その議会内「時間」が始まるまでの前段階を含む政治体制全般を通じた政策形成過程を視野に入れる必要がある．この章においては時間的事象の開始と終了に関する計量的な分析手法の考え方を立法過程に応用することによって，個々の法案が国会に提出され，審議され，法律となるまでの時間的推移を「立法時間」として概念化していく．ただし，本論は，立法における時間を管理する議事運営の制度的権限とその立法的帰結について仮説を提示することに主眼を置き，計量的な分析手法の技術の解説は章末に整理することとしたい．

1 議事運営権の理論

演繹的な理論構築は制度的な条件と観察可能な行動パターンを関連づけるうえで優れた手法である．この節では，議事運営の演繹的なモデル化を試みているゲイリー・コックスとマシュー・マッカビンズの研究に基づいて（Cox and McCubbins, 1993），立法過程に時間的制約が課されている場合，議事運営の制度的権限ないし「議事運営権」を掌握することが立法にいかなる作用を及ぼすのかということを解明していく．

コックスらは，政党を立法上の「議事連合（procedural coalition）」とみなし，議会において多数派となる政党を立法における議事運営のための議員集団として，法案個々の議事日程を管理することによって，多数派に属する議員の立法的な利益追求を可能にするものと捉えている．こうした観点から，コックスらは議事運営権を統括する存在として，「議長」による議事運営モデルを構築し，立法過程に時間的な制約が課せられることによって，「議長」の議事運営権が多数派にとって有利な立法を可能にするものとしている．[65]

コックスらの議事運営モデルによれば，議事運営権を独占する「議長」にとって最適な議事とは，その「議長」が立法から得られる効用を最大化できるように法案を「序列化」するものである．コックスらはダイナミック・プログラミングの手法から，「議長」による法案の序列化とは，以下の式に基づくものであることを明らかにしている．

$$W_b = \frac{d_b P_b R_b}{1 - d_b}$$

すなわち，d_bとは法案bが成立するに必要とするであろう時間の経過を示す「割引率」であり，P_bは法案bの成立確率，R_bは議長が法案bによって得る立法的効用である．したがって，この式の分子は法案bを成立させるに要する時間の経過によって割引かれた立法による期待効用であり，分母は法案bを成立させるに要する時間を示している．つまり，W_bとは，立法に要する時間1単位あたりの割引後期待効用として解釈することができる．[66]

ただし，立法過程に時間的な制約のある場合，すべての法案が議事に載せられるわけではない．コックスらによれば，時間的な制約から総数でL法案しか議事に載せることが出来ない場合，均衡状態において，$L+1$の法案が

提出され,「議長」は L 番目の法案までを上記の W_b に従って議事に載せていくことになる．これらの法案は「議長」の観点から，少なくとも $L+1$ 番目に序列づけされた法案が成立した場合にもたらすであろう立法的効用と同等の効用をもたらし，それらは「議長」にとって現状を改善するものである．[67] つまり,「議長」による法案の序列化は立法時間の制約によって実質的な拘束力を帯びるようになり，限られた議事の枠をめぐる法案提出者の間における競争が促され，議長にとってより立法的効用の高い法案が提出されるようになるのである．

こうしたコックスらの議事運営モデルは，アメリカ連邦議会において，委員会によって提出される法案がいかに議院の議事に載せられていくのかという問題設定に応えるものであるが，法案提出者と議事運営権者の間の基本的な関係を理論化し，時間的な制約下における法案序列化のメカニズムを解明していると言えよう．この議事運営モデルは議院内閣制における法案提出者と議事運営権者の関係にも応用され得るものであり，コックスらのモデルにおける委員会を行政省庁に置き換え，議院内閣制において議事運営権を掌握する議会の多数与党との関係として捉えることによって，国会における法案個々の議事運営に関して，経験的に検証可能な仮説を導出することができるようになる．

すなわち，次のような推測が可能となる．立法過程に時間的な制約があり，限られた議事の枠をめぐって行政省庁が競争するならば，与党が議事運営権を行使し得る程度に応じて，行政省庁によって作成された法案は与党の政策目標に沿った立法的効用をもたらすものとなる．議事運営権が完全に与党に掌握されている極端な場合，コックスらによる法案序列の方程式に即して言うと，法案 b によって得られる効用 R_b は法案間においては相違のないものとなり，与党による法案の序列化は法案 b が成立に要するであろう時間を反映する割引率 d_b と法案 b の成立確率 P_b に主として依存するようになる．このことは多数与党が議事運営権を掌握する程度が弱まるとともに，与党による法案の序列化において，法案 b による効用 R_b が相対的に重要な規定因となることを意味している．言いかえれば，与党が相対的に議事運営権を掌握していないとみなされる場合，法案の序列化において，法案 b の成立に必要とされる時間を規定する割引率 d_b と法案 b の成立確率 P_b の重要性は相対的に低くな

るのである．

まとめ：コックスとマッカビンズの議事運営モデルは，立法過程における時間的制約によって議事運営が立法に及ぼす作用を明らかにしており，議事運営の制度的権限のあり方と法案提出者の戦略的な行動を関連づける議事運営のメカニズムを理論化している．具体的には，コックスらの議事運営モデルを議院内閣制における与党と行政省庁の関係に応用すると，与党が議事運営権を掌握する程度に応じて，法案の議事序列が法案の成立に要する時間と法案の成立確率に依存するという経験的に検証可能な仮説を導出することができる．すなわち，議院内閣制において議事運営権が与党に掌握されている場合，法案個々の議事序列は主として法案の成立に時間がかかるか，あるいは成立し易いかということに依存する．ただし，与党の議事運営権を掌握する程度に応じて，議事序列は法案の成立時間と成立確率以外の要因にも依存するようになることが予測される．

2　分析概念としての「立法時間」

本節では，このような議事運営と立法的作用に関する仮説を検証していくために，法案個々のレベルにおける立法過程の時間的次元を計量的に把握する分析概念を提示しておきたい．

図4－1は「立法時間」をその始まりと終わりの相違によって類型化している．左から右にかけて時間的な推移を示し，また国会会期の始まりと終わりを縦線により画している．国会会期中における実線として示されているのが，法案個々が国会の会期中に法案として「生存」する期間を表している．また，こうした法案の「生存」期間は2つに大別され，まず(1)の「完全な立法時間」は提出された法案に成立の意思決定が明示的に下される場合であり，国会会期中に法案として存続する期間が終了する，つまり成立することを図示している[68]．これに対して，(2)の「打ち切られた立法時間」は，法案として提出されるものの，会期中に明示的な意思決定がなされず，法案としての存続期間の終了が観察されない場合を示している．

これらの2類型が経験的事象として法案個々の国会において存続する期間

図4-1 立法時間の4類型

(1) 完全な立法時間

(2) 打ち切られた立法時間

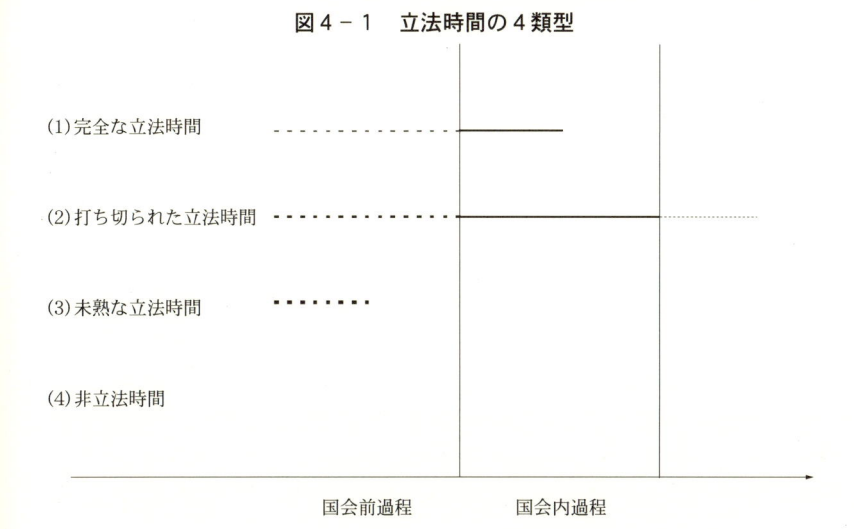

(3) 未熟な立法時間

(4) 非立法時間

国会前過程　　国会内過程

を把握し得る場合であり，立法という時間的事象に「打ち切り」(censoring)の問題が内在することは明らかである．すなわち，立法過程には，ある法案が会期中に成立する一方，他の法案が時間切れや他の要因によって成立しない場合の2つが混在している．仮に，法案が成立するかしないかという二者択一を問題にするのであれば，そうした2項選択を被説明変数とするモデル化によって対応し得るが，この場合にはその法案が成立するまでに要した時間は説明の対象からは除外されることになる．また法案が成立に要した時間のみを被説明変数とする分析においては，国会会期の最終日に成立した法案と会期中には成立しなかった法案の国会における存続期間を区別することができない．

　ある事象が継続する期間とそれが終了する確率を統計的に推計する手法が「生存分析」であり，イベント・ヒストリー分析や生存時間分析とも呼ばれている．例えば，治療の効果（患者の生存期間と死亡確率）や失業手当の効果（失業期間と再就職確率）はしばしば言及される代表的な生存分析の事例である．政治学においても，いかなる内閣が短命に終わるのか，いかに国際的な平和が維持されるのかといった研究に応用されており[69]，立法に関しても法案支持の態度表明や法案の提出時期に応用されている[70]．

こうした時間的な事象の分析において問題となるのが，その事象を観察できる期間が無限ではないということである．例えば，ある治療の効果は治療後数年の限られた期間内において患者が生存する日数と死亡する確率として分析されている．このように観察対象期間の人為的な打ち切りは，研究者が明示的に認識する以上に，多くの経験的事象を分析するにあたって問題となっている（詳しくは章末「計量分析概論」参照）．

また図4－1における立法時間の図式化は，従来の国会研究における観察主義的な分析アプローチがいかに限られたものであるのかということも明らかにしている．すなわち，従来の研究は立法過程における可視的な対立に着目し，成立・不成立の二分法から，図4－1における(2)のように法案の国会における存続期間が打ち切られたケースを(1)のように法案としての存続期間の終了が観察されるものとは別個のものとして分析してきたのである．しかしながら，反対多数となるような法案をわざわざ否決するために議事日程に載せることは実質的に無意味であり，多数派の観点からすると，議会における貴重な時間を無駄にするだけである．したがって，議院内閣制を前提とすれば，議会において否決されるような法案はそもそも潜在化しているのであり，経験的事象として観察されることは稀である[71]．むしろ，議院内閣制においては，提出された法案をいかに効率的に成立させていくかということこそ問題であり，図4－1から明らかなように，それは法案の国会における「立法時間」，具体的には，国会会期中に法案としての状態が継続する期間の長短として理解される．言いかえると，法案の不成立（往々にして国会においては継続審議とされる）という事象は単に相対的に非効率な立法の結果として，会期末による時間切れから，法案である状態の継続期間が人為的に打ち切られたことを意味するに過ぎない（実際，継続審議となった多くの法案は後続の国会においていずれは成立している）．つまり，従来の研究における成立と不成立の二分法とは，それら両者が法案である状態の継続期間という意味において共有する立法過程の時間的次元を適切に把握するものとは言い難いのである．

また図4－1における(3)の「未熟な立法時間」は国会への提出に至らなかった潜在的法案，(4)の「非立法時間」は政策争点自体が潜在的な状態にとどまる場合を各々示している[72]．従来の研究におけるもう1つの特徴は，国会内

における実質的な対立や論争が相対的に稀であるという理由から，国会に至るまでの立法過程に関心を集中させてきたことである．図4－1においては，そうした法案の「前世」を太い点線で表している．可視的な対立や論争という従来の観察主義的なアプローチからは，例えば，(3)のような法案化における失敗が政治的な影響力の行使として着目されてきたが，議院内閣制における効率的な法案審議という観点からは，むしろ法案化の段階における可視的な対立や論争は立法過程の非効率性を示しているとも言える．また(4)のような「非現象」は，議会の多数派に支持されそうにない政策課題の争点化を抑制するという意味において，議院内閣制における構造的影響力の効率的な行使のあり方とも言えるが，従来の研究における観察主義的アプローチにおいては概念としても分析の視野に入っていなかった．

　言うまでもなく，分析概念としての「立法時間」は法案が国会において存続する期間であり，国会前の立法過程を直接に扱うものではない．しかしながら，国会を唯一の立法機関と規定する憲法的構造は，国会を最終関門とする一連の立法過程を制度的に条件づけているのであり，国会において行使され得る影響力が国会前過程における法案化や争点化に波及していることは想像に難くない．従来の研究のように，国会内外における可視的な対立や論争のみに部分的に着目し，国会内過程を切り離すような分析枠組みにおいては，図4－1における(1)のような議院内閣制における立法の効率的な影響力行使だけでなく，(4)のような制度構造的な影響力行使も理解することはできない．

　先にも触れたように，議院内閣制の議会において，否決されたり，あるいは採決の段階に至らないような法案はそもそも潜在化しているのであり，それらが経験的に観察されることはむしろ例外である．したがって，国会における法案個々の立法過程とは，提出されるに至らなかった潜在的な法案を含む法案全体の顕在化した一部であることを認識する必要がある．つまり，ある事象が観察可能となる条件が何らかの潜在的要因に規定される場合，その観察可能な事象は潜在的な事象も含む全体のランダムなサンプルではなく，観察可能な事象に基づいた分析が必ずしも全体について妥当するとは言えなくなる．

　こうした観察事象の部分的な顕在化を計量的に把握する手法が一群の「サンプル・セレクション」(sample selection) と呼ばれる統計的手法であり，

古典的事例としては既婚女性の賃金推計が挙げられる．すなわち，仮に労働市場に参入する有職女性に限定した分析を行えば，何らかの理由によって市場に参入していない専業主婦を無視することになる．例えば，専業主婦の賃金を得ていない理由が子供の養育や市場賃金と主観的賃金の格差にあり，自発的に市場に参入していないという可能性がある場合，そうした専業主婦を分析から除外したり，彼女らの賃金をゼロとすることによって，賃金の推計に歪みが生じることになる．詳しくは章末の「計量分析概論」に譲るが，サンプル・セレクションという統計的手法は，こうした専業主婦の市場参入というセレクション・メカニズムを考慮して推計を行うものであり，政治学においても観察事象の部分的顕在化を分析するにあたって応用が進められてきている．[73]

　立法過程に関しても，図4-1に明らかなように，国会内における法案の審議過程は経験的に観察し得るが，それらは委員会付託や採決に至らなかった潜在的な法案も含む立法的争点全体の一部に過ぎず，国会における多数の支持を得る可能性の高い法案に限られている．そうした法案審議の顕在化は国会において多数与党が議事運営権を掌握する程度に構造的に規定されており，顕在化した法案の審議過程のみに基づいた分析には，専業主婦が市場に参入するか否かを規定する要因のように，立法過程の顕在化規定因を分析の視野に入れていない可能性がある．

　従来の観察主義的な研究は，法案個々の国会における存続期間が比較的短く，成功裏に法案としての存続期間を終了させた立法事例の大部分を主たる分析対象とはせず，むしろ議院内閣制という観点からは残余部分とも言うべき非効率な立法事例に関心を集中させてきた．これに対して，本書においては，立法過程の時間的次元を考慮し，議院内閣制の制度的な議会内外への波及構造をも視野に入れながら，国会会期中に法案である状態の継続する期間として「立法時間」という考え方を導入し，法案個々の審議過程において議事運営権のあり方が及ぼす立法的作用を解明していく．

3　議事運営権の制度的均衡

　第1章においても触れたように，「制度」に独自の作用があるものとして見直そうとする，いわゆる「新制度論」は近年の学際的潮流であり，日本にお

いてもそれは例外ではない(74)．ただし，欧米の政治学において議会がそうした新制度論による理論的・実証的研究の主たる分析対象であるのに対して，日本の政治学において国会が中心的な地位を占めてこなかったことは著しい対照をなしていると言えよう．これまでの章においても検討してきたように，これには理念的な議会制度観から国会に的はずれな期待を寄せるという学問的な「伝統」があり，また行動論的な分析アプローチから説明されるべき事象が適切に把握されてこなかったことに多く由来している．すなわち，それは戦後の立法動向がマクロな集計レベルにおいて分析するに足る変化と動態を観察主義的な意味において欠き，また国会の機能を議員立法を推進し，政府立法に抵抗することにあるとする理念的な議会観が一般に支配的であったからである．結果として，実証分析志向の研究者でさえ論争的な法案審議や国会以前の段階における可視的な政治的介入のみを分析対象とし，国会が日常的に処理する大部分の立法事例を「見える形」において論争的でないために分析対象としては魅力のないものとして顧みてこなかったのである．しかしながら，第1章において将棋に喩えたように，プロの将棋において実際に王将を詰むに至らないで勝敗が決するのと同様に，事後的に観察可能となる立法過程における対立や論争は必ずしも「立法ゲーム」のプレーヤーによる国会の制度構造を前提とした戦略的行動の結果であるわけではなく，そうした相違を演繹的に認識しておくことは，国会が制度的に本来担うものとされる機能を理解するにあたって決定的に重要である．

第3章でも明らかにしたように，議院内閣制である日本の国会は多数を占める与党が議事運営権を掌握するという意味において多数主義的であり，与党に影響力を行使させることを制度的に保証している．つまり，議院内閣制の憲法的帰結とは，立法的生産性が与党による議事運営のあり方に依存するということにあり，法案の成否は議事運営権が与党によって掌握される程度の問題に帰着することになる．コックスとマッカビンズは議事運営権の2つの側面を区別し（Cox and McCubbins, 2002），多数与党にとって好ましくない法案を議事から排除する「消極的議事運営権（negative agenda power）」と，与党にとって好ましい法案を議事に載せていく「積極的議事運営権（positive agenda power）」があるとしている(75)．したがって，少なくとも多数与党が議事運営権を掌握することによって，立法過程における制度的な均衡とは，以下

の立法的帰結の2つの側面として観察可能となる．
・与党の政策目標に反する法案は提出されない
・与党の政策目標に沿う法案ほどより推進される

具体的には，第一の議事運営権による制度的均衡に関しては，与党による議事運営権のあり方によって，法案審議の顕在化過程が規定されており，観察される法案の審議過程は潜在化する法案も含む立法全般とは異なることが予測される．また議事運営権を与党が掌握するならば，提出された法案に与党が反対することはないが，議事運営権のない野党は提出された法案と各党の政策目標が乖離する程度に応じて，それらの法案に反対するといった仮説が導き出される．

第二の議事運営権による制度的均衡については，マクロな立法的生産性とともに，ミクロなレベルにおける法案個々の序列化と立法的作用の関係において検証することが可能となる．とくに日本の国会のように会期を比較的に短く限定する制度においては，時間の管理が立法的な成果を大きく左右するとされており，本書の中心的課題も与党にとって好ましい法案を推進するという意味において議事運営権の立法的作用を実証的に明らかにしていくことにある．

計量分析概論

1 生存分析

　生存分析における基本的な問題設定は，ある事象の発生とその発生までに要した時間を同時に統計的に分析することにある[76]．ある事象が継続する期間を統計的に推計することは，例えば，治療の効果（患者の生存期間と死亡確率）や失業手当の効果（失業期間と再就職確率）を理解することを可能にする[77]．

　生存分析においては，治療効果の分析など，医学，生物学の分野で開発・応用が進んでいるため，通常ある事象の発生までを「生存期間」，ある事象の発生確率をその事象が発生する「危険」に晒されているという意味において「危険率」と呼んでいる．生存分析の基本的な考え方はある事象の終了する時点が何らかの確率分布に基づくということにあり，ある事象の発生時点を T とすると，任意の時点 t までにその事象が発生している場合を累積分布関数から

$$F(t) = \Pr\{T < t\}$$

と表す（これは failure の F であり，患者が生きながらえることに失敗することを意味している）．したがって，T が t 以上である場合はある事象がまだ発生していないことを意味し，生存関数

$$S(t) = \Pr\{T \geq t\} = 1 - F(t)$$

として定義される（survivor の S）．$F(t)$ の微分係数はある事象が t 時点において発生する確率であり，そうした瞬間的確率としての確率密度関数は

$$f(t) = \frac{dF(t)}{dt} = -\frac{dS(t)}{dt}$$

となる．ただし，例えば，一度死亡した患者が再び死亡することはないように，一度ある事象の発生した個体が再びその事象が発生する「危険」に晒されることはないという時間的事象の特徴を考慮する必要がある．したがって，生存分析は，t 時点まで生存しているということに条件づけられた t 時点におけるある事象の発生確率として，

$$h(t) = \frac{f(t)}{S(t)}$$

を「危険率」とする[78].

こうした時間的事象の分析において問題となるのが，その事象を観察できる期間が無限ではないということであり，例えば，ある治療の効果は治療後数年の限られた期間内において患者が生存する日数と死亡する確率として分析される．こうした観察対象期間の人為的な打ち切りは，研究者が明示的に認識する以上に，多くの経験的事象を分析するにあたって問題となる．

ある事象が発生しないで何らかの人為的な打ち切りの起こる時点に達する場合は，打ち切りの起こる時点を c とすると，単に c 時点までの生存関数として理解される．したがって，打ち切りの起こる確率をある事象の発生する確率に取り込むことは容易であり，次の尤度 L として表すことができる．

$$L = [\prod_{t<c} f(t)] [\prod_{t\geq c} S(t)]$$

また，この尤度は打ち切られない個体を 1 とし，打ち切られる個体を 0 とするダミー変数 w を用いて表すと，

$$L = \prod f(t)^w S(t)^{1-w}$$

に簡略化される．

危険率および確率密度関数の定義から，

$$h(t) = -\frac{d}{dt} \log S(t)$$

と解くことができ，この両辺を積分すれば，生存関数は危険率から定義し直すことができる．

$$S(t) = e^{-\int h(u)du}$$

さらに確率密度関数も危険率の定義から

$$f(t) = h(t) e^{-\int h(u)du}$$

となり，ダミー変数 w を用いた尤度 L にこれらを代入すると，

$$L = h(t)^w e^{-\int h(u)du}$$

となり，この尤度を対数化することによって，外生的要因を独立変数とする $h(t)$ の最尤法推定が可能となる．

このように生存分析は，ある事象が発生するか否かおよびそれが発生するまでにどれくらい時間がかかるのかということを同時に処理する手法である．

ただし，いかに危険率が時間の経過に依存するものであるのかという媒介変数（parameter）の設定が問題となる．最も単純な想定は危険率が時間とは独立に一定であるとする指数的(exponential)な媒介変数を設定するものである．すなわち，危険率と時間に関する指数モデルの想定とは

$$h(t) = \lambda$$

であり，危険率は定数として表現される．

これに対して，指数モデルの危険率が時間と独立に一定であるという制限を緩和し，危険率を時間の経過とともに増加ないし減少するものと想定することも一般的である．上記の指数モデルの危険率を対数化し，

$$\log h(t) = \mu$$

とすれば，例えば，ゴンペルツ（Gompertz）モデルは対数化危険率が時間とともに線形に増加ないし減少することを想定するものであり，

$$\log h(t) = \mu + \alpha t$$

として表すことができる．またワイバル（Weibull）モデルでは，危険率が時間とともに指数的に増加ないしは減少することを想定し，

$$\log h(t) = \mu + \alpha \log t$$

となる．これらの式から明らかなように，危険率に何らかの時間依存を想定するモデルにおいては，α の値によって危険率が時間とともに増加するのか，減少するのかが規定される．つまり，例えば，ワイバル・モデルにおいては，危険率は時間の経過とともに，$\alpha < 0$ の場合に無限大から減少し，逆に $\alpha > 0$ の場合にゼロから増加する．また $\alpha = 0$ の場合，危険率の時間依存を想定しない指数モデルと等しくなり，指数モデルが他のモデルの特殊な想定であることを示している．

また危険率に外生的な要因が及ぼす影響は，各個体に共通の基礎的危険率に相対的に作用する外生変数 x の係数 β として推定することができる．すなわち，ワイバル・モデルにおいては

$$\log h(t) = \mu + \alpha \log t + \beta x$$

となる．実際の推定においては，生存期間を対数化したものを被説明変数とし，危険率の時間依存を生存期間 t に伴う撹乱項 ε の係数 σ に帰着させている．したがって，生存期間 t と外生変数 x との関係は

$$t = e^{\beta^* x + \sigma \varepsilon}$$

であり，両辺を対数化した

$$\log t = \beta^* x + \sigma \varepsilon$$

が推定に用いられている．危険率の時間依存を規定する α と σ の関係は

$$\alpha = \frac{1}{\sigma} - 1$$

であり，危険率に関する係数 β と生存期間に関する係数 β^* には次の関係がある．

$$\beta = \frac{-\beta^*}{\sigma}$$

ただし，こうした危険率と時間の媒介変数の設定は恣意的であることを免れ得ず，時間依存が単調なものでない場合，適切な媒介変数を選択することは困難である．こうした問題を回避する手段として一般的に利用されている手法にコックスによる比例危険モデルの部分尤度推定がある（Cox, 1972）．このコックス・モデルは各個体の状態移行確率の比が時間に依存しないという比例危険の仮定を想定することによって，各個体に共通な危険率の時間依存部分を捨象し，外生変数の効果を推定するものである．

具体的には，x_i を外生的要因とする個体 i の危険率 $h_i(t)$ は，各個体に共通する時間依存的な基礎的危険率を $h_0(t)$ とすると，

$$h_i(t) = h_0(t) e^{x_i \theta}$$

と表すことができる（基礎的危険率 $h_0(t)$ は外生変数すべてをゼロとしたときの危険率である）．こうした危険率を個体 i と j に関して比をとると，

$$\frac{h_i(t)}{h_j(t)} = e^{(x_i - x_j)\theta}$$

となり，基礎的危険率 $h_0(t)$ が相殺される．

ある個体 i が状態移行する t 時点において n 個体が状態移行し得るとすれば，何らかの危険率の時間依存と外生変数を与件として，個体 i が t 時点において状態移行する確率は次の部分尤度として表すことができる．

$$PL = \frac{h_i(t)}{\sum_{k=1}^{n} h_k(t)}$$

これは各個体に共通な基礎的危険率の時間依存部分が相殺され，

$$PL = \frac{e^{x_i \theta}}{\sum_{k=1}^{n} e^{x_i \theta}}$$

と簡略化される．したがって，この部分尤度を対数化し，係数 θ の関数として最大化すれば，時間依存関係について特定の媒介変数を設定することなしに外生変数の生存期間に及ぼす影響を推定することが可能となる．

2　サンプル・セレクション

　サンプル・セレクションの問題とは，顕在化した部分的データに基づく推定にバイアスが生じることにある[79]．具体的には，観察されるデータが観察されないデータを含むデータ全体のランダムなサンプルではなく，何らかの潜在変数が特定の閾値を越えた場合にのみ観察されるものとする．例えば，図 4-2 に示すように，y が k 以下の場合にのみ●で表すデータとして観察されるとする（したがって，$y > k$ である○は観察されない潜在データを示している）．実線は潜在データも含むデータ全体に適合する $E(y) = \alpha + x\beta$ を図示しているが，点線は観察されるデータに関して y を x に回帰させて得られる最小二乗回帰推定（OLS）を表している．図 4-2 から明らかなように，観察されるデータのみに基づいた OLS は x の y に対する効果を $E(y) = \alpha +$

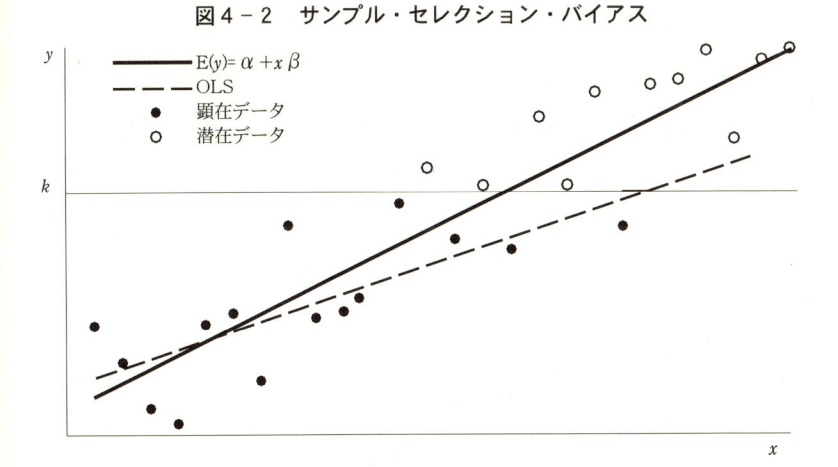

図 4-2　サンプル・セレクション・バイアス

$x\beta$よりも過小に評価し，xが増加するに応じて誤差の期待値におけるバイアスが増大することになる．

こうした推定の歪みを「セレクション・バイアス」と呼び，それを考慮するための一群の統計的手法がサンプル・セレクション・モデルと呼ばれている．基本的な問題設定は，潜在データを含むデータ全体に関して，

$$y = x\beta + u$$

が成り立つとし，データの顕在化が潜在変数z^*，すなわち，

$$z^* = v\gamma + \varepsilon$$

に規定され，$z^* > 0$の場合にのみyは観察されるとする．またzを$z^* > 0$の場合に1となる顕在化ダミー変数とすると，$z=1$のときyは観察され，$z=0$のときyは観察されないことになる．そして，誤差項各々に関しては，

$$u \sim N(0,\ \sigma_u^2)$$
$$\varepsilon \sim N(0,\ \sigma_\varepsilon^2)$$

とし，両者の相関を$\text{Cor}(u, \varepsilon) = \rho$と表す．

この$z^* > 0$というセレクション・メカニズムを2項選択のプロビット・モデルとすると，

$$P(z = 1) = \Phi(v\gamma)$$

と表すことができる．一方，顕在化したデータについては，

$$E[y|x, z=1] = E[y|x, v\gamma + \varepsilon > 0]$$
$$= x\beta + E[u|\varepsilon > -v\gamma]$$

であり，εに応じて切断されるuの期待値は切断正規分布から，

$$E[y|x, z=1] = x\beta + \rho\sigma_u\sigma_\varepsilon \frac{\phi(-v\gamma)}{1-\Phi(-v\gamma)}$$
$$= x\beta + \rho\sigma_u\sigma_\varepsilon \frac{\phi(v\gamma)}{\Phi(v\gamma)}$$

となる．ただし，σ_εは独立に推定できるわけではなく，$\sigma_\varepsilon = 1$と仮定すれば，潜在変数に関する正規密度関数と正規分布関数の比である逆ミルズ比を

$$\frac{\phi(v\gamma)}{\Phi(v\gamma)} = \lambda$$

とすると，

$$E[y|x, z=1] = x\beta + \rho\sigma_u\lambda$$

$$= x\beta + \theta\lambda$$

と表現することができる（$\rho\sigma_u = \theta$）．つまり，セレクション・バイアスの問題とは，y が x と λ に規定されるにもかかわらず，y を x のみに回帰させることによるバイアス，すなわち，モデルの特定化の誤りとして理解される．言いかえれば，誤差項に相関がない場合（$\rho = 0$），$\theta = 0$ であってモデルの特定化に誤りはないことになる．したがって，セレクション・バイアスの問題は，$\rho \neq 0$ のとき，つまり顕在化モデルの誤差がデータ全体の回帰モデルの誤差と相関関係にある場合にのみ生じるものである．

サンプル・セレクションを考慮した推定の基本的な手順は，まず

$$P(z=1) = \Phi(v\hat{\gamma})$$

を推定し，全データに関して，

$$\hat{\lambda} = \frac{\phi(v\hat{\gamma})}{\Phi(v\hat{\gamma})}$$

を求め，それに基づいて

$$E[y|x, z=1] = x\beta + \theta\lambda$$

を推定する．こうした2段階推定による標準誤差は漸近的に有効な共分散行列における対角要素の平方根とされる必要があり，また推定分散は $P(z=1) = \Phi(v\hat{\gamma})$ による $\hat{\delta} = \hat{\lambda}(\hat{\lambda} - v\hat{\gamma})$ から，

$$\hat{\sigma}_u^2 = \frac{\sum(y-\hat{y})^2 - \hat{\theta}^2 \sum \hat{\delta}}{N} = \frac{\sum(y-\hat{y})^2}{N} - \hat{\theta}^2 \overline{\delta}$$

として調整され，誤差項の推定相関は

$$\hat{\rho} = \frac{\hat{\theta}}{\sigma_u}$$

から求められる．

ただし，こうした2段階推定は完全に効率的なものではなく，より効率的な推定は2段階推定を初期値として用いる最尤法によって可能となる．対数尤度は，y が観察されない場合（$z=0$）は単純に

$$\log L_{z=0} = \sum \log \Phi(-v\gamma)$$

であるが，y が観察される場合（$z=1$）には

$$\log L_{z=1} = \sum \log \Phi \left[\frac{v\gamma + \rho\left(\frac{y-x\beta}{\sigma_u}\right)}{\sqrt{1-\rho^2}} \right] - \sum \log(\sigma_u \sqrt{2\pi}) - \frac{1}{2} \sum \left(\frac{y-x\beta}{\sigma_u}\right)^2$$

となる．こうした対数尤度からも，誤差項に相関がない場合（$\rho = 0$），推定がセレクションに関わるプロビット部分と顕在データに関わる線形回帰部分から構成されることは明らかである．

第5章　議事運営による非決定

　本章においては，コックスとマッカビンズによる2つの議事運営権のうち，まず「消極的議事運営権」に関して，与党による議事運営が法案提出という立法の顕在化過程を規定するとともに，そうした顕在化を通じて提出された法案が与党の政策目標に合致するものに限られるという多数主義的な「バイアス」の構造化を検証していく．具体的には，まず内閣提出法案個々のレベルにおける立法過程の長期的動向を概観し，観察対象が顕在化する際のバイアスを抽出する統計的手法として，「サンプル・セレクション・モデル」を法案個々の審議過程に応用し，与党による議事運営権のあり方と法案の取捨選択メカニズムの関係を解明していく．次いで，内閣提出法案に対する政党の賛否を法案個々のレベルにおいて計量的に分析することによって，法案審議が政党の法案賛否にどのような作用を及ぼしているのかということを検証し，国会が議会制度として担っている機能を検討していきたい．

1　セレクション・バイアス

　第2章において明らかにしたように，戦後の日本における立法のマクロな動向は，政府の立法的生産における長期的な安定性を特徴としている．具体的には，内閣提出法案としては，戦後初期の立法需要の多かった時期を経て，漸進的な減少傾向がみられ，1970年代以降，成立法案数はおよそ年間100本程度の水準にある（図2-1参照）．本書は，こうしたマクロな集計レベルにおいては比較的に安定している戦後立法のミクロなレベルにおける動態を解明し，法案個々のレベルにおける議事運営の立法的作用を検証するものである．

前章において方法論的課題について検討したように，ミクロなレベルにおける法案審議を分析するにあたっては，とくに会期制という日本の国会に特徴的な時間的制約のなかで成立する法案と時間切れによって成立しない法案を同時に把握していく必要がある．以下においては，そうした方法論的な課題を念頭に置いて，法案個々のレベルにおける審議過程の時系列的な動向と分野別の特徴を概観しておきたい．

(1) 法案審議のミクロな動向

　第一に，国会において法案が成立するまでに要する時間として，「立法時間」を法案が成立した場合には会期初日から後議院本会議における可決日までの日数と定義し，成立しなかった場合には「法案が成立するまでに要する時間」が人為的に打ち切られたものとみなして会期日数をあてる．ただし，予算国会と非予算国会には会期日数に大きな相違がある．1947年から2001年までの分析対象期間において，予算国会の平均会期日数は約169日であるのに対して，非予算国会については約36日となっている．本予算審議の有無は国会運営全般に質的な相違をもたらすことは言うまでもなかろう．したがって，本書においては予算国会における内閣提出法案を分析対象としていくこととする．具体的には，第2回国会（1947〜48年）から第151回国会（2001年）までの予算国会において，内閣提出法案数は6,669本あり，国会ごとに継続法案を集計して加えると6,917本となる．[81]

　図5-1の太い実線は予算国会における「立法時間」メディアンを示している．集計的な指標としてメディアンを用いる理由は，不成立法案の場合に「立法時間」は会期という時間の制約がなければ打ち切られていなかったであろう日数の分だけ過小評価されていることを考慮するためである．図5-1からは，「立法時間」メディアンが200日を上回るのは，新憲法における最初の通常国会である第2回国会や田中角栄首相が「通年国会」を主張したことによって最長の会期280日となった1973年の第71回国会だけであり，これらの国会を例外として，少なくとも自民党の一党優位体制であった1960〜1980年代において，「立法時間」メディアンは通常国会の法定会期である150日前後の水準において推移してきたことがわかる．ただし，図5-1は，1990年代以降に「立法時間」が顕著に短くなっていることも示している．こうした

第5章 議事運営による非決定　91

図5-1　戦後の予算国会における法案審議動向

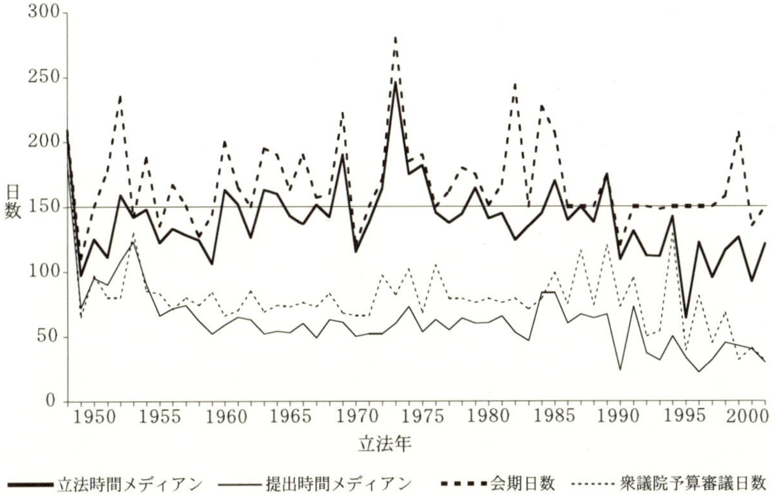

```
300
250
200
日
数 150
100
 50
  0
   1950  1955  1960  1965  1970  1975  1980  1985  1990  1995  2000
                         立法年
```

―― 立法時間メディアン　―― 提出時間メディアン　‐‐‐ 会期日数　……… 衆議院予算審議日数

「立法時間」の動向からは，自民党が1989年に参議院における多数を失い，1992年から通常国会が1月に召集されるようになったという政治的な情勢変化と制度変更を背景として，この時期に議事運営における実質的な変容のあったことが推測される．

　第二に，個々の法案が成立し得る状態になるまでの時間的指標として，会期初日から法案が提出されるまでの日数を「提出時間」と定義する．この指標は，「立法時間」を法案の国会からの「退場」までの時間とすれば，国会への「入場」までの時間を示すものである．図5-1における細い実線は，各予算国会における新規提出法案を対象とした「提出時間」メディアンを示しており，「提出時間」が自民党単独政権下において，本予算の衆議院本会議通過までの日数より若干早い日数において安定しているが，1990年代以降において，予算審議に要する日数に大幅な変動が生じるとともに，「提出時間」にも早期化の傾向がみられることを示唆している[82]．したがって，こうした「提出時間」の動向からも1990年代において国会を取り巻く環境変化が法案審議に何らかの影響を及ぼしていることが確認される．

　また，これらの「立法時間」と「提出時間」は，政策分野別にみても時系

列的には全体と同様の傾向を示しているが，分野間において相違がないわけではない．すなわち，表5－1は衆議院における主要付託委員会別の「立法時間」メディアン平均をまとめており，また表5－2は，同様に「提出時間」について衆議院の付託委員会別に平均値を集計している．具体的には，「立法時間」メディアンの委員会別平均を比較すると，大蔵委員会や外務委員会に付託される法案において「立法時間」が相対的に短く，反対に社会労働委員会に付託される法案に関しては長引く傾向にあることがわかる．

同様に，表5－2からは，内閣委員会や大蔵委員会に付託される法案の国会提出が相対的に早く，反対に法務委員会や運輸委員会に付託される法案において遅い傾向のあることが示されている．これらを総合すると，国会にお

表5－1　立法時間メディアンの委員会別動向

立法時間	全体	衆議院委員会											
		内閣	地行	法務	外務	大蔵	文教	社労	農水	商工	運輸	通信	建設
平均	140	135	132	134	111	107	137	160	137	135	138	135	128
標準偏差	30	41	40	34	42	30	39	36	32	30	35	36	39
最小	64	49	59	57	40	32	57	109	39	78	89	20	32
最大	246	278	250	280	222	182	279	270	222	225	275	227	264
年数	54	53	53	54	36	53	54	38	47	53	52	47	53
平均昇順位		7	4	5	2	1	10	12	9	8	11	6	3

注：「立法時間」を国会開会日より法案が後議院本会議可決日までの日数，ないし成立に至らなかった法案については会期日数とし，1948年から2001年までの各予算国会における立法時間メディアンを求め，衆議院の付託委員会別に集計したものを報告している．全体の立法時間メディアンは134日である．
地行：地方行政，社労：社会労働，農水：農林水産．

表5－2　提出時間メディアンの委員会別動向

提出時間	全体	衆議院委員会											
		内閣	地行	法務	外務	大蔵	文教	社労	農水	商工	運輸	通信	建設
平均	62	56	64	71	61	55	63	61	61	63	69	62	63
標準偏差	26	31	27	24	31	24	30	15	18	22	29	17	28
最小	22	14	9	32	9	8	10	20	16	18	18	25	14
最大	183	154	148	168	128	120	186	108	92	118	183	106	132
年数	54	53	53	54	36	53	54	38	47	53	51	47	53
平均昇順位		2	10	12	3	1	8	5	4	9	11	6	7

注：「提出時間」を国会開会日より法案が提出されるまでの日数とし，1948年から2001年までの各予算国会における新規提出法案に関して，提出時間メディアンを求め，衆議院の付託委員会別に集計したものを報告している．全体の提出時間メディアンは64日である．
地行：地方行政，社労：社会労働，農水：農林水産．

いて法案の成立に要する日数や国会に提出されるまでの日数に関する分野別の特徴としては，まず大蔵委員会のように，国会への法案提出も早く，比較的に短期日のうちに立法が行われる場合が区別される．また運輸委員会のように，法案の国会提出が遅いために，成立までに時間のかかる場合もある一方，社会労働委員会のように，比較的に早く法案が国会に提出されながら，成立に時間の要する場合もあると言えよう．[83]

(2) **審議形態に関する既存研究**

 第2章においても概観したように，従来の国会研究においては集計的なレベルにおける分析が主流であり，こうした法案個々のレベルにおける分析は限られている．法案個々の審議過程を体系的に把握しようという試みとしては，福元健太郎の研究は画期的でありかつ例外である（福元，2000b）[84]．

 福元の方法論的な問題意識は，先にも触れたように，国会ごとに会期日数は大きく異なっており，戦後のすべての内閣提出法案を対象として，法案個々の審議過程を計量的に分析するにあたって，会期の異なる国会間の「1日」の意味をいかに比較可能にするのかということにある．福元の解決策は，法案の審議日数を国会ごとの会期幅に相対化するというものであり，具体的には，

$$日程値 = \frac{会期初日から法案が成立するまでの日数}{会期日数}$$

を法案審議の指標として考案している（16-18頁）．したがって，「日程値」は会期内に成立した法案の場合に1以下の値となり，後会に継続して成立した法案に関しては1を超えることになる．こうした「日程値」に基づいて，福元は法案が委員会や本会議といった立法過程の諸段階を経ていく間隔を「日程間値」として算出し，これらが法案審議の名目的な延べ期間の指標であることから，法案が委員会に案件として付された日数である「審査回数」を実質的な法案審議の尺度として導入している（26-28頁）．

 こうした「日程間値」や「審査回数」を法案個々について変数とする因子分析を行い，福元は国会における立法過程には「粘着型」，「標準型」，「討議型」の3類型の審議形態が識別されることを明らかにしている（65-74頁）[85]．福元によれば，モチヅキらに端を発する国会の「粘着性」論は，主として野党

による審議引き延ばしといった否定的影響力に目を向けており，与野党が徹底的に討議するという意味において，「討議型」審議にみられるような肯定的な影響力行使の形態を見逃してきた．第2章においても触れたように，従来の研究は，国会の制度的機能としてアメリカ議会を理念型とする立法的な変換能力に着目し，国会無能論において言われるほどに，そうした立法的変換が少なくはないといった自家撞着的な議論に陥っている．これに対して，福元の研究は国会の討議的機能を強調し，与野党の論戦に積極的な意味を見出そうとする新たな国会機能論を展開しており，戦後の日本政治におけるイデオロギー対立について再考を促すものとなっている．

しかし，福元の分析は法案個々のミクロなレベルにおいて審議形態を計量的に把握しようとする画期的な試みであるが，その基礎となっている「日程値」という指標化には本質的な問題がある．この「日程値」は，会期幅の相違を考慮するとともに，継続審議となった法案の審議期間も会期内に成立した法案と同じ基準において比較することを可能にするものであるが，実際には成立した法案にのみ適用され得る指標化である．つまり，会期内に法案が成立せず，しかも継続とならなかった場合には，その法案の日程値は1となり，会期末に成立した法案と同じ値となってしまう．したがって，この「日程値」という指標は法案の成否にわたって適用できるものではなく，法案の成立しない可能性が潜在的にある立法過程を把握し得るものではない．

審議形態の3類型を導き出す因子分析が成立法案のみを対象としていることは統計処理の便宜的措置ではなく，福元の分析を可能にする必然的前提となっている．つまり，成立しなかった法案の「日程値」はそれらが成立していた場合に要していたであろう審議期間を過小評価し，因子分析の対象とする法案に不成立法案が含まれる程度に応じて，分析結果における審議期間の過小評価は著しいものとなり，それに基づく主張自体も異なるという可能性が生じる．仮に，すべての法案が継続審議となった国会があり，それらの半数が後続の国会で成立したとすると，成立した法案の「日程値」は1以上となり，成立しなかった法案の「日程値」は1となる．こうした想定は極端なものであるが，「日程値」の長短の意味が逆転し得るものであり，「日程値」の長短に一貫した意味を持たせるには成立しなかった法案を分析から除外せざるを得ないことは明らかである．

第5章　議事運営による非決定　95

　このように福元の分析は法案を不成立にするという国会の潜在的作用を無視することによって成り立っており，継続か否かにかかわらず審議時間を操作化しようとする福元の意図とは裏腹に，「日程値」という指標化が妥当であるのは，法案が成立することを前提とする立法過程に限られることになる．したがって，福元の分析には，なぜ大多数の内閣提出法案が成立するのかという問いに答える術はない．国会の制度がそうした立法過程をいかに構造的に規定し，いかなる戦略的な相互作用が繰り広げられるのかということは分析の視野にはなく，国会の機能として可視的な「討議」のみに分析の焦点がしぼられている．

　さらに，福元によれば，「討議型」審議は歴史的には衰退する傾向にあり，また野党の抵抗によって単に審議が引き延ばされる「粘着型」審議が1970年頃を境として増加から減少に転じていることになる（110頁）．こうした分析結果から，福元は「強い対立が減る代わりに弱い対立が増えるというのが，国会審議の長期的傾向であった」（126頁）と論じている．しかしながら，このことは，仮に福元の分析が国会審議を適切に把握し，国会の機能が与野党の「討議」を促進することにあるとしても，歴史的には，国会の制度的目標ではない「弱い対立」がむしろ増えているということを意味している．したがって，こうした乖離を整合的に解釈するには，制度から帰結する均衡的状態は「討議」であるとしても，それを凌駕する何らかの非制度的な作用が働いていると考えるのか，さもなければ審議の時間や回数を「討議」の指標とする方法論か，それとも国会の制度的作用自体の理論的解釈を検討し直す必要がある．

　福元の分析は，国会の役割を再評価しようとする実証的研究の1つの到達点であり，古典的な国会機能論からの脱却を試みるものではあるが，観察可能な事象から帰納的に積み上げるという意味において，第2章において論じた「観察主義の陥穽」という方法論的，概念的な問題を抱えており，行動論的な「粘着性」論の系譜にとどまるものである．

(3)　審議過程の「バイアス」

　ここまで戦後の内閣提出法案に関して，法案個々のレベルにおける審議過程の動向を概観し，福元による審議形態の類型化の試みとその問題点を検討

してきた．

　従来の国会研究における観察主義的な分析アプローチは，一方において国会における可視的な与野党の対立や譲歩に分析の焦点を合わせ，他方においては国会に至るまでの法案化段階における可視的な政治的影響力の行使に着目している．これらは議院内閣制という制度的観点からはむしろ非効率な立法とも言える事例であり，従来の研究においては効率的な立法事例が観察主義的には「論争的」でないということから分析対象として顧みられてこなかった．しかしながら，前章において立法過程の時間的次元を図式化したように，法案個々の国会内における立法過程は，提出されるに至らない潜在的な法案を含む立法的争点全体の一部に過ぎず，とくに議院内閣制を採用する国会において，否決されたり，採決の段階に至らないような法案は潜在化し，経験的に観察し得ることは例外である．

　立法過程全般を適切に把握するには，国会を唯一の立法機関と規定する憲法的構造が正しく理解されねばならない．つまり，国会は一連の立法過程の最終関門であり，国会において行使され得る影響力が国会前の立法過程における法案化や争点化を制度的に構造化していることは想像に難くない．従来の研究のように，国会内外における可視的な対立や論争のみに部分的に着目し，また国会内過程を国会前過程から切り離す分析枠組みによっては，議院内閣制における立法の効率的な影響力行使だけでなく，国会に提出される法案を取捨選択するという意味において，「非決定」という制度構造的な影響力行使も理解することはできない．従来の集計的なレベルにおける分析であろうが，また法案個々のレベルにおける分析であろうが，経験的に観察し得る顕在化した事象から，立法過程全般に関する議論を導き出そうとすることの問題が意識されてきたとは言い難い．

　こうした観察事象の部分的な顕在化を計量的に把握する一群の統計的手法が「サンプル・セレクション・モデル」と呼ばれるものである．前章における方法論的な議論からも明らかなように，ある事象の観察可能となる条件が何らかの潜在的要因に規定される場合，観察可能な事象に基づいた分析が必ずしも潜在的な事象を含む全体について妥当するとは言えない．立法過程に関しても，国会内において経験的に観察し得る法案の審議過程は，委員会付託や採決に至らなかった潜在的な法案も含む全体の一部を示すに過ぎない．

第5章 議事運営による非決定　97

とくに国会に提出される法案は多数の支持を得る可能性が比較的に高いものに偏っており，そうした法案審議の顕在化過程は議事運営権を掌握する与党の政策目標に沿った立法を実現するよう構造的に規定されていることが予測される．したがって，顕在化した法案の審議過程のみに基づいた分析には，立法過程の潜在的な規定因を適切に把握できないという問題が内在することになる．以下では，そうした法案個々の審議過程における「バイアス」を検証するために，サンプル・セレクション・モデルによる法案審議の分析結果を報告しておきたい．この節における分析は「バイアス」の有無を確認することを主たる目的としており，図5-1からも明らかなように，法案個々の審議過程の比較的に安定している自民党単独政権下の内閣提出法案に分析対象を限ることとする．

具体的には，内閣提出法案個々について，「審議時間」を法案が国会に提出されてから，衆議院の委員会において採決に付されるまでに要した日数として変数化する．[86]したがって，国会に提出されても委員会に付託されなかったり，採決に至らなかった法案に関しては「審議時間」は欠損値となる．こうした国会における「審議時間」の顕在化は国会の制度構造に条件づけられた議事運営のあり方に規定されている可能性があり，以下，そうした議事運営のあり方を法案個々の潜在的な「議事優遇度」から捉えることとし，これらの「審議時間」と「議事優遇度」の関係をサンプル・セレクションの問題として検討していく．

まず法案 i の「審議時間」を $DTIME_i$ とすると，それが外生的な要因 x に規定される場合，

$$DTIME_i = x_i \beta + u_i$$

と表すことができる．ただし，法案個々の「審議時間」は必ずしも顕在化し，経験的に観察可能となるわけでなく，外生的要因 v に規定される法案 i の潜在的な「議事優遇度」を $PRIORITY_i^*$ とすると，

$$PRIORITY_i^* = v_i \gamma + \varepsilon_i$$

となる．つまり，$PRIORITY_i^* > 0$ の場合に「審議時間」は経験的な事象として観察されるのであり，こうしたセレクション・メカニズムを顕在化したか否かの2項選択の問題と捉えれば，$PRIORITY_i$ を $PRIORITY_i^* > 0$ のときに1となるダミー変数として，

$$P(PRIORITY_i = 1) = \Phi(v_i \gamma)$$

の正規分布関数によるプロビット・モデルとして表すことができる．したがって，セレクション・バイアスの問題は，モデルの特定化の誤りとして，上記の回帰モデルとセレクション・モデルにおける u_i と ε_i の誤差項の相関係数から検証することができる．[87]

分析対象とする内閣提出法案は3,777本であり，内3,369本が衆議院の委員会における採決に付されている．表5－3にまとめたように，「審議時間」の平均はおよそ50日である（最短1日，最長217日）．こうした法案個々の「審議時間」は，先に定義した「提出時間」に依存するものであり，同時に，この「提出時間」は議事運営のあり方を規定する法案個々の潜在的な「議事優遇度」の外生的要因として「審議時間」に作用しているものと考えられる．[88]

この他に「審議時間」を規定する要因としては，まず国会ごとの会期日数の相違を制御するために，「会期」を法案の提出された国会の会期日数とする．また予算国会は概ね通常国会であるが，総選挙後の特別国会が予算国会となる場合もあり，そうした特殊な事情はダミー変数である「特別国会」によって考慮している．さらに，従来の国会研究においても議論されているように，与野党の議会勢力は法案審議のマクロな状況を規定している可能性があり，「与党議席」を各予算国会における衆議院の与党，つまり，自民党の議席割合百分率として変数化している．最後に，第3章においても触れたように，委員会の議事運営権を司る委員長ポストを与野党のいずれが占めているのかということは法案審議のミクロな状況を左右する要因であり，委員会における

表5－3　審議時間の基礎統計

変数	平均	標準偏差	最小	最大
審議時間	49.542	29.397	1	217
提出時間	65.124	30.998	0	273
会期	171.593	33.156	120	280
特別国会	0.131	0.337	0	1
与党議席	58.874	4.438	49.511	64.454
野党委員長	0.086	0.280	0	1

注：分析の単位は法案であり，対象法案は自民党政権下の予算国会（1956～1993年）における衆議院先議の新規提出である内閣提出法案3,777本，内3,369本が衆議院の委員会において採決に付されている．「審議時間」のメディアンは44日であり，「提出時間」のそれは59日である．

議事運営権の所在を操作化するものとして,「野党委員長」を衆議院における法案の付託委員会委員長が野党議員である場合を示すダミー変数としている[89]。

こうした変数による「審議時間」の推定結果は表5-4にまとめたとおりである.まずモデル1は,「審議時間」を「提出時間」などに回帰させた単純な最小二乗推定である.これによると,会期の相違や特別国会という特殊事情を考慮してもなお,「提出時間」と「野党委員長」は各々「審議時間」に対してマイナスに作用する要因であることがわかる.つまり,法案の国会提出が遅いほど,「審議時間」は短くなる傾向があり,このことは限られた国会会期において,法案の提出までに要する時間が法案審議に充てられる時間を規定していることを示唆している.また,法案の付託される委員会において,

表5-4 セレクション・バイアスの推計

	モデル1		モデル2	
	係数	標準誤差	係数	標準誤差
回帰:				
提出時間	−0.204	0.017	−0.151	0.018
野党委員長	−4.010	1.674	−4.138	1.673
与党議席	−0.114	0.109	−0.103	0.109
特別国会	8.039	1.424	8.204	1.425
会期	0.258	0.015	0.269	0.015
定数	23.995	7.309	20.791	7.382
セレクション:				
提出時間	−	−	−0.014	0.001
定数	−	−	2.292	0.074
ρ	−	−	−0.481	0.063
検定[a]			24.300	
統計量[b]	0.130		−17091.070	
検定[c]	101.610		478.090	

注:分析対象は自民党政権下の予算国会(1956~1993年)における衆議院先議の新規提出である内閣提出法案3,777本であり,内3,369本が衆議院の委員会において採決に付されている.モデル1は「審議時間」の最小二乗推定であり,モデル2は「提出時間」に規定されるプロビット・モデルによる「審議時間」の顕在化過程を想定したサンプル・セレクション推定である.
a 相関係数ρに関する自由度1のχ^2検定.
b モデル1:自由度調整済みR^2.モデル2:対数化尤度.
c モデル1:自由度(5, 3363)のF統計量.モデル2:自由度5のχ^2尤度比検定.

与党が委員長ポストを占めていない場合，法案審議に充てられる時間はより制限を課されることになる．一方，「与党議席」は「審議時間」に関して統計的に有意な作用のある変数ではなく，従来の国会研究における想定とは異なり，マクロな政治状況は法案個々の審議過程には実質的な影響を及ぼしてはいないのかも知れない．[90]

次に，モデル2は法案個々の潜在的な「議事優遇度」によるサンプル・セレクションを想定したものであり，「提出時間」を外生的要因とする「審議時間」の顕在化に関するプロビット・モデルが含まれている．このモデル2の推定結果からは，モデル1の基本的特徴は変わらないものの，「審議時間」の顕在化に関して「提出時間」は統計的に有意なマイナスの作用を及ぼしていることがわかる．また「審議時間」の回帰モデルにおける誤差とその顕在化に関するプロビット・モデルにおける誤差の相関係数は−0.481であり，χ^2検定は誤差に相関関係のないとする帰無仮説を棄却しなければならないことを示している．

図5−2は通常国会において与党の議席割合を平均的な58％と想定した場合の予測「審議時間」を「提出時間」に対して図示している．[91] 実線が「審議時間」の顕在化過程を考慮したモデル2に基づく予測値であり，点線によって示すモデル1では，法案の国会提出が遅いほど，「審議時間」が過小に推計されることを示している．具体的には，「提出時間」の平均である65日を基準として，標準偏差分の約30日前後についてみると，「提出時間」が35日の場合，2つの予測「審議時間」の差は0.8日に過ぎないが，「提出時間」65日においては2.4日となり，「提出時間」95日において4.0日に広がる．

こうした推定結果はモデルの特定化に敏感に反応するものであるが，少なくとも「提出時間」による法案審議の顕在化を考慮しない分析において，国会における法案個々の審議期間が過小に評価され，そうした「バイアス」が国会会期の進展に従って大きくなることは明らかである．福元の「日程間値」といった指標化は，法案審議の立法過程における相対的な位置を示すものの，法案審議の時間的な1単位は国会会期中のどの時点においても同じものであると仮定されている．つまり，例えば，委員会審議ならば，極端な場合，会期初めの1日も会期末の1日も同じ意味を持つとされているのであり，そうした指標化に会期という国会の制度が立法過程の時間的次元に課す制約を考

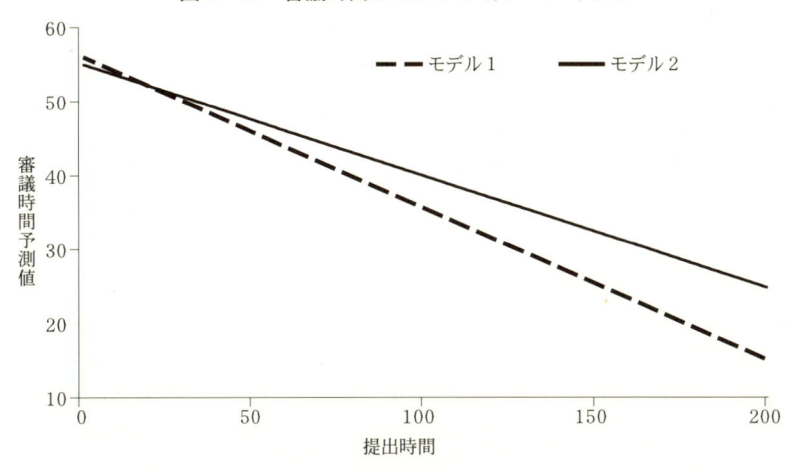

図5-2　審議時間のセレクション・バイアス

慮する機能があるとは言い難い．国会において顕在化した情報のみに基づく議論は，立法を潜在化させるという国会の制度的作用を分析の視野に入れておらず，それが立法過程全般に妥当するという保証のないことは認識されるべきである．

2　法案賛否の不均一分散

　この節においては，法案審議における顕在化過程の検証を受けて，議事運営による多数主義的な「バイアス」の抽出に分析の焦点を移し，「消極的議事運営権」の立法的作用を解明していくこととする．

　第2章において明らかにしたように，国会の機能を肯定的に評価しようという試みは，国会における議事運営が全会一致的であることを概ね強調し，そうした与野党協調によって立法過程は見かけ以上に「粘着的」であるという見解を導き出してきた．このように国会の機能として与野党間の審議や交渉に重きを置く観点からは，国会内の立法過程における政党間相互作用を通じて与野党は立法における合意に到達することが期待される．ただし，こうした政党間の相互作用論に対しては，議院内閣制における立法・行政関係を重視する観点から，国会の機能とは法案の生殺与奪権を議事運営に集約させ

ることによって，行政省庁による法案作成に国会の意向を反映させることにあるという反論が提起される．こうした議会制度観によれば，与党の反対するような法案が国会において審議されることはないとともに，与野党において対立のない法案は時間を要することなく成立する．ただし，野党の政策選好に沿わない法案には成立に時間を要するものも要さないものもあり，ここに法案審議の時間的推移に応じて政党の法案賛否が単に法案反対に収斂するという仮説が導き出される．

したがって，この節における課題は，こうした相反する国会観のいずれが実際の立法事例と照合して妥当であるのかという問題を検討することにあり，それを通じて「消極的議事運営権」から期待される立法過程の多数主義的「バイアス」を検証していく．そうした分析において注意を要する方法論的な問題は，政党間相互作用の尺度として審議における時間の推移を考慮するとしても，法案審議に時間を要することが必ずしも高い政党間相互作用を意味するわけではないということである．すなわち，仮に相互作用が与野党協調に影響するとしても，法案審議の時間的推移に応じて相互作用が高まる場合と高まらない場合の両者が含まれる．したがって，審議に要する時間の法案態度に及ぼす影響が時間に応じて不均一に分散するという可能性を考慮する必要があり，この節においては野党の内閣提出法案に対する賛否が法案審議の時間的推移に対して不均一に分散するものとしてモデル化を試みていく．これにより，不均一に増加する政党間相互作用が野党の法案態度を左右するのか，あるいは単に審議時間は内閣提出法案に対する野党の政策選好を反映するに過ぎないのかが明らかとなろう．

(1) **政党間相互作用**

第2章において論じたように，国会の制度によって与野党協調が促進されるとする見解は，与野党協調を国会における人間関係が徐々に制度化した結果と考えるモチヅキに端を発し，クラウスにおいては与野党間の協調関係を発達させた要因として1970年代における伯仲国会の出現が強調されている．つまり，与野党の議席割合であれ，人間関係の制度化であれ，仮に与野党協調が政府立法に何らかの影響を及ぼすのであれば，提出された法案は野党の意向に沿ったものであることが予想されている．しかしながら，従来の集計

的な分析から明らかなことは，共産党のみに内閣提出法案を支持する割合の顕著な変化がみられるということである．自民党単独政権における野党の内閣提出法案支持率と与党議席割合の相関も共産党を除いて統計的に有意ではなく，野党の支持する内閣提出法案の割合が長期的な動向や与野党の議席割合に応じて変化しているとは言い難い．

　このような従来の集計的分析に対して，先に概観したように，福元は内閣提出法案個々を単位とする体系的な分析を行い，政党の法案態度と審議過程の関係についても検討している（福元，2000b）．具体的には，福元は戦後の内閣提出法案すべてを対象とし，法案が委員会に案件として付議された日数としての「審査回数」が多いほど法案支持政党数が減少する関係にあるとし（26-27頁），また単なる延べ日数としての「審議期間」と法案支持政党数には統計的に有意な関係のないことを明らかにしている（55-56頁）．こうした分析から，福元は「たとえ表面的には全野党が反対する法案であっても，その中には審議を遅らせる法案とは別に，審議を必ずしも引き延ばさない与野党対立の在り方が混在していることが示唆される」と述べ（57頁），国会の機能がモチヅキらの想定するように野党の抵抗によって与党から譲歩を引き出すだけではなく，そうした審議拒否による無益な抵抗とは別に，審議を重ねることを通じて与党に対抗し，有益な政策交渉を実現させることにあるという「討議的議会」としての国会像を提起している．

　こうした福元の分析が方法論的にも，国会を理解する視点という意味においても画期的な試みであることは先にも触れたとおりであるが，この節においても変数の操作化について再考を要することを指摘しておかなければならない．まず福元は「反対政党度数」として反対政党数を全政党数に相対化した指標を用いているが，この場合，どの政党が法案に反対するのかという情報，言いかえれば，政党間の法案態度の質的な相違は埋没してしまうことになる．つまり，例えば，共産党と社会党の法案態度は社会党と公明党のそれと同じ意味を持つことが想定されているわけである．また審議を重ねるほどに野党が反対するという関係は，与党の観点からすると，逆に審議しないほど野党は賛成することを意味する．このことは福元の「討議的議会」としての国会像と整合的であるのだろうか．つまり，審議回数の増加によって法案支持が高まるのであれば，まだしも審議を尽くす意味もあろうが，与党はな

ぜ反対されるためにわざわざ審議を重ね，討議を続けるのだろうか．

さらに福元は法案が提出されてから成立するまでの経過期間である「日数」とは概念的に次元の異なるものとして「審査回数」を採用し，それが無益な審議拒否を除いた有益な審議の積み重ねを反映するとしている．ただし，「審査回数」も福元が経過日数の欠点とする審議の実質性という点について同様の問題を抱えざるを得ない．つまり，会議を開いたからといって審議が実質的になるとは限らず，むしろ公式な場でなく，水面下の交渉や根回しに実質的な政党間の相互作用があるという考え方もあろう．いずれにせよ，審議過程における時間的推移には，政党間交渉といったことが単に増加ないし減少するだけでなく，その増減の分散度を変化させるという作用のあることを考慮する必要がある．

まとめ：従来一般に，与野党協調の進展は政府の立法活動に制限を課し，政府の法案作成に国会の意向を反映させるように作用するものと理解されてきた．ただし，そうした作用は立法動向の実態からは自明ではなく，国会ごとの集計的な分析は，共産党を除く野党の内閣提出法案支持率が比較的安定していることを明らかにしており，与野党の議会勢力上の変化が野党の法案態度に及ぼす影響について多くを語るものとは言えない．また法案個々についてみると，国会における審議を重ねることによって野党がより反対するようになるという分析もあるが，そうした分析において採用されている変数の操作化は再考を要するものである．とくに法案態度に示される政党間の政策選好における「距離」は，集計的分析においても，法案個々を単位とする分析においても十分解明されてきたとは言い難い．

(2) **議事運営権**

以下では，国会の制度が政党間相互作用を促進するという捉え方に対する代替的な議会制度観を概説し，政党の法案態度に関する計量分析モデルを提示し，それらの見解の妥当性を検証していく．具体的には，従来の研究は法案個々を分析単位としても支持政党数の多寡を問題にするに過ぎず，「どの」政党が支持するのかということを捨象している．これに対して，この節においては法案個々に対して各政党が賛成するのか，反対するのかを被説明変数

とするモデルを採用し,「法案支持」をある政党が法案を支持する場合1,その他の場合0とするダミー変数として操作化する.[92]

こうした政党の法案態度に関する分析は,前節の分析と同様,自民党単独政権下における内閣提出法案の議決を対象として,主要な野党会派による法案賛否の確率推計によって可能となる.[93] つまり,法案個々に野党ごとの賛否があり,例えば,ある法案の議決に際して野党すべてが各々賛否を表明する場合,その法案に対して野党の数だけ賛否が記録されることになる.したがって,法案間の独立性のみを想定し,野党の賛否に関する説明変数の有意性はヒューバー・ホワイト(Huber-White)の標準誤差によることとする.また賛成か反対かの類型的変数を被説明変数とするためにプロビット・モデルを用いる.

説明変数としては,まず全分析対象期間を通じて野党であった共産党を比較の基礎として,各野党のダミー変数から政党独自のイデオロギー的相違を操作化する.したがって,共産党とのイデオロギー的距離に内閣提出法案に対する他の野党の賛否が対応するならば,「法案支持」に対する野党ダミーの係数は一次元のイデオロギー的な各政党の位置に対応し,各係数の大きさは野党各々が共産党からどの程度乖離しているのかということを反映しているはずである.

ここでの分析の焦点は,野党の法案支持が法案個々のレベルにおける政党間相互作用に依存するという仮説を検証することにある.国会の機能として与野党間の審議や交渉に重きを置く観点からは,政党間相互作用が高まるほど与野党は協調的になると考えられる.あるいは,福元の主張するように,政党間相互作用は与野党の「討議」という形態をとり,この場合には政党間相互作用はより与野党の対立を鮮明にするものと理解される.

国会における相互作用の尺度としては,この分析においても法案審議の時間的推移に着目するが,福元の採用する「審査回数」という変数について論じたように,法案審議の時間的な推移に応じて政党間の相互作用が必ずしも高まるとは限らないことに留意する必要がある.つまり,それが審議の日数であれ,回数であれ,時間の経過とともに,相互作用は高まるかも知れないし,そうでないかも知れない.したがって,このように時間的推移に応じて政党間の相互作用が不均一に分散すると考えられるならば,審議の日数なり

回数が政党の法案態度に及ぼす影響は実質的に異なる意味を持つことになる．

むしろ議院内閣制における立法・行政関係という観点からは，議会の機能は法案の生殺与奪権を議事運営に集約させ，行政機関による法案作成に議会の意向を反映させることにある．第4章において議事運営権の制度的均衡として論じたように，こうした議会制度観によれば，①与党に反対される法案は提出されることはなく，②野党の意向に反しない法案は時間を要することなく支持され，③野党の意向に反する法案には成立に時間を要するものも要さないものもある，という政党の法案態度と法案審議の時間的推移の間に経験的に観察可能な組み合わせを予測することができる．

図5－3における●は野党の法案態度を意味し（縦軸は野党が内閣提出法案を支持する場合1，反対する場合0となる），法案審議の時間的推移に対してそれらの法案態度が不均一に分散することを図示している．したがって，政党間相互作用を法案審議の時間的推移によって操作化する場合，その単なる長短だけではなく，時間的推移に応じて野党の賛否が不均一に分散する可能性を考慮する必要がある．議院内閣制における立法・行政関係という観点からは，時間的推移に野党の法案態度を変化させるという作用があるわけではなく，単に法案賛否が時間的推移に応じて法案反対に収斂するという仮説が導き出される．

具体的には，物理的な制約のある時間的指標として，法案提出日から衆議院本会議における議決日までの日数を用い，それを対数化したものを「対数

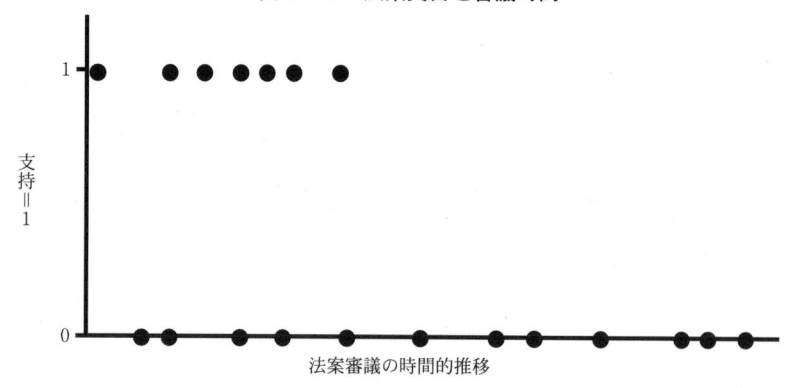

図5－3　法案賛否と審議時間

審議時間」とし，法案審議における時間の効果を逓減的に反映するものとして変数化している．こうした時間変数を導入するには，国会ごとの会期日数や本予算審議の有無，衆参のいずれが先議院であるのかということを考慮する必要があり，分析対象は自民党単独政権下の予算国会における衆議院先議の新規提出法案に限定されている[94]．

まず与野党の審議や交渉を議会の機能とする観点からは，政党間相互作用によって法案がより支持されるようになると期待される．したがって，これを「交渉型審議仮説」と呼べば，それは「対数審議時間」の「法案支持」に対する係数が統計的に有意なプラスの場合に支持されることになる．これに対して，福元の主張するような「討議型審議仮説」の妥当性はむしろ「対数審議時間」の統計的に有意なマイナスの係数として検証される．

一方，議事運営権の掌握を議会の機能とする観点は，上述の両仮説が想定するような相互作用ではなく，むしろ野党の法案態度が単に法案審議の時間的推移に対して不均一に分散し，時間的推移に応じて法案反対に収斂すると考える．こうした被説明変数の確率推計だけでなく，その分散も併せて推計する統計的手法に不均一分散プロビット・モデル（Heteroskedastic Probit Model）がある．具体的には，単純なプロビット・モデルを

$$\Pr(y=1) = \Phi(x\beta)$$

と表すとして（y を被説明変数，x を説明変数，Φ を累積分布関数とする），不均一分散プロビット・モデルは，

$$\Pr(y=1) = \Phi\left(\frac{x\beta}{e^{z\gamma}}\right)$$

と表すことができる（分散 $\sigma^2 = [e^{z\gamma}]^2$ を想定する）．これにより，ある x の増加（減少）が $y=1$ の確率を上げるか，下げるかだけでなく，ある x の増加（減少）が $y=1$ か $y=0$ に分離させるという作用を検出することができる[95]．こうした不均一分散プロビット・モデルを用いることによって，「法案支持」の「対数審議時間」に対する不均一分散係数を推定することが可能となる．「反対収斂仮説」は，「対数審議時間」の不均一分散係数が統計的に有意なマイナスであり，「対数審議時間」自体の係数も統計的に有意なマイナスである場合に支持されることになる．これに対して，「交渉型審議仮説」，「討議型審議仮説」のいずれにおいても，「対数審議時間」の不均一分散係数は統計的に

有意でないものと予測される．

　これまでも本書において検討してきたように，従来の研究には国会における全会一致が与野党の議席割合に左右されるという見解が根強く存在したが，そうしたマクロな政治環境の変化が法案個々のレベルにおける政党の法案態度にいかなる作用を及ぼしているのかということをこの節においても検討しておきたい．具体的には，前節の分析と同様，衆議院における「与党議席」を推定モデルに加える．通説的な解釈は与党議席の減少が野党に対する譲歩を不可避にするというものであり，「与党議席」の増加が他の条件を一定として野党の内閣提出法案に対する支持確率を低めるように作用するのであれば，「与党議席」の「法案支持」に関する係数は統計的に有意なマイナスであることが期待される．また議事運営の制度的権限が政党の法案態度に及ぼす作用を検証するために，この分析においても委員会レベルの議事運営権として，法案の付託される衆議院委員会の委員長が野党議員である場合を1とする「野党委員長」ダミーを加え，衆議院本会議の議決に先立つ委員会審議において，与党による議事運営権の掌握をモデル化しておく．[96]

(3) 法案賛否の確率推計

　表5-5は「法案支持」に関する推定結果をまとめている．まずモデル1は「法案支持」の単純なプロビット・モデルであり，法案賛否の時間的推移に対する分散は考慮されていない．各野党のダミー変数は「法案支持」に関して統計的に有意なプラスの係数が推定されており，各野党は参照政党である共産党と比較して，より法案を支持する傾向にあることがわかる．具体的には，それらの係数は社会党，社会民主連合（社民連），公明党，民社党，新自由クラブ（新自ク）の順に大きくなっており，ほぼ左右の一次元的なイデオロギー配置に対応していると言える．[97]

　次に，法案審議の指標である「対数審議時間」の「法案支持」に関する係数は統計的に有意なマイナスであり，このことは法案審議に時間を要するほど，野党は内閣提出法案を支持しなくなることを示している．また「野党委員長」の係数は統計的に有意なプラスであり，本会議に先立つ委員会審議の議事運営権を与党が掌握できない場合，内閣提出法案は野党にとって相対的に宥和的なものとなるようである．

表5-5 法案支持の確率推計

	モデル1		モデル2	
	係数	標準誤差	係数	標準誤差
社会党	0.704	0.028	0.247	0.043
社民連	0.958	0.071	0.330	0.061
公明党	0.968	0.035	0.336	0.059
民社党	1.115	0.033	0.394	0.067
新自ク	1.408	0.089	0.480	0.085
対数審議時間	−0.174	0.038	−0.145	0.020
野党委員長	0.436	0.067	0.144	0.035
与党議席	−0.004	0.005	−0.002	0.002
定数	0.839	0.327	0.671	0.136
分散（審議）	−	−	−0.275	0.043
分散検定	−	−	41.070	
対数尤度	−6094.961		−6061.267	
尤度比検定	1263.040		52.240	

注：対象法案は自民党単独政権下の予算国会（1956〜1993年）における衆議院本会議において採決のあった衆議院先議の新規内閣提出法案3,141本（対象賛否数：11,553），被説明変数は「法案支持」（平均：0.725）である．各係数において法案間のみに独立性を想定したヒューバー・ホワイトの標準誤差を報告している．分散（審議）は不均一分散プロビット・モデルによる「対数審議時間」の分散係数であり，分散検定は対数化分散を0とするχ^2検定値（自由度1）である．尤度比検定は説明変数を含まないモデルとのχ^2検定値（自由度8）である．

一方，「与党議席」は「法案支持」に関して統計的に有意な変数ではない．したがって，法案個々の審議過程や政党のイデオロギー，与党による議事運営権を考慮した場合，前節のセレクション・バイアスの分析と同様，野党の法案態度も政党の議席割合に左右されるわけではなく，国会の制度的慣行として与野党協調が促進されるという従来の主張は立法の実態と相容れないことになる．[98]

モデル2は不均一分散プロビット・モデルによる「法案支持」の推定結果である．「対数審議時間」自体の「法案支持」に関する係数が統計的に有意なマイナスであることはモデル1と同様であるが，「対数審議時間」の「法案支持」に関する分散係数である分散（審議）も統計的に有意なマイナスであり，「対数審議時間」の増加に応じて法案賛否の分散が収斂することを示している．[99]このようなモデル2の推定結果は「反対収斂仮説」の期待するところであり，少なくとも国会における審議を通じて政党間の相互作用が高まり，より法案

を支持するように野党の法案態度が変わるとする「交渉型審議仮説」は成り立たないことを示している.

また他の説明変数に関してはモデル1の推定結果と基本的には同じである. すなわち,「与党議席」は「法案支持」に関して統計的に有意な作用のある変数ではないが,「野党委員長」や各野党ダミーは統計的に有意なプラスの係数が推定されている.「対数審議時間」,「野党委員長」,「与党議席」各々の平均において, 各野党の法案支持確率を求めると, 共産党 (50.8%), 社会党 (76.2%), 社民連 (82.8%), 公明党 (83.2%), 民社党 (87.0%), 新自ク (91.4%) となり, 政府立法に対する野党の法案態度における相違が自民党からの政策的な距離に対応しているということが確認される[100].

こうした分析結果を総合すると, 内閣提出法案に対する政党の法案態度からは, 法案審議には与野党協調を促す作用があるわけではなく, むしろ与党と野党の政策的距離が構造化されているという意味において, 政府立法には多数主義的な「バイアス」があると言える. こうした立法の実態は, 国会の機能として与野党間の審議や交渉を重視する議会観よりも, 法案の生殺与奪権が議事運営のあり方に集約されることによって, 議会の意向を法案作成に反映させるという立法・行政関係を重視した議会観により合致したものである[101].

3 議院内閣制における国会の機能

この章では,「消極的議事運営権」に関して, 与党による議事運営のあり方が法案提出という立法過程の顕在化を規定するとともに, そうした顕在化を通じて提出された法案が与党の政策目標に合致するものに限られるという意味において, 政府立法に多数主義的な「バイアス」が構造化されていることを検証してきた.

すなわち, まず内閣提出法案個々のレベルにおける立法過程の長期的動向を概観したうえで,「サンプル・セレクション・モデル」を法案個々の審議過程に応用することによって, 議事運営権のあり方と法案の取捨選択メカニズムの関係を解明した. 法案審議におけるセレクション・バイアスの推定からは, 国会への法案提出に要する時間が法案審議の顕在化を規定しており, そうした顕在化過程を考慮しない分析においては, 国会における法案個々の審

議期間が過小に評価され，法案審議における「バイアス」は国会の会期末に近づくとともに大きくなることが明らかとなっている．

　従来の集計的なレベルにおける分析に対して，福元の法案個々のレベルにおける内閣提出法案の体系的な分析は画期的なものであるが，彼の分析においては立法過程における法案審議が国会会期中のどの時点におけるものであるのかということは留意されておらず，会期という国会の制度が立法過程の時間的次元に課す制約を考慮するものであるとは言い難い．国会において顕在化した情報のみに基づく議論は，法案審議を潜在化させるという国会の制度的作用を考慮し得るものではなく，立法過程全般に妥当するという保証はない．

　次いで，野党の内閣提出法案に対する賛否を規定する要因について計量的な分析を試み，「消極的議事運営権」の立法的作用を解明するとともに，立法の実態に鑑みて国会の機能について相反する見解の妥当性を検証してきた．具体的には，従来の国会研究においては，審議過程における政党間の相互作用によって野党の法案態度は変化するものと考えられてきたが，内閣提出法案に対する法案賛否の実態からは，単に支持される法案は時間を要することなく支持され，反対される法案には成立までに時間を要するものがあるという法案審議の時間的推移に対する不均一な分散関係のあることが明らかとなった．また与党が委員会における議事運営権を掌握できない場合，野党の内閣提出法案の支持確率は総じて高まることも確認された．

　各野党の内閣提出法案に対する支持確率は一次元的な序列に従っており，野党の法案態度は基本的には左右のイデオロギーによって構造化されている．ただし，このことは政党の政策選好が長期的に固定されているということを意味するのではなく，何らかの長期的変化があることを前提としてもなお，政党間の政策選好の相違に対応した政府立法が行われ，国会における立法に与党の政策選好を構造化させる多数主義的な「バイアス」のあることを示唆している．

　これらの分析を総合すると，立法過程の最終段階である国会における与野党間の審議や交渉を重視する国会観ではなく，むしろ法案の生殺与奪権が議事運営のあり方に集約されることによって，国会の意向を法案作成段階において反映させるという議院内閣制における立法・行政関係を重視した国会観

が支持される．従来の研究においては多数決を原理とする国会が全会一致的な議事運営を選択し，維持し続ける理由として，第3章においても触れたように，伝統的な「和」を重んずる文化的な価値規範やコンセンサス型民主主義におけるようなエリート間の相互作用が想定されてきた．これに対して，本章における分析からは，国会の機能が立法・行政関係を構造化する議事運営権の掌握にあり，そうした国会における立法が議事運営権をめぐる多数決原理に則っているという解釈が可能となる．[102]

次章以降，こうした国会の制度構造における多数主義性をもう1つの議事運営権である「積極的議事運営権」に関して，内閣提出法案を対象とする体系的な計量分析から検証していくこととする．

第6章　議事運営と立法時間

　この章では，2つの議事運営権のうち，議事運営権を掌握する与党にとって好ましい立法を推進する「積極的議事運営権」の分析に移ることとする．具体的には，法案個々のレベルにおける審議過程を分析するにあたって，会期制による国会の時間的な制約をいかに把握すべきであるのかということを論じ，時間的事象の観察制約を計量的に処理する手法として開発・応用の進められてきている「生存分析」を「立法時間」の推計に応用していく．本章における分析の焦点は，第一に，会期制によって立法時間の「重み」が会期を通じて均一でないということの立法的な帰結を検証し，第二に，そうした分析から議事運営権が立法時間に及ぼす作用を解明する基本モデルを提示していくことにある．

1　会期制による時間制約

　第4章において導入したように，「生存分析」は時間的事象を計量的に分析する手法である．そうした「生存分析」の考え方を立法過程に応用することは，時間的な制約下にある国会での個々の法案の審議過程を把握するうえで決定的に重要であるだけでなく，国会以前の段階を含む政治体制全般を通じた政策形成過程を概念化するにあたっても有益なものである．

　従来の研究は国会の機能として，アメリカ議会を理念型とする立法的な変換能力に着目し，国会無能論で言われるほどには，そうした立法的変換が少なくはないという自家撞着的な議論に陥っている．これに対して，前章でも論じたように，福元による法案個々を分析単位とした画期的な研究も公刊さ

れ，それは国会の討議的機能を強調し，与野党の論戦に積極的な意味を見出そうとする新たな国会機能論を展開している．

ただし，福元による法案審議の捉え方には，立法過程における時間の重みが会期を通じて均一であるという前提が存在し，国会の会期制による時間の制約が立法過程における時間的次元をいかに規定しているのかという問題は考慮されていない．前章において明らかにしたように，福元による「日程値」といった指標化は，会期日数の異なる国会間にわたって法案審議を比較可能にしようとする試みではあるが，それはかえって法案審議から国会の会期という制度的条件を欠落させることになっている．したがって，福元の研究には，国会の制度構造によって規定される立法過程の顕在化は分析の視野になく，会期末に近づくにつれて法案審議における「バイアス」が大きくなることは認識されていない．

これに対して，本章においては，個々の法案が国会内に法案として存続する期間を「立法時間」という概念により把握することとし，以下の2点に分析の焦点を合わせていく．第一に，会期という制度的な時間制約から，法案によっては会期内に成立しない場合もあり，従来は不成立ないしは継続法案として区別されてきた．これに対して，この章においては生存分析の手法を導入することによって，会期といった時間的な制約がなければ成立したであろう法案の法案として存続する期間を単に人為的に打ち切られたものとして捉え，会期内に成立した法案の法案としての存続期間と同時に処理していく．

第二の焦点は会期における時間的な「重み」の均一性を検証することにある．例えば，これまでの研究においては，委員会における審議日数といった指標に言及する場合，会期中におけるどの時点の日数かということは考慮されていない．そうした指標が意味を持つのは，会期中の1日の重要性が一定であるという線形の前提が成り立つ限りにおいてである．これに対して，この章においては生存分析の手法を導入することによって，ある事象の発生（法案の成立）が時間の経過にどのように依存するのかということを時間とその事象の発生確率に関する媒介変数の問題として検討していく．

具体的には，個々の内閣提出法案を分析単位として，法案の「立法時間」が終了する確率を法案が法律に転換するという意味における「立法危険率」として推定していく．この章においては，こうした法案としての存続期間に

関する生存分析の基本モデルを提起し，個々の法案の成否に対して法案審議の時間的推移自体がどのように作用するのかということを解明する．また，そうした基本モデルを比較の基礎として，第4章において導き出した「積極的議事運営権」の立法的作用に関する仮説を検証するとともに，与野党の議席割合や人間関係の制度化といった従来から着目されてきているマクロな政治情勢がミクロな法案審議にいかなる影響を及ぼしているのかということを検討していく．

2 立法時間の推計

　国会における法案としての存続期間を理解するには，会期という国会の制度による「打ち切り」の問題を考慮する必要がある．第4章において明らかにしたように，生存分析はある事象の継続期間とその状態の終了確率を同時に分析する統計的手法であり，「打ち切り」の問題に対処することを可能にするものである．治療効果の分析など，医学や生物学の分野において開発・応用が進んでいるため，通常，ある事象の発生までを「生存期間」とし，ある事象の発生確率をある事象が生じる「危険」に晒されているという意味において「危険率 (hazard rate)」と呼んでいる．以下においては，戦後の内閣提出法案に関して，それらが国会において法案である状態を終了し，法律となる確率を「立法危険率」とし，それを規定する外生的要因の効果について分析していくこととする．

　この章においては，自民党単独政権下の予算国会における内閣提出法案だけでなく，それに先立つ新憲法下の予算国会における法案も分析対象として含むこととし，具体的には，1949年の第5回国会から1993年の第126回国会までを範囲とする．[103] 予算国会の内閣提出法案を分析対象とする理由は，本書のこれまでの分析と同様であり，予算国会と非予算国会における会期日数の相違と本予算審議の有無を制御するためである．予算国会は概ね通常国会であるが，対象45予算国会には特別国会が8回含まれている．ただし，そうした総選挙後の特別国会が予算国会となった場合においても，通常国会程度の会期が設定されている．また分析範囲における予算国会のうち4回は予算審議後に解散されている．[104] また，自民党単独政権に先立つ時期も分析対象とするのは，後述するように，戦後からの長期的な人間関係の制度化といった従来

の国会研究において主張されてきたマクロな政治要因の法案審議に及ぼす作用を検証するためである．[105]

前章におけると同様，法案が国会において成立するまでに要する時間を「立法時間」と定義する．具体的には，法案が成立した場合には，会期初日から後議院本会議における可決日までの日数とし，不成立の場合には，法案としての存続期間が会期終了によって人為的に打ち切られたものとみなし，「立法時間」には会期日数をあてている．分析対象法案中，新規提出法案872本，継続法案117本が会期内に成立せず，集計的な意味において不成立率は新規提出法案に関して約15％となり，継続法案も含めると約17％となる．[106]

また，前章と同様，法案は国会に提出されるまで，法案が法律になるという「危険」に晒されることはなく，法案の国会への「入場」時点までを「提出時間」として，会期初日から法案が提出されるまでの日数をあてている．[107] こうした「立法時間」と「提出時間」の長期的な動向は前章において確認したとおりであり，例外的な年もあるが，自民党が一党優位であった1960～1980年代において，「立法時間」のメディアンは通常国会の法定会期である150日前後の水準において推移し，また「提出時間」メディアンも本予算の衆議院通過までに要する日数より若干早い日数において安定している．

生存分析には，ある事象の継続期間という情報のみに基づいて，そうした事象の終了する「危険率」がどのように時間の経過に依存しているのかということを把握しようとする手法がある．これは，例えば，患者の年齢のみを情報として，その患者が死亡の危険に瀕するという意味の「危険率」を推定する試みと同じであり，生存分析の第一歩として一般的なものである．

具体的には，そうした分析対象の時間依存に何ら媒介変数を設定しない手法を非媒介変数型（non-parametric）と呼ぶとすると，そうした非媒介変数型の生存分析は，ある事象の継続が何らかの時間区分において終了した個体数と，その事象の継続が当該時間区分において終了し得た個体数を求め，前者の後者に対する割合を計算する．ただし，そうした割合は計算の基礎となる時間区分の設定に敏感に反応するため，一般的には時間区分を極限まで小さくして，ある事象の継続する割合の積をとるカプラン・マイヤー（Kaplan-Meier）法による生存関数が推定される．[108]

図6－1は，「立法時間」の非媒介変数型生存分析に基づいて，法案として

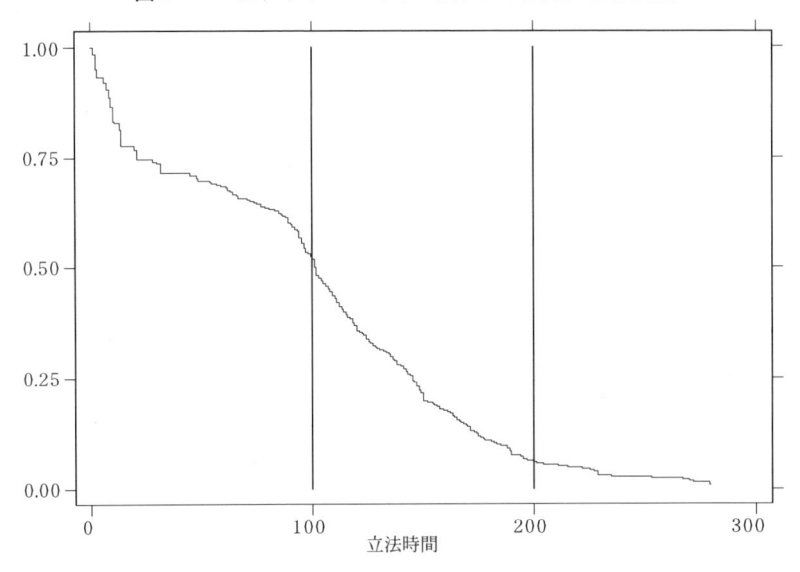

図6-1　カプラン・マイヤー法による法案の生存関数

の存続期間が時間の経過とどのような関係にあるのかということを確認している．具体的には，国会における法案の生存関数は時間の経過に応じて，まず急激に減少し，一旦その下降が緩やかとなる時期を経て，100日頃から再び減少の度合いを強めるようである．

　こうした生存関数の意味するところを理解するために，ある事象の存続確率百パーセントから始まり，時間の経過とともに一定の傾きで減少するような生存関数を考えてみよう．図6-1に即して言えば，それは1から0に時間の経過に応じて減少する直線として表される．その直線の勾配はいかなる時点においても等しく，時間の経過にかかわらず一定数の個体が状態の継続を終了することになる．そうした生存関数は，ある状態のまま存続している個体数に対する，その状態の終了する個体数の割合が徐々に増加することを意味している．したがって，そうした割合が時間の経過と独立に一定であるならば，ある状態のまま存続する個体数の減少に応じて，その状態の終了する個体数も減少し，時間依存のない生存関数は下降の度合いが徐々に緩やかとなる曲線になるはずである．つまり，図6-1のような生存関数が推定さ

れるということは,「立法時間」の終了が時間の経過とは比較的に独立である可能性を示唆しているが,同時に,そうした依存関係が安定したものでないことも明らかにしている.

ただし,こうした分析手法は,ある事象の存続期間の基本的な特徴を把握するうえで有効であるが,異なる会期の国会が分析範囲に含まれているにもかかわらず,そうした外生的な要因が存続期間に及ぼしているであろう影響を考慮することができない.これに対して,分析対象である事象の時間依存に何らかの媒介変数を設定する生存分析も広く活用されており,以下においては,そうした媒介変数として一般的に用いられている指数分布とワイバル分布の2つのモデルを検討することによって,「立法時間」の時間依存がどのように捉えられ得るのかということを概観したうえで,「立法時間」が会期を通じて均一な意味を持つという仮定の妥当性を検証していくこととする.

ある法案が t 時点において法案であることを終了するという意味において,その法案が成立する「立法危険率」を $h(t)$ と表すと,それを対数化したものは,指数モデル,ワイバル・モデルの各々において,

指数モデル $\qquad \log h(t) = \mu + \beta x$

ワイバル・モデル $\quad \log h(t) = \mu + \alpha \log t + \beta x$

として表現される[109].こうした指数,ワイバルの両モデルの関係を立法過程に投影すると,例えば,国会会期初めの1日も会期末の1日も立法的な重要性が等しいとする仮定は,国会会期中における「立法時間」の経過の如何にかかわらず,立法過程に一定の影響しか及ぼさないとする指数モデルと捉えることができる.一方,会期末に向けて時間が経過するにつれて,「立法時間」1単位の意味が重く,あるいは軽くなるとする仮定は,「立法危険率」が時間の経過とともに増加ないしは減少するというワイバル・モデルの想定として理解することができる.

したがって,「立法時間」の均一性は危険率の時間依存を示す係数 α をゼロとする指数モデルの仮定であり,その仮定が妥当するか否かはいずれのモデルが実際の法案審議に合致するのかという統計的検定によって判断することができる.また上記の式からも明らかなように,法案の成立という意味における「立法危険率」に外生的な要因が及ぼす影響は,法案各々に共通する基礎的危険率(つまり,すべての x がゼロである危険率)に外生変数 x が作用

する相対的な影響として把握される．したがって，それらの影響は外生変数 x の係数 β から評価することができる．

　以下，「立法時間」を規定していると考えられる外生的要因を検討していくこととしよう．まず，法案審議におけるセレクション・バイアスの分析と同様，「会期」を各予算国会の会期日数として，国会ごとの時間的枠組みにおける相違を制御するものとして変数化する．ただし，会期の相違とは，総選挙後の特別国会が予算国会となる場合や時々の政治情勢から国会が延長されたり，解散されることによって生じるものである．

　したがって，こうした会期日数は「立法時間」の時間変量的（time-varying）な外生変数とする必要がある．つまり，会期延長のあった国会において，ある法案が当初会期を越えて存続することもあり，その場合，法案個々の観点からすると，当初会期中と延長後の「会期」は異なるものとなる．生存分析においては，ある状態の継続する期間において変化する外生的要因を時間変量的外生変数とし，存続期間を通じて一定である時間不変的（time-constant）変数とは区別している．

　具体的には，「会期」は，当初会期内に「立法時間」が終了した（つまり，法案が成立した）場合，その法案に関して当初会期日数をあてる．また「立法時間」が当初会期を越えた（つまり，当初会期内には成立しなかった）場合，その「立法時間」は当初会期末に「打ち切られた」ことになる．言いかえれば，その「立法時間」の終了は当初会期日数が一定である間には観察されなかったものとして処理される．さらに，延長後の会期において法案として存続する期間は別個の「立法時間」として考慮されることになり，この場合に「会期」は延長会期日数を加えた新たな数値をとる．

　こうした当初会期内に成立しなかった法案の第二の「立法時間」については，当初会期中には成立する「危険」に晒されていたわけではなく（その期間には第一の「立法時間」があるのだから），当初会期後に初めて成立する「危険」に晒されるようになったものとして捉える必要があり，第二の「立法時間」については「提出時間」を当初会期日数として変数化する．このような「立法時間」の「複製」は，会期が延長されるたびに，その時点において成立していない法案に関して繰り返される必要がある(110)．

　表6－1は，こうした「立法時間」と時間変量的な「会期」の関係を例示

表6-1 会期延長による立法時間と提出時間

法案	会期日数	提出時間	立法時間	成立
A_1	150	30	100	1
B_1	150	50	150	0
B_2	180	150	160	1
C_1	150	50	150	0
C_2	180	150	180	0
C_3	190	180	185	1
D_1	150	100	150	0
D_2	180	150	180	0
D_3	190	180	190	0

注：当初会期を150日とし，1回目に30日，2回目に10日の会期延長があると想定している．

している．具体的には，当初会期を150日として，1回目に30日の延長，2回目に10日の延長があるという設定において，仮想的な4法案について，「立法時間」，「提出時間」，「会期」各々の日数を列挙し，その「立法時間」が終了するか「打ち切り」となるかを終了の場合に1となるダミー変数によって示している．まず法案Aは当初会期内の100日目に成立するケースであり，「立法時間」の「複製」はない．これに対して，法案Bは当初会期を越えて1回目の延長後の160日目に成立するケースであり，当初会期中に「立法時間」が打ち切られ（成立＝0），延長後の会期において当初会期日数を「提出時間」とする第二の「立法時間」が「複製」されている．また法案Cは2回目の延長後における185日目に成立するが，法案Dは2回目の延長後も成立しない場合を各々示している．

また，セレクション・バイアスの分析と同様，総選挙後に召集された特別国会が予算国会となっている特殊な事情を制御するために，予算国会が特別国会である場合を1，その他の場合を0とするダミー変数「特別国会」を「立法時間」の説明変数に加えておく．さらに，第2章においても検討したように，戦後日本における与野党の国会運営に関してはモチヅキとクラウスに代表されるような2つの捉え方がある．(111) 両者は日米安保条約改定をめぐる議会政治の混乱を経て，政党間の相互作用が制度化され，国会運営において与野党が協調関係を築いたと主張している．ただし，クラウスが1970年代の伯仲国会の出現を強調する一方，モチヅキは与野党協調を国会において人間関係

が徐々に制度化した結果と考える．こうした政治的要因が「立法時間」に及ぼす影響を検討するために，本書のこれまでの分析と同様に，「与党議席」を各予算国会の衆議院における与党の議席割合百分率とする．また1945年8月15日から各国会初日までの日数を対数化したものを「社会化」として，モチヅキ流の人間関係の長期的な制度化を反映する指標とする．

こうした国会単位のマクロ要因とともに，法案の運命をより直接的に規定していると考えられるのが法案個々のレベルにおける議事運営である．第4章において理論化したように，時間的制約の下で効率的な法案審議を実現するためには，法案個々の議事運営における優先度を判断していく必要がある．コックスとマッカビンズによる議事運営モデルを議院内閣制に応用すれば，与党によって議事運営権が掌握されている場合，法案の議事序列は法案の成立に要する時間と法案の成立確率に依存するという仮説が導き出されている．

生存分析においては，ある事象が発生するか否かとそれが発生するまでにどれくらい時間がかかるのかということは同時に処理され，ある事象の発生確率はその発生までの時間が延びるほどに低くなるという関係にある．コックスらの議事運営モデルは法案の審議時間とその成立確率を独立の要因としているが，本書では生存分析を応用することによって，法案の議事序列と成立ないしは会期末の「打ち切り」までに要する時間の関係（＝議事序列と法案である状態の終了する「危険率」の関係）に集約されるものとして分析していく．また，第3章において明らかにしたように，国会における立法は委員会審議を経由することが一般的であり，法案の議事序列としては委員会付託法案中の法案提出順序に着目し，与党による議事運営権のあり方と法案個々が法案として存続する「立法時間」（＝法案から法律に状態移行するという意味における「立法危険率」）の関係として検証していくこととする．

具体的には，内閣提出法案各々について，その法案が付託された衆議院委員会の付託法案における法案提出日順位を「法案序列」と定義する．この「法案序列」は，最も順位の高い法案において0となり，法案提出日の委員会別付託法案中順位が下がるに応じて，-1，-2，-3と減少する変数として操作化され，「法案序列」の数値が大きいほど，法案の議事運営における優先度は高いものとなる．コックスらの議事運営方程式に示されるように，「法案

序列」1単位の増加は法案が成立に要する時間としての「立法時間」とマイナスの関係があり，同時に，法案の成立確率としての「立法危険率」とプラスの関係にあることが期待される．

ただし，こうした「法案序列」は委員会ごとの付託法案数によって異なる意味を持つかも知れない．したがって，「付託法案」を各法案が付託された衆議院委員会の付託法案総数と定義し，政策分野ごとの立法的な需要の相違を制御する変数としておく．また会期中に成立せず，後会に継続して審議される法案に関しては，法案の議事運営における優先度を一義的に変数化することは難しい．したがって，以下の分析においては，対象とする内閣提出法案を新規提出のものに限定し，継続法案を含めた分析については章末の補足推計にまとめて報告し，いかなる相違が推定結果に生じるのかについて別途検討しておく．

表6－2は媒介変数型の2モデルによる「立法時間」の推定結果をまとめており，「立法時間」に対する各外生変数の係数と標準誤差に加えて，「立法時間」の時間依存を規定するα，また推定モデルの対数尤度を併せて報告している[116]．まず会期を通じて立法における時間の重要性が均一であるという仮定の妥当性は単純にαから判断することができる．すなわち，立法時間の均

表6－2　立法時間の媒介変数型推計

外生変数	指数モデル		ワイパル・モデル	
	係数	標準誤差	係数	標準誤差
会期	−0.001	0.001	0.005	0.000
特別国会	0.226	0.041	0.074	0.012
与党議席	0.000	0.003	−0.002	0.001
社会化	0.387	0.026	0.062	0.008
法案序列	−0.013	0.002	−0.013	0.001
付託法案	−0.006	0.002	−0.007	0.000
定数	1.058	0.331	3.713	0.094
σ	1.000	−	0.283	0.005
α	0.000	−	2.537	0.068
対数尤度	−2440.202		−1550.021	
χ^2検定	336.780		1217.560	

注：分析対象法案5,639中，872法案が会期内に成立していない．「会期」の時間変量的変数化によって延べ法案数は8,408となる．「提出時間」を生存期間が観察可能となるまでに要する日数とする．χ^2検定は外生変数を含まないモデルとの尤度比検定である（自由度6）．

図6-2 立法危険率の時間依存

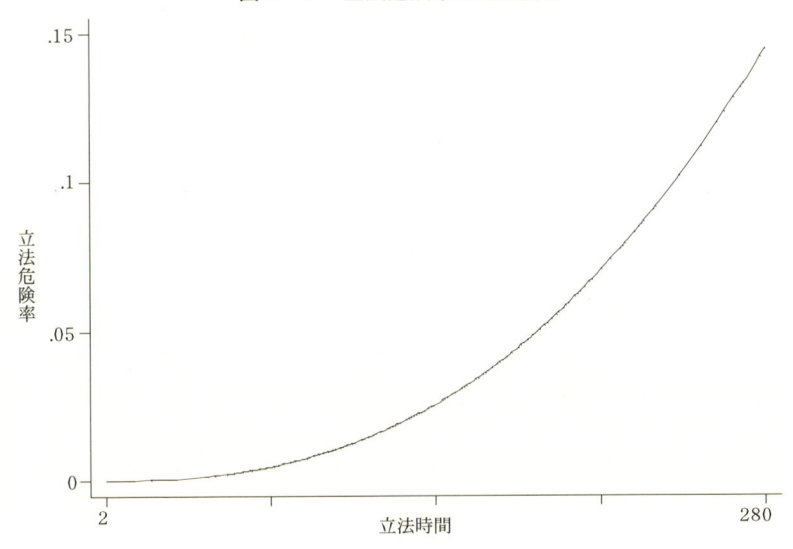

(立法危険率 vs 立法時間、2から280までの範囲で指数関数的に増加するグラフ)

一性を想定する指数モデルと比較して，ワイバル・モデルにおいて $\alpha = 2.537$ であり，指数モデルが前提とする $\alpha = 0$ とは大きく乖離することがわかる．また両モデルの対数尤度の相違からもワイバル・モデルのほうが指数モデルより優れていることは歴然としている．したがって，こうした推定結果によれば，$\alpha = 0$ の仮定，すなわち会期を通じて立法時間の意味が均一であるという仮定は棄却されねばならないことになる．またワイバル・モデルによる推定結果は，図6-2に示されるように，法案が成立するという意味における「立法危険率」が「立法時間」の経過とともに増加し，その増加率が徐々に大きくなることを意味している．[117]

2つの推定結果の相違は国会を単位とするマクロ外生変数の係数にも顕著である．すなわち，「与党議席」の係数は指数モデルにおいては統計的に有意でないが，ワイバル・モデルにおいては統計的に有意なマイナスの係数となっている．また「会期」も指数モデルにおいては統計的な有意性は高くなく，係数の符号もマイナスであるが，ワイバル・モデルにおいては統計的に有意なプラスの係数が推定されている．「特別国会」や「社会化」については係数の符号こそ同じであるが，その大きさは実質的に異なるものである．

表6-3はワイブル・モデルの推定結果に基づいて,「立法時間」の係数から「立法危険率」の係数を求めている．また「危険率」の係数を指数化したものが「危険比率」(hazard ratio) と呼ばれ,その「危険比率」から1を引いたものは外生変数1単位の増加によって個体間に共通な「基礎的危険率」が増減する割合を意味するものである．例えば,ワイブル・モデルの「立法時間」に関する「法案序列」の係数は−0.013である．これを $\sigma = 0.283$ で割り,正負の符号を入れかえると,「立法危険率」の係数0.045が得られる．さらに,その「立法危険率」係数を指数化すると「危険比率」1.046を得ることができる．具体的には,ある委員会の付託法案のなかで法案提出順位が1つ上がることによって,法案が成立するという意味における「立法危険率」はおよそ4.6％増加することになる．

またワイブル・モデルにおける「付託法案」の「立法時間」係数は−0.007であり,「法案序列」と同様の計算から,「立法危険率」の係数は0.024となり,それは「危険比率」1.024に相当する．このことは付託法案数の多い委員会に対応する政策分野ほど,「立法危険率」としての法案個々の成立確率が高くなることを意味している．こうした連続的な数値をとる外生変数に対して,1か0のダミー変数の場合,「危険比率」は2集団間の「基礎的危険率」の比率を意味することになる．例えば,ワイブル・モデルにおける「特別国会」の「立法時間」係数は0.074である．表6-3にも示すように,「特別国会」の「立

表6-3 ワイブル・モデルによる立法危険率推計

外生変数	危険率係数	危険比率
法案序列	0.045	1.046
付託法案	0.024	1.024
特別国会	−0.261	0.770
会期	−0.019	0.981
社会化	−0.220	0.803
与党議席	0.009	1.009
定数	−13.134	−

注：表6-2におけるワイブル・モデルに基づいて,「立法危険率」の係数 β は「立法時間」の係数 β^* から,

$$\beta = \frac{-\beta^*}{\sigma}$$

として求められる．「危険比率」は危険率係数を指数化したものである．

法危険率」係数は−0.261であり，それを指数化した0.770が「危険比率」となる．したがって，総選挙後の特別国会において本予算が審議される場合，そうした国会における法案個々の成立確率は通常国会における法案の約77％となる．

この他，ワイバル・モデルによれば，国会のマクロな特性に関しては，「会期」と「社会化」が「立法時間」とプラスの関係にあり（表6−2），このことはそれらが「立法危険率」に関してマイナスに作用する外生的要因であることを意味している（表6−3）．すなわち，表6−3の「危険比率」から明らかなように，国会の会期が1日長くなるほど「立法危険率」はおよそ2％減少することになる．また「社会化」の「立法時間」係数は統計的に有意なプラスであり（表6−2），戦後の早い時期に立法的な生産性が急速に悪化し，以後比較的安定していることを示唆している．こうした推定結果はモチヅキ流の人間関係の制度化によって，国会運営が「粘着的」になるという主張を確認するものと言えるかも知れない．

一方，「与党議席」も「立法時間」に関して統計的に有意な変数であり，「社会化」とは独立に法案個々の成立確率に影響を及ぼしていることがわかる．「与党議席」の「立法時間」に関する係数はマイナスであり（表6−2），その「危険比率」からは衆議院における与党の議席割合1％の増加によって「立法危険率」が約1％増加することがわかる（表6−3）．つまり，こうした推定結果は，国会において与野党が伯仲することによって，ミクロなレベルにおける法案の成立確率は低くなることを示唆している．[119]

これらの媒介変数型の推定結果は，「立法危険率」が国会における時間の経過とともに増加するという想定を支持するものである．しかし，そうした時間依存の媒介変数設定における恣意性を払拭することはできず，また危険率と時間の関係が単調なものでない場合，適切な媒介変数を選択することも難しい．こうした問題を回避する手段として一般的に利用されているのがコックスによる比例危険モデルの部分尤度推定である（Cox, 1972）．コックス・モデルは個体間における危険率の比率が時間に依存しないという「比例危険」の仮定を活用し，個体間に共通な危険率の時間依存部分を相殺し，危険率と時間に特定の媒介変数を設定することなく，外生変数の効果を推定することを可能にする．[120] 表6−4はコックス・モデルによる「立法危険率」の推定結

表6-4 コックス・モデルによる立法危険率推計

外生変数	危険率係数	標準誤差	危険比率
法案序列	0.047	0.003	1.048
付託法案	0.026	0.002	1.026
特別国会	−0.622	0.051	0.537
会期	−0.040	0.001	0.961
社会化	−0.082	0.028	0.922
与党議席	0.012	0.003	1.012
対数尤度		−35219.065	
χ^2検定		1621.770	

注:分析対象法案5,639中,872法案が会期内に成立していない.「会期」の時間変量的変数化によって延べ法案数は8,408となる.「提出時間」を生存期間が観察可能となるまでに要する日数とする.同値はエフロン法によって処理している. χ^2検定は外生変数を含まないモデルとの尤度比検定である(自由度6).

果をまとめており,ワイバル・モデルによる「立法危険率」との比較から,国会単位のマクロな要因に関しては係数の大きさにおいて相違が生じるものの,少なくとも係数の正負について両者は一致することがわかる.したがって,ワイバル・モデルにおけるような媒介変数の設定も係数の正負を変えるほどに恣意的なものではない.つまり,「立法危険率」は少なくとも国会における時間の経過と独立に一定ではなく,むしろ時間の経過に応じて増加するという依存関係にあり,「立法時間」の均一性が妥当な想定ではないという結論は分析手法に依存するものではないと言える.

まとめ:会期という制度的な時間制約のある国会において,「立法時間」の均一性を想定することは妥当ではない.具体的には,立法過程における時間の重要性は時間の経過とともに大きくなり,例えば,会期末に近い時期における1日の「重み」は会期の早い時期における1日のそれよりも大きい.またコックスらの議事運営モデルから推測されるように,国会における議事運営上の優先度が高い内閣提出法案ほど,立法に要する時間は短縮され,法案が法律となる「危険」に晒される度合いという意味において法案個々の成立確率は高くなる.さらに,こうしたミクロなレベルにおける立法の生産性もマクロな政治要因に規定されているようである.具体的には,モチヅキが長期的な人間関係の制度化によって与野党協調が進展してきたと主張するよう

に，法案個々の成立確率は戦後の早い時期と比較すると低い水準において安定するようになってきている．また国会における与野党の勢力伯仲もミクロな立法的な効率性を低めるように作用している．

3 立法時間の均一性

　第3章において明らかにしたように，国会の制度的特徴の1つは会期を比較的に短く限定することにある．国会が開会されているのは年間200日程度であり，国会会期中の日数も年度ごとの本予算を審議する通常国会といくつかの臨時国会に分割されており，さらに国会の慣例や規則によって実質的な稼働日数は一層限られたものとなっている．また会期内に成立しなかった法案は後会に継続しないという「会期不継続の原則」があり，国会における立法過程の時間的制約をさらに厳しくしている．従来の研究では，これらの制度的な時間制約は主として野党に影響力を行使させるように機能するものとして理解されてきた．つまり，立法過程における時間を制限する国会の制度は，審議の引き延ばしや妨害を通じて野党が法案の生殺与奪を左右し，また政策的譲歩を勝ち取ることを可能にするものとみなされている．

　こうした従来の研究に対して，本書は国会を与党に影響力を行使させる議会制度として捉え直すことを目指している．とくに，本章では立法過程における時間的次元を把握したうえで，国会の多数を占める与党にとって好ましい法案の成立を推進するという意味において，「積極的議事運営権」の立法的帰結に関して計量的な分析を進めてきた．具体的には，新憲法下における内閣提出法案を対象とし，まず国会の会期を通じて「立法時間」が均一な意味をもつという仮定の妥当性を検証してきた．

　生存分析においては，ある事象の継続期間が終了する確率をそうした状態変化の「危険」に晒されている度合いという意味において「危険率」と呼ぶ．本書では法案が法案である状態を終了し，法律となるという意味において，法案の危険率を「立法危険率」と呼び，それが「立法時間」の経過といかなる関係にあるのかということを危険率と時間の間に設定する媒介変数の問題として検証してきた．具体的には，ある事象の危険率が時間に対して一定で

あるとする指数モデルと，危険率が時間とともに増加ないし減少すると想定するワイバル・モデルを検討してきた．

新憲法下の予算国会における内閣提出法案を対象とした分析からは，「立法時間」が国会において法案である状態を終了させる確率である「立法危険率」に及ぼす影響は会期を通じて均一ではなく，むしろワイバル・モデルが想定するように，「立法危険率」は時間の経過に応じて増加することが明らかとなっている．ただし，危険率と時間の間に媒介変数を設定する推定モデルにおいては，そうした媒介変数を選択する際の恣意性が常に問題となる．しかし，媒介変数の設定を回避するコックス・モデルによる分析からも，ワイバル・モデルによるものと大差のない推定結果を得ている．したがって，ワイバル・モデルの想定は立法過程における時間的次元を把握するうえで概ね妥当であり，「立法危険率」が法案審議における時間の経過に応じて増加するという結論は分析手法に依存するものではない．

こうした結論は直感的にも妥当するであろう．すなわち，会期という制度的制約によって，立法における「1日」は時間の経過とともに重みを増し，会期末における時間の管理がミクロなレベルにおける立法的成果を左右することになる．つまり，会期という時間的制約の下で，首相の所信表明や予算審議といった日程を組み，また会期中における連休や会期後の首相のサミット参加といった日程上の制約を考慮しつつ，法案個々が国会における審査や採決などの立法手続きというハードルを乗り越えていくように議事日程を管理していく必要があり，会期末に近づくにつれて時間の「重み」が増していくことは想像に難くない．従来のような審議時間の単純な集計は，立法過程における観察事象の「打ち切り」という問題を考慮しないだけでなく，会期中のどの時点における法案審議かということも無視しており，そうした指標に基づく立法事例の重要性や論争性という議論も根拠を失わざるを得ない．

「立法時間」を規定すると考えられる外生的要因に関しては，まず法案に付与された議事日程上の優先度が高いほど，その法案が国会を通過するに要する時間は短縮されることが明らかとなっている．これはコックスらの議事運営方程式に対して経験的な根拠を提供する推定結果である．また従来の研究において強調されてきたようなマクロな政治要因に関しては，「立法時間」に関する推定結果は戦後初期の変動期を経て法案審議に要する時間が長期化す

る一方,与野党の勢力伯仲によって,法案成立により時間を要するという意味において,法案個々の成立確率が低くなるという関係にあることも明らかになった.

こうした立法過程の生存分析は,従来のマクロな政治的環境の作用として協調的な国会運営が発達してきたという見解の妥当性をミクロな個々の法案レベルにおいて検証するとともに,国会において多数を占める与党が自己の立法能力に時間的制限を課すような議会制度を選択・維持する理由がミクロな議事運営権にあることを示唆している.すなわち,国会においては多数主義的な議事運営が議会制度上保証されており,結果として野党は議事の引き延ばし戦略をとらざるを得ないのである.第1章において将棋に喩えたように,議会制度による均衡状態として,立法過程の大部分は「見える形」において論争的ではないものとなっているが,それは法案を作成する行政省庁が与党の政策的な選好を事前に配慮しているからである[123].

ただし,与野党に対立の残る法案が提出される場合もあり,野党は法案審議の引き延ばしを図ろうとするが,与党には強硬路線をとって法案を可決することが制度的に保証されている.また与党は強硬路線によって被るであろう立法的・非立法的コストを勘案し,野党に譲歩することもあり得る.こうした立法過程の制度化は,一方において国会の空転といった事態を回避するような与野党の協調関係を顕在的な政治行動として帰結させ,他方においては法案の成否をひとえに議事運営の問題に帰着させることによって,「議事連合」としての与党は立法的な政策目標を追求してきたのではないか[124].

こうした議会制度観の妥当性を検証していくために,章を改め,「積極的議事運営権」を与党が掌握できるか否かが立法的な効率性にいかなる影響を及ぼすのかということに分析の焦点を移すとともに,マクロな政治的要因と議事運営権の相互作用を分析し,ミクロなレベルの立法動向を時系列的に把握していく.また国会の制度変更が立法的な効率性に及ぼす影響を検証し,国会における議事運営権の制度化に多数主義的な解釈を提起していくこととする.

補足推計

　本章における分析は，1949年の第5回国会から1993年の第126回国会までの予算国会に新規に提出された内閣提出法案を分析対象としている．そうした対象法案の限定は，会期中に成立せず，後会において継続して審議される法案について，それらの議事運営における優先度を新規提出法案と比較可能な形において一義的に変数化することが難しいからである．この補足推計においては，新規提出法案に限って得られた推定結果と継続法案を含めた推定結果を比較することによって，本論における知見がどの程度分析対象法案の限定に依存するものであるのかということを確認しておきたい．

　継続法案に関する「法案序列」としては，一方の極端な想定において，継続法案は国会会期初日から国会に法案として存在しているのであり，それらの法案の議事運営における優先度は最も高いものであると考えることができる．もう一方の極端な想定としては，継続法案の議事優先度を委員会別付託法案中最も低いものと考えることもできよう．表6-5は，コックス・モデルに関して，本論と同様のモデルを用いて，継続法案も含めた「立法危険率」に関する推定結果をまとめている．すなわち，モデル1は継続法案の「法案序列」を最も高い0とし，モデル2においては委員会別付託法案中の最下位

表6-5　コックス・モデルによる立法危険率推計（継続法案を含む）

外生変数	モデル1		モデル2	
	係数	標準誤差	係数	標準誤差
法案序列	0.025	0.002	0.049	0.003
付託法案	0.013	0.001	0.025	0.001
特別国会	−0.044	0.042	−0.052	0.042
会期	−0.008	0.001	−0.011	0.001
社会化	−0.324	0.026	−0.312	0.026
与党議席	0.005	0.003	0.008	0.003
対数尤度	−36585.003		−36443.935	
χ^2検定	519.420		801.560	

注：分析対象法案5,700中，830法案が成立していない．「会期」の時間変量的変数化によって延べ法案数は8,723となる．「提出時間」を生存期間が観察可能となるまでに要する日数とする．同値はエフロン法によって処理している．χ^2検定は外生変数を含まないモデルとの尤度比検定である（自由度6）．モデル1において継続法案の「法案序列」を最も順位の高い0とし，モデル2において継続法案の「法案序列」を委員会別付託法案中最も低い順位とする．

の数値をあてている．

　表6-4の新規提出法案を対象とするコックス・モデルと比較すると，継続法案を含めることによる変化として確認されるのは，まず「立法危険率」に対する「特別国会」の効果が統計的に有意なものでなくなるということである．また継続法案の「法案序列」を最も高いものと想定するモデル1においては，「与党議席」の「立法危険率」に及ぼす作用の統計的有意性は低くなり，「法案序列」や「付託法案」の効果も半減している．これに対して，いずれのモデルにおいても「社会化」の「立法危険率」に対する効果は大きくなっており，継続法案を含むことによって，国会において法案個々の成立に要する時間を長引かせる時系列的な作用がより強くなることを示している．

　ただし，いずれの外生変数の係数についても，その符号は新規提出法案に限った場合と異なるものではない．したがって，こうした推定結果からは，本論における議論が継続法案を含むか否かという分析対象法案の範囲に大きく依存するものではないということが確認される．

第7章　議事運営と立法的効率

　ここまで国会を与党に影響力を行使させる議会制度と捉え直し，法案個々における議事運営のあり方と議会制度の多数主義的な解釈が整合的であるのか否かを計量的に把握することを試みてきた．本章では，第4章において導き出した「積極的議事運営権」と立法的な効率性に関する仮説を検証していくこととする．

　第一に，国会の委員会中心主義を前提とすれば，実質的な法案審議は国会の委員会において行われ，そうした委員会における議事運営権が与党によってどのように掌握されているのかということは法案審議に及ぼす影響も大きいと考えられる．具体的には，内閣提出法案が付託される委員会の委員長ポストを与党が掌握しているのか否かに着目し，委員長が野党議員である場合，委員会における議事運営が与党の意向に従うとは限らないと想定する．

　第二に，前章においてマクロな政治要因にもミクロな法案個々のレベルにおける立法的作用のあることが明らかとなったが，本章においては，マクロな政治要因から与党の政権基盤の安定性を操作化し，それによって国会全体における議事運営権の立法的作用が時系列的にどのように変化してきたのかということを跡づけていく．

　第三に，こうした国会の制度における多数主義的構造は国会内の立法活動にとどまらず，そうした立法の手続きに関する制度選択や議会と行政機関の関係にも波及していることが予想される．本章では，そのような国会における多数主義の派生的構造化を検証する試みとして，まず議事運営の準拠法規である国会法の変遷が与党にとって有利な議事運営を可能にするものであっ

たのかということを検討していく．とくに1958年の国会法改正は，戦後の国会における立法過程を制度化するという意味において重要であるだけでなく，会期延長に制限を課すものであるから，そうした制度改正を分析することは，多数決による議会の制度的権限を制限するような制度や規則の選択という意味において，議会制度に関する合理的選択論の中心的課題に合致するものである[125]．したがって，本章における分析は日本の国会における議事運営権の立法的作用とその制度化を解明するとともに，立法手続きの比較制度論としても貢献することが期待される．

1 委員会における議事運営権

第4章において明らかにしたように，コックスとマッカビンズの議事運営モデルから，法案の議事序列とその成立確率の関係は議事運営権の掌握されている程度に依存するという仮説が導き出された．この節においては，まず国会の委員会における議事運営権に着目し，内閣提出法案が付託される委員会の委員長が与党議員であるか否かがミクロなレベルにおける立法的な効率性にいかなる作用を及ぼすのかを検証していく．

具体的には，衆参両院において内閣提出法案が付託される委員会の委員長が野党議員であるということを示すダミー変数「野党委員長」を推計に加えることによって，与党が委員会における議事運営権を掌握できないことの「立法危険率」に及ぼす影響を検証していく[126]．「法案序列」と「野党委員長」の積変数「法案序列＊野党委員長」は，与党が委員会において議事運営権を掌握できない場合，法案の議事序列による立法的作用にいかなる変化が生じるのかを解明する変数である．前章において明らかにしたように，「法案序列」が「立法危険率」にプラスの作用がある（つまり，「立法時間」にマイナスの作用がある）ことを前提とすれば，野党委員長の委員会に付託された法案に関して「法案序列」の作用が弱められるためには，「法案序列＊野党委員長」の係数は「立法危険率」に対して統計的に有意なマイナス（つまり，「立法時間」に対してプラス）であることが期待される．この推定結果は，議事運営権の掌握される程度が弱まると，法案の議事序列が法案審議に要する時間と成立確率のみには依存しなくなることを意味し，議事の序列化において法案の政策的効用が相対的に重要性を増すと予測するコックスらの議事運営

モデルによる議事運営権と立法的な効率性に関する仮説を支持することになる．

表7-1は「野党委員長」と「法案序列＊野党委員長」を加えたコックス・モデルによる推定結果を報告している[127]．まず確認されることは，これらの変数を加えても，前章において検討されている外生変数の「立法危険率」に対する作用には大きな相違はみられないということである．

また「立法危険率」に関する「野党委員長」の係数自体は統計的に有意なものではないが，その「法案序列」との積変数である「法案序列＊野党委員長」の「立法危険率」係数は統計的に有意なマイナスであり，このことは「危険比率」が1を下回ることを意味している．具体的には，少なくとも衆参のいずれかの議院の委員会において委員長が与党議員である委員会に法案が付託される場合，付託委員会別の法案提出日順位が1つ繰り上がることによって，表7-1の「法案序列」に関する「危険比率」に示されるように，「立法危険率」としての法案個々の成立確率は約5.5％増加することになる．

これに対して，衆参両院において野党委員長である委員会に法案が付託される場合，法案提出日順位の効果は1.6％ほど引き下げられ，法案個々の成立確率を約3.9％増加させるものとなる[128]．したがって，こうした推定結果は，委

表7-1　立法危険率と野党委員長

外生変数	危険率係数	標準誤差	危険比率
法案序列	0.054	0.003	1.055
付託法案	0.026	0.002	1.027
特別国会	−0.602	0.052	0.548
会期	−0.040	0.001	0.961
社会化	−0.067	0.028	0.935
与党議席	0.015	0.003	1.015
野党委員長	0.027	0.039	1.027
法案序列＊野党委員長	−0.016	0.004	0.984
対数尤度		−35199.985	
χ^2検定		1659.930	

注：分析対象法案5,639中，872法案が会期内に成立していない．「会期」の時間変量的変数化によって延べ法案数が8,408となる．「提出時間」を生存期間が観察可能となるまでに要する日数とする．コックス・モデルによる部分尤度推定であり，同値はエフロン法によって処理している．χ^2検定は外生変数を含まないモデルとの尤度比検定である（自由度8）．

員長ポストを与党議員によって占めることができず，与党が委員会における議事運営権を掌握できない場合，法案の議事序列と成立確率の関係が相対的に緩やかなものとなることを意味しており，第4章において導き出した「積極的議事運営権」のあり方と立法的な効率性に関する仮説を支持するものである．

まとめ：法案審議の実質的な大部分を占める国会の委員会において与党が議事運営権を掌握する場合，与党は国会における内閣提出法案の迅速な処理を可能にする．国会における委員長ポストを与党が占める場合に立法的な効率性が高められるという分析結果は，第3章においても触れたように，「逆転委員会」といった事例において逸話的にしか把握されてこなかった委員会における議事運営権の重要性を体系的に実証するものである．

2　政権基盤の脆弱性と議事運営権

マクロな政治要因が立法的生産性に及ぼす影響については，第2章において検討したように，与野党の議席割合であれ，人間関係の制度化であれ，集計的なレベルにおける立法動向を説明するものではなかった．これに対して，第6章では，それらの国会運営に関する2つの見解をミクロなレベルにおける立法的な効率性という意味において検証し，まず立法的生産性が戦後の早い時期に急速に悪化し，以後比較的安定するようになり，モチヅキ流の国会における立法過程の「粘着化」を確認している．また与野党が勢力的に伯仲することによって，「立法危険率」という意味における法案個々の成立確率は相対的に低くなるという分析結果も得ている．

本節においては，与野党の党勢の変化を示すものとして異なる指標化を検討し，政権与党の議会基盤が不安定になることによって，与党の議事運営のあり方にいかなる影響を及ぼすのかということを検証するとともに，ミクロなレベルにおける立法的な効率性を時系列的に跡づけていくこととする．

具体的には，これまで与野党の党勢を指標化するものとして，衆議院における与党の議席割合を「与党議席」と定義してきた．ただし，そうした連続的な指標は必ずしも与党の議会基盤における質的な相違を反映するものでは

ないかも知れない．言いかえれば，政権基盤の脆弱性は議席割合のような連続的な指標ではなく，与党が国会運営における安定的な多数を維持しているか否かということや与党内部における対立や紛争の有無に依存している可能性もある．したがって，この節においては，そうした政権基盤の質的な相違を把握する試みとして，まず戦後日本における政党政治の展開を概観し，「立法危険率」の外生的要因として政権基盤の脆弱性を操作化しておきたい．

(1) 政権基盤の脆弱性

新憲法下初の総選挙は1947年に実施され，社会党が衆議院における466議席中144を獲得して第一党となり，民主党，国民共同党の3党が連立し，片山哲社会党首班内閣が誕生している[129]．しかし，社会党による炭鉱国家管理などの社会主義的政策には政権内部からの反発も強く，結果的には，社会党は政権内の右派に譲歩したものの，それが社会党左派による反乱の引き金となり，片山内閣は総辞職する．

この連立を継承し，民主党の芦田均が1948年3月に首相となる．ただし，参議院において野党である自由党の吉田茂が首相に指名されたように，芦田内閣も脆弱なものであることが運命づけられていた．そして，復興金融公庫融資にまつわる昭和電工事件から，政官界に逮捕者を出すに至り，芦田内閣も10月には総辞職せざるを得なくなった．

このように左派・中道連立政権は短命に終わり，小会派を合流させて民主自由党（民自党）を率いるようになっていた吉田茂が政権に復帰する．当初，民自党は衆議院において151議席を占めるだけの少数与党であったが，12月に召集された通常国会を解散し，総選挙を実施した結果，269議席を擁する初の単独多数政権となった[130]．こうした吉田政権下の数年間において，政党の離合集散が進み，最終的には，1955年の保守合同によって，自民党政権が誕生する．

第2章においても検討したカルダーの研究によれば，こうした吉田自由党政権下の1949〜1954年は第一の「危機」の時期となる（Calder, 1988, 74頁）．カルダーは保守政権が安定期においては官僚機構に経済運営を任せ，その帰結として，経済成長が社会的安定を揺るがすようになるが，保守政権は経済成長によってもたらされた公共資源を再分配することによって，そうした「危

機」に対処したとしている（71-72頁）．

　吉田内閣はドッジ・ラインと呼ばれる緊縮財政を強行して，経済の立て直しを図る一方，1950年に勃発した朝鮮戦争に際して，自衛隊の前身である警察予備隊を設立し，翌1951年にはサンフランシスコ平和条約，日米安全保障条約を締結していく．GHQを後ろ盾にして，吉田は政治的指導力を発揮していくが，公職追放を解除された鳩山一郎らが政界に復帰するにつれて党内に亀裂が生じ，自由党は衰退の一途を辿っていく．

　1952年10月の総選挙においては，吉田と鳩山の派閥対立が表面化し，自由党は衆議院の過半数を制したものの，242議席を占めるにとどまっている．翌1953年の特別国会において，吉田が予算委員会における野党議員の質問中に「バカヤロー」とつぶやいたことを契機として，野党の提出した内閣不信任案が与党内の反吉田強硬派も賛成に回ったことによって可決される．吉田は総辞職か解散のいずれかを迫られ，再び国会の解散を選択する．総選挙においては，自由党両派の分裂選挙が繰り広げられ，吉田自由党は202議席を占めるに過ぎなくなったものの，少数与党として政権にかろうじてとどまることになる．

　こうした吉田路線の求心力の低下と占領政策の見直しを求める右派の台頭が保守合同の推進力となったのであった．1954年になって政治献金にまつわる造船疑獄が政界を直撃し，11月に自由党反吉田派と改進党が中心となり，鳩山を総裁とする日本民主党が結成される．12月，反吉田で歩調をそろえる社会党と民主党は内閣不信任案を提出し，吉田内閣は総辞職に追いこまれる．民主党は衆議院において120議席を擁するに過ぎなかったが，社会党が国会の解散されることを条件として，首相指名において鳩山を支持した．

　これにより，鳩山政権が誕生し，翌1955年1月に国会は解散される．総選挙の結果，民主党は185議席を得たものの，衆議院の過半数を占めるには至らず，少数与党として政権にとどまっている．この総選挙においては，自由党の党勢は著しく後退し，衆議院における議席が114となる一方，社会党は右派と左派を合わせて156議席を擁するまでになっている．こうした社会党の党勢拡張と左右両派の統一が保守陣営の危機感を募らせ，1955年11月，自由党と民主党による保守合同が実現し，衆議院299名，参議院118名を擁する自由民主党が誕生している．

第7章 議事運営と立法的効率

このようにして，第一の「危機」は収束したが，政権の比較的に安定した時期は長くは続かず，第二の「危機」が1958年10月に始まっている．1956年における通常選挙の結果，自民党は参議院においても124議席を占めるようになり，衆参両院において単独多数を確保し，1957年に岸信介内閣が発足することによって，本格的な自民党単独政権が船出することになる．ただし，岸内閣は従来の慣行を廃して，国会の委員長ポストを自民党によって独占したり，警察官職務執行法改正案を強引に国会に提出するなど，国会における与野党の対立だけでなく，与党内部にも軋轢を生み出していく．

岸内閣の最大の懸案は米軍の大幅な干渉を認める日米安全保障条約の改定であり，この条約改定をめぐって第二の「危機」が頂点に達する．1960年1月には新安保条約が日米両国によって調印されているが，国会における条約審議は野党の激しい抵抗に遭い，5月には国会に警官隊を導入して条約の批准が強行採決されている．これを契機として，院外の抗議運動も一層エスカレートした．デモ隊に包囲された国会は完全に麻痺し，また学生運動の一部が国会構内に突入しようとし，それを阻止しようとする警察隊との間において乱闘騒ぎとなり，女子学生が圧死するという事件まで引き起こしている．参議院における条約審議は社会党の妨害に遭うものの，新安保条約は1カ月後に自然承認される．しかし，アイゼンハワー大統領の特別秘書官が乗る車をデモ隊が取り囲み，特別秘書官がヘリコプターで脱出するという事件があり，大統領の訪日も中止されるに至って，岸は一連の責任をとって辞任を表明している．

後継総裁には吉田自由党の流れを汲む池田勇人が選ばれている．池田内閣は所得倍増計画を掲げるなど，経済政策に重点を移すとともに，国民や野党に対して「低姿勢」を示して宥和に努めた．1960年における総選挙の結果，自民党は衆議院において300議席を擁するに至るが，「八個師団」と呼ばれた党内における派閥の制度化が進み，政府や与党における役職配分に関して派閥均衡人事が定着していく．こうした党内基盤の脆弱さに加えて，岸政権からの懸案を処理するためには，池田の宥和策にも限界があり，自衛隊法改正と防衛庁設置法改正のいわゆる防衛2法案やILO条約関連法案，農業基本法案などの国会審議は難航する．ただし，同時に，自民党内の世代交代も進み，カルダーによる第二の「危機」は1963年に終わりを告げる．池田は三度自民

党総裁に選ばれるが，喉頭ガンのため1964年に辞任するに至っている．

こうした比較的に政権の安定した時期に首相を引き継いだのが佐藤栄作である．佐藤は実兄である岸の率いた派閥を継承していた福田赳夫と盟友関係にあり，党内の権力基盤も比較的に安定しており，自民党政権最長のほぼ8年にわたって首相の座にあった．この間に日本経済は高度成長を遂げていくが，そうした経済的発展の歪みとして都市の過密や公害が社会問題化するようになる．1971年4月における統一地方選の結果として，都市圏を中心に革新自治体が誕生し，これを契機として第三の「危機」が始まっている．また貿易収支は恒常的に黒字となるとともに，日米繊維交渉に代表されるような国際的な経済摩擦も生じ，1971年8月のアメリカによる対中・通貨政策の転換，いわゆるニクソン・ショックに際して，佐藤政権の威信は失墜する．

自民党内においてもポスト佐藤の動きが活発となり，福田赳夫と佐藤派を率いることになった田中角栄による熾烈な派閥抗争が繰り広げられている．1972年7月の自民党総裁選においては，田中が福田をおさえて総裁の座を占める．しかし，田中政権発足後の総選挙において，自民党は振るわず，追加公認を含めても284議席にとどまっている．田中首相は積極財政路線を採用したが，1973年のオイル・ショックによってインフレに拍車がかかり，狂乱物価と言われたように，消費者をパニック的な事態にも陥れている．1974年における通常選挙の結果，自民党は参議院の過半数を制したものの，127議席を占めるにとどまり，また田中首相の金脈問題が発覚し，11月，田中は退陣に追い込まれる．

こうした金権スキャンダルの結果，保守傍流派閥を率いる三木武夫に政権運営が委ねられる．ただし，1976年にはロッキード社からの贈賄工作が露見し，7月には田中元首相が逮捕されるに至る．そして，12月に実施された総選挙において，自民党候補の当選者は249名にまで落ち込み，衆議院における過半数割れを回避するために，追加公認を含めて，ようやく260議席を確保している．この結果，三木も退陣を余儀なくされるが，1970年代後半には，革新自治体が姿を消すとともに，ロッキード事件によるダメージを挽回するべく，田中派が勢力拡大を図ったことから，自民党内における権力集中が進んでいった．カルダーによれば，与野党が伯仲することによって厳しい国会運営を強いられ，三木の後を受けて首相となった福田と池田派を継承した大平正芳

第7章 議事運営と立法的効率

による派閥対立も熾烈であったが，田中派が実質的に総裁の座を支配するようになり，1976年には第三の「危機」が収束する．

大平は1978年に実施された自民党の総裁選において福田を破り，首相として翌年の総選挙に挑んだが，将来における「一般消費税」の導入を示唆したことにより，自民党はさらに衆議院における議席を失い，追加公認を含めても258議席を占めるに過ぎなくなっている．1980年5月，野党提出の内閣不信任案が福田派や三木派を始めとする自民党議員70名ほどの欠席によって可決され，大平首相は国会を解散し，衆参同日選挙に訴える．選挙の最中に大平が急死するというハプニングもあったが，結果的には，自民党が大勝して衆議院の287議席，参議院の136議席を占めている．大平の急死により，同派の鈴木善幸が首相となり，その後は，中曽根康弘が首相を引き継ぎ，1980年代における保守勢力の復調を背景として，[131]「増税なき財政再建」という行政改革路線が推進され，健康保険法改正，電信電話公社や国鉄の民営化が実施されていく．

しかしながら，こうした行革路線による歳出抑制には限界があり，政府にとって歳入構造の改革に踏み込むことは不可避の課題となっていく．1986年には，再び衆参同日選が実施され，自民党が大勝したことによって，中曽根首相は「売上税」という間接税の導入を検討する．これに対しては，国会内外の強い反対があり，中曽根の試みは挫折している．間接税の導入を「消費税」という形によって実現させたのは，自民党の最大派閥である田中派を率いるようになっていた竹下登である．ただし，未公開株の譲渡などをめぐるリクルート事件が発覚し，竹下自身にも疑惑が持ち上がり，1989年4月，竹下は予算の成立と引き換えに首相を辞任する．

後継首相には外務大臣であった宇野宗佑が選ばれたが，就任後まもなく宇野の女性スキャンダルが明るみとなり，7月の通常選挙においては，自民党の議席数は過半数に遠く及ばない109にまで落ち込む．これ以降，自民党は参議院において少数与党となっており，こうした時期はカルダーの分析範囲を越えるが，政権与党の議会基盤が不安定な時期として捉えることは妥当であると思われる．宇野は通常選挙大敗の責任をとって辞任し，代わりには三木派の流れを汲む海部俊樹が総裁に選ばれている．

1990年の総選挙において自民党は衆議院の286議席を確保しているが，一

連の政治資金スキャンダルへの対応として政治改革を求める動きのなか，選挙制度改革をめぐって自民党内部に亀裂が生じ，海部の総裁再選も雲散霧消する．そして，大平派を継承していた宮沢喜一が後継総裁となるが，1993年6月に選挙制度改革法案の成立を断念したことから，野党が内閣不信任案を提出し，竹下派から離脱した小沢一郎や羽田孜の率いる議員達が不信任案の賛成に回ったため，不信任案は可決され，宮沢首相は国会を解散せざるを得なくなっている．

こうして1993年に自民党が分裂したことによって，38年間の自民党単独政権に終止符が打たれるのである．衆議院の解散を受けて7月に実施された総選挙においては，自民党はほぼ現有議席を維持しながら，追加公認を含めても過半数に遠く及ばない228議席にとどまっている．ただし，これは旧来の野党が選挙戦において善戦したからではなく，自民党を離党した議員が小沢一郎らをリーダーとする新生党や武村正義の率いる新党さきがけといった政党を結成したためである．とくに細川護熙の率いる日本新党は35議席を獲得しており，総選挙後の交渉の末，細川を首相とする保守系新党や旧野党による連立政権が誕生することになっている．

(2) 政権脆弱性の立法的作用

こうしたマクロなレベルにおける政権基盤の脆弱性がミクロなレベルにおける議事運営の立法的作用に及ぼす影響を検証するために，以下では，政権与党の議会基盤が脆弱である時期を変数化する．具体的には，各々の時期の予算国会における内閣提出法案を示すダミー変数を説明変数として加えていく．つまり，「脆弱政権」をカルダーによる3つの「危機」と1989年の参議院選挙以降の予算国会における内閣提出法案を示すダミー変数とする．また「危機1958～63」，「危機1971～76」，「衆参ねじれ」を第一の「危機」を参照基準とする各時期独自の作用を制御するためのダミー変数としておく．

前節と同様，「脆弱政権」と「法案序列」の積変数「法案序列＊脆弱政権」を加えることによって，政権基盤が脆弱である時期において，議事運営のあり方が立法的な効率性に及ぼす影響を検証していく．具体的には，与党の政権基盤が国会全体として脆弱化することによって，与党の議事運営権を掌握する程度が弱まるとすれば，第4章において導き出された仮説からは，委員

会における議事運営権の立法的作用と同様に,「立法危険率」に対する「法案序列＊脆弱政権」の係数はマイナスとなり,不安定な政権の時期においては議事序列と法案個々の成立確率の関係が相対的に緩和されるものと予測される.

　これらの政権脆弱性に関する変数を加えた推定結果は表7-2に示されるとおりである[(132)].前節における分析と同様,これまで行った推定結果に含まれていた変数について実質的な相違はないが,「野党委員長」の「立法危険率」に対する作用が統計的に有意なマイナスのものとして推定されている.したがって,これまで指摘してきたように,政権基盤の全般的な脆弱性を考慮しても,国会における議事運営上の優先度が高い内閣提出法案ほど,立法に要する時間は短縮され(つまり,法案が法律となる可能性は高くなり),そうした立法的作用は委員会における議事運営権を与党が掌握できる場合に強められるという関係が確認される.

　また「脆弱政権」は「立法危険率」に対して統計的に有意なマイナスの係

表7-2　立法危険率と政権脆弱性

外生変数	危険率係数	標準誤差	危険比率
法案序列	0.073	0.005	1.076
付託法案	0.026	0.002	1.027
特別国会	−0.566	0.054	0.568
会期	−0.038	0.001	0.963
社会化	−0.294	0.052	0.745
与党議席	0.016	0.003	1.016
野党委員長	−0.074	0.040	0.929
法案序列＊野党委員長	−0.021	0.004	0.979
脆弱政権	−0.421	0.087	0.656
危機1958〜63	0.181	0.072	1.198
危機1971〜76	−0.020	0.098	0.980
衆参ねじれ	1.254	0.125	3.505
法案序列＊脆弱政権	−0.021	0.004	0.980
対数尤度		−35086.041	
χ^2検定		1887.820	

注:分析対象法案5,639中,872法案が会期内に成立していない.「会期」の時間変量的変数化によって延べ法案数は8,408となる.「提出時間」を生存期間が観察可能となるまでに要する日数とする.コックス・モデルによる部分尤度推定であり,同値はエフロン法によって処理している.χ^2検定は外生変数を含まないモデルとの尤度比検定である(自由度13).

数が推定されており，このことは他の条件を一定として，法案個々の成立確率が政権基盤の不安定な時期には相対的に低くなることを意味している．ただし，「危機」ダミー各々についてみると，1970年代の「危機」に関しては，法案審議に対する統計的に有意な独自の作用があるわけではないことから，同時期における「立法危険率」は保守合同に先立つ政権基盤の不安定な時期における水準と同様に低いことがわかる．一方，表7－2は，日米安保条約改定に前後する時期と1989年以降に自民党が参議院における多数を失った時期において，「立法危険率」の水準が政権基盤の脆弱である場合一般の水準より相対的に高いことを示している．

とくに後者の衆参ねじれ期においては，法案個々の成立確率は政権基盤の比較的に安定した時期におけるよりもむしろ高い．こうした推定結果は，衆議院だけでなく，衆参両院において与党が多数を確保し，議事運営権を掌握することが重要であり，行政省庁側の戦略的な法案作成行動によって，参議院の通過が困難であるような法案の提出が控えられ，かえって法案個々の成立確率が高まるという可能性を示唆するものと言えよう．

また表7－2に明らかなように，「法案序列＊脆弱政権」は「立法危険率」に関して統計的に有意なマイナスの係数が推定されている．つまり，与党の政権基盤が相対的に安定している時期には，「法案序列」自体の「危険比率」が示すように，法案の議事序列が1つ上がることによって基礎的な「立法危険率」は約7.6％引き上げられるが，政権基盤が不安定な時期には「法案序列」の「立法危険率」に対するプラスの作用が緩和され，議事序列1単位の効果は約5.4％にとどまることになる．したがって，コックスらの議事運営モデルが示すように，こうした推定結果は，与党の政権基盤が不安定な時期において，与党が議事運営権を掌握する程度が弱まると，法案の議事序列と成立確率の関係が相対的に弱まることを示している．つまり，第4章において導き出した議事運営権のあり方と立法的な効率性に関する仮説は，委員会についてだけでなく，国会全般の議事運営権についても支持されたことになる．

3　議事運営の制度化

以上，与党が議事運営権を掌握することが法案個々の成立確率にいかなる影響を及ぼすのかということを委員会における議事運営権と国会全体として

の議事運営権の2つの観点において検証してきた．「立法危険率」の推定結果からは，国会における立法的な効率性は与党による議事運営のあり方に依存することが明らかとなり，国会の制度は与党が影響力を行使するという意味において多数主義的であるという解釈と整合的であると言える．こうした国会の制度に関する多数主義的構造は国会内の立法活動にとどまらず，立法の手続きや規則の制度選択にも波及していることが予測される．本節においては，多数主義の派生的構造化を検証する試みとして，議事運営の準拠法規である国会法の変遷が与党にとって有利な議事運営を可能にするものであったのか否かを検証していく．

国会法については，これまでにも触れているが，自民党政権発足の前後に重要な法改正が行われ，戦後の国会における立法活動の制度的枠組みが形成されている．具体的には，1958年の国会法改正は会期延長に制限を課すものであり，こうした制度変更に焦点を置いた分析を行うことは，議会における立法権限を制限するような制度の多数決による選択という意味において，議会制度に関する合理的選択論の中心的課題に合致し，立法手続きの比較制度論としても貢献することが期待される．以下，まず戦後初期における国会法改正の流れを跡づけ，制度変更の要点を把握したうえで，1958年における制度変更が議事運営にいかなる影響を及ぼしたのかということを「立法危険率」の計量分析から検証していく．

(1) 国会法改正の経緯

第3章においても明らかにしたように，国会の制度的構造は比較的に委員会に立法における自律性を認めながらも，与党に議事運営権を掌握させるものである．1947年に制定された国会法は，戦前の政府が議会に対して優越する制度を改め，国会の組織や運営に関する議院の自律性を原則としている．そうした制度改革の中心的課題は本会議中心主義から委員会中心主義に国会の制度構造を転換することにあったが，国会法は制定以来20数回にわたって改正され，徐々に当初の委員会中心主義が緩和されるようになっている．[133]

最初の大きな改正は1948年の第2回国会における第二次改正であり，これにより運用上の不備が改められるとともに，委員会に対する本会議のコントロールが強化されている．

- 本会議の議決により常任委員長を解任できる（第30条の2）．
- 議院運営委員会が必要と認めた場合，本会議において議案の趣旨説明を聴取できる（第56条の2）．
- 議院規則にある委員長の中間報告制度を国会法によって規定する（第56条の3）．

この国会法第56条の2は，戦前の読会制度が廃止されて，議院の会議において議案の趣旨説明が行われなくなったため，議員のすべてが議案内容について周知する機会を議院運営委員会における決定によって保証するものである．また国会法第56条の3は，委員会審査が難航している場合，法案などを本会議に付すことを可能にするものであり，委員会の法案審査における自律性に対して本会議が優越することを保証するものである．この中間報告制度は衆参両院の議院規則で規定されていたが，国会法で規定することとし，中間報告のなされた法案などについては，議院は委員会の審査に期限をつけるだけでなく，議院の会議において直ちに審議することも可能にし，また期限内に審査の終わらなかった場合も議院の会議において審議することができるとしている．

さらに，以下のような議長の権限に関する改正も含め，国会法の第二次改正によって戦後の国会における議事運営の基本的な枠組みが整備された．

- 議長は会議の日時だけを通知して本会議を開くことができる（第55条2項）．
- 議長は議事の順序など議院運営委員会の選任する小委員と協議し，その小委員の意見が一致しないときは拘束されない（第55条の2）[134]．
- 会期不継続の原則に対する例外規定として委員会の閉会中に審査された案件の後会への継続を認める（第68条但し書）．

これに続く大きな改正は1955年の第21回国会における第五次改正であり，議員の法案提出に制約を課す一方，委員会に法案提出権を認めるなど，憲法や国会法によって議員に付与されていた議会権能が制限されるようになった．例えば，議員立法については，従来議案を発議するには賛同者を要せず，「お土産法案」といわれるような法案の提出が頻繁に行われることが問題となっていた．国会法の第五次改正によって，そうした無制限な議員立法の弊害を除去するために，議員が議案を発議するにあたって，賛同者を要することが

課されることになったのである．具体的には，議員の発議には，衆議院において20名以上，参議院において10名以上の賛成を必要とする（第56条１項）．なお予算を伴う法律案の発議の場合，衆参各々50人以上，20人以上の賛成が必要となる（同但し書）．一方，この国会法の第五次改正により，委員会において起草した法案を委員長が提出することを認めている（第50条の２）．

また以下の改正も行われており，会期制に関する規定が整備されることになっている．

- 常会の召集を12月上旬から12月中に改め，また特別会と常会を併せて召集することを可能にする（第２条および同条の２）．
- 臨時会，特別会の会期や会期延長について両院の議決が一致しないときのほか，参議院が議決しないときにも，衆議院の議決を国会の議決とすることを明文化する（第13条）．
- 閉会中に審査した議案のみを後会において継続審査することができるとする（第68条但し書）．

こうした法改正の必要性はすでに占領終結直後から認識されており，はやくも1952年の第13回国会では，主な改正項目を含む事務局案の検討が始まっている[135]．また1954年の第19回国会では，最終的な改正案要綱もまとまっていたが，造船疑獄や内閣不信任案の上程，会期延長決議をめぐる衆参両院の意見対立などがあり，国会法の改正案提出は見送られた．この第19回国会では，少数与党の吉田内閣が政権の座にあり，警察法改正をめぐって保革が激突したため，国会法改正を求める機運が一層高まった．具体的には，警察法改正案は衆議院を通過したものの，参議院における審議が進まず，衆議院における会期延長の議決の際，与野党議員入り乱れての騒ぎとなり，混乱収拾のために警官隊の出動までが要請される事態に発展した．こうした乱闘騒ぎを受けて，1955年の国会法改正は国会運営に関する政党間の自粛合意を立法化するものとして，会期の延長制限を盛り込むことも期待されたが[136]，結果的には乱闘騒ぎ以前の検討内容を反映するにとどまっている．

国会法の1955年第五次改正の後，保革両党は各々合同し，自社二大政党による国会運営が始まるとともに，再び国会法の改正が懸案となる．自民党は懲罰事犯について継続審議が認められないことを改めるよう求める一方，社会党は会期末の混乱が会期延長に制限のないためであると主張した[137]．ただし，

1956年の第24回国会では，教育委員の公選制を廃して任命制にするなどの新教育委員会法案が提出され，同法案に対して社会党が強く反対したため，参議院では与野党が激突する事態となり，再び警官隊が秩序維持に動員されるに至っている．1956年末には，自社両党の党首が国会運営の正常化を図ることで合意し，すぐさま会期延長の制限や議長の秩序保持権の強化などを盛り込んだ衆議院事務局試案も作成されている．[138] ただし，自民党は懲罰事犯の継続審議を重点としたい参議院との意見調整に手間取り，当初の衆議院案に盛られていた中間報告制度の廃止などは与野党折衝の末に取り止めることになった．[139]

この法改正の合意が成立した結果，1958年における国会法の第七次改正は，まず従来制限のなかった国会の会期延長について，延長回数を常会において1回，特別会と臨時会において2回に制限すると変更している（第12条2項）．また懲罰事犯も院議により閉会中に審査し，後の国会に継続審査することを認めている（第47条2項）．

また議長の秩序保持権および権限強化の一環として，以下の改正も行われている．

- 議長は，本会議中に秩序を乱した議員を，議事が翌日に継続された際，その議事が終わるまで議場外に退去させることができる（第116条）．
- 議長の退去権は議員以外の者にも及ぶ（第118条の2）．
- 議院運営委員長および議院運営委員会が選任する委員からなる議事協議会を設け，協議会の意見が一致しないときには，議長が裁定できる（第55条の2）．議長は議事協議会の主催を議院運営委員長に委任することができる（同2項）．議長は何時でも議事協議会を開くことができる（同3項）．[140]

1958年第七次改正以降に大きな国会法改正はなく，これにより戦後国会の基本的枠組みが制度化されたことになる．[141]

(2) 国会法改正と立法的効率

国会の制度構造が議事運営権を掌握することによって，与党に影響力を行使させるものであるならば，この節において概観してきた国会法の改正も与

党にとってより有利な議事運営を可能にするものとして制度選択がなされてきたと考えることができよう．つまり，与党に影響力を行使させるという意味において，多数主義的な解釈が国会法改正に関して妥当であるならば，「立法危険率」に対する「法案序列」の効果も制度変更以降強化されていると予測される．

この制度変更の立法的作用を把握するために，1958年の国会法改正施行後における予算国会の内閣提出法案を示すダミー変数「1958改正」とその「法案序列」との積変数である「法案序列＊1958改正」を「立法危険率」の説明変数に加えることとする．「法案序列」は衆議院における付託委員会中の法案提出日順位であり，その数値が大きいほど，法案の議事序列が高いものとして変数化されている．したがって，「法案序列」によって法案の成否が左右されるならば，それは「立法危険率」に対して推定された係数がプラスであるのかということによって検証され，これまでの分析もそうした仮説を支持している．同様に，1958年における国会法改正が議事運営の効果を強化するという仮説が支持されるのは，「法案序列＊1958改正」が「立法危険率」に関して統計的に有意なプラスの作用を及ぼす場合である．

これらの制度変更に関する変数を加えた推定結果は表 7−3 に示すとおりである．まず，これまでの推定モデルに含まれている外生変数が及ぼす作用に大差のないことが確認される．また「1958改正」自体は「社会化」と共線性の問題を生じるために「立法危険率」に対して統計的に有意な作用を及ぼすものではないが，「法案序列＊1958改正」は「立法危険率」に関して統計的に有意なプラスの係数が推定されている．[142]

具体的には，1958年の国会法改正以降，制度変更自体の効果を考慮しても，政権基盤の脆弱でない時期において，衆参いずれかの付託委員会における委員長が与党議員である法案に関して，「法案序列」が1つ上がることによって，基礎的な「立法危険率」は約8.4％引き上げられることになる．これは国会法改正前における同様の法案と比較すると，約1.5％の引き上げ効果になることを意味している．つまり，この推定結果は，国会における「粘着性」がマクロな政治情勢に応じて高まるとともに，1958年の国会法改正によって，法案の議事序列の効果が高められるという意味において，多数主義的な議事運営の構造化が図られていることを示唆するものである．

表7－3　立法危険率と国会法改正

外生変数	危険率係数	標準誤差	危険比率
法案序列	0.066	0.005	1.068
付託法案	0.026	0.002	1.026
特別国会	−0.541	0.055	0.582
会期	−0.038	0.001	0.963
社会化	−0.163	0.078	0.849
与党議席	0.019	0.003	1.019
野党委員長	−0.080	0.040	0.923
法案序列＊野党委員長	−0.019	0.004	0.981
脆弱政権	−0.399	0.087	0.671
危機1958〜63	0.295	0.078	1.343
危機1971〜76	−0.026	0.098	0.974
衆参ねじれ	1.185	0.128	3.269
法案序列＊脆弱政権	−0.018	0.005	0.982
1958改正	−0.125	0.092	0.883
法案序列＊1958改正	0.014	0.004	1.014
対数尤度		−35077.230	
χ^2検定		1905.440	

注：分析対象法案5,639中，872法案が会期内に成立していない．「会期」の時間変量的変数化によって延べ法案数は8,408となる．「提出時間」を生存期間が観察可能となるまでに要する日数とする．コックス・モデルによる部分尤度推定であり，同値はエフロン法によって処理している．χ^2検定は外生変数を含まないモデルとの尤度比検定である（自由度15）．

4　議事運営と政党制

　本章では，与党によって議事運営権の掌握される程度が立法的な効率性にいかなる作用を及ぼしているのかということに着目し，コックスらの議事運営モデルから予測される仮説を検証してきた．

　具体的には，第一に委員会において与党が委員長ポストを占めることができず，委員会における議事運営権を掌握できない場合，次に与党の政権基盤が脆弱な場合において，国会全体として議事運営権を掌握する程度が弱まると捉え，そうした状況において法案個々の議事序列と成立確率の関係がどのように変化するのかということを検証してきた．表7－4にまとめるように，委員会別付託法案中の法案提出日順位が1つ上がることによって，衆参両院における付託委員会の委員長ポストが与党議員でない場合，法案個々の
(143)

表7-4 法案序列の効果と議事運営権

1958改正前	野党委員長	非野党委員長
脆弱政権	1.029	1.049
非脆弱政権	1.048	1.068
1958改正後	野党委員長	非野党委員長
脆弱政権	1.044	1.064
非脆弱政権	1.063	1.084

注:表7-3に基づいて,「法案序列」1単位の立法に関する「危険比率」変化を野党委員長か否か,また脆弱政権であるか否かに応じて,1958年における国会法改正の前後において比較している.

成立確率は衆参のいずれかの議院における付託委員会の委員長ポストを与党が占める場合と比較して約2%減少する.また法案提出日順位1単位の法案個々の成立確率に及ぼす効果は,与党の政権基盤が脆弱であると思われる時期において,相対的に脆弱でない時期における水準から約2%引き下げられることになる.[144] こうした「立法危険率」に関する推定結果は,与党が議事運営権を掌握できないとみなされる状況において,法案の議事序列と成立確率の関係が弱められることを意味しており,コックスらの議事運営方程式による予測と整合的である.

このように国会が与党に議事運営権を掌握させ,立法的な影響力を行使させるという意味において,多数主義的な制度構造を備えたものと解釈され得るならば,その国会の多数主義的構造は国会内の立法活動にとどまるものではなく,立法過程に関する制度選択や国会と行政省庁の関係にも波及すると予測される.本章では,こうした議会制度の多数主義的な派生効果を検証する試みとして,議事運営の準拠法規である国会法について,その法改正が与党に影響力を行使させるという意味において多数主義的な議事運営を促進するものであるのかということを検討した.とくに1958年における国会法第七次改正は会期延長に制限を課すものであり,新憲法下の国会における立法過程を制度化するという意味において重要な変更である.

本章における「立法危険率」の推定結果からは,1958年の国会法改正による会期延長制限という制度選択が法案個々の成立確率を規定する議事運営の作用を高めるものであったことが明らかになっている.具体的には,表7-4に整理するように,そうした制度変更の前後で比較すると,法案提出日順

位が1つ上がることの法案個々の成立確率に対する効果は変更後において約1.5%高いものとなる.

こうした制度変更の必要性はすでに1950年代の早い時期から認識され，具体的な検討も進んでいたのであるが，1956年以降参議院においても自民党が単独多数を確保し，また自民党と社会党による国会運営が定着し始めた状況において[145]，自社二大政党の党首合意として実現が目指されたことは示唆的である．つまり，与野党協調論の主張するように，比較的短いとされる国会の会期制が野党に影響力を行使させるだけの制度であるならば，会期延長制限といった時間的制約を一層厳しくする変更は1955年の少数与党政権下における国会法改正において実施されていても不思議ではないのである．

さらに，本章でカルダーによる「危機」について概観した際にも，岸政権が従来の慣行を廃して国会の委員長ポストを与党によって独占し，警職法改正といった論争的な法案を強引に推進したことについて触れたが，岸政権の強硬な国会運営は1958年における第七次国会法改正の後のことである．会期延長制限が与野党協調によるものであるならば，少なくとも1960年の安保条約改定以降に与党が「低姿勢」に転じざるを得なくなった時期にこそ国会法改正は実現されるべきではなかっただろうか．そうではなく，会期延長制限が実施された政治状況としては，参議院における緑風会の衰退と政党化が進み[146]，衆参両院において多数を占める与党として，自民党が議事運営権を掌握するようになったという事実に着目しなければならない．

マクロな政治要因もミクロな法案個々のレベルにおける立法的生産性に作用しているが，これは必ずしも与野党協調論の期待するように，国会の制度構造が立法過程を「粘着化」し，主として法案審議を引き延ばすことによって，野党に影響力を行使させるという国会観を支持するものではない．むしろ，第3章で検討したように，国会においては多数主義的な議事運営が議会制度として保証されており，国会の多数を占める与党が存在する限り，野党は議事の引き延ばしや妨害といった手段に訴えるしかないのである．この野党による抵抗を国会の制度的な機能の主たる帰結とみなすのか，それとも国会の多数主義的な制度構造の瑣末な部分的帰結とみなすのかには大きな違いがある．

言いかえれば，与党は法案審議において強硬路線を採る場合の立法的・非

立法的コストを勘案して国会を運営するのであり，観察可能な均衡状態として限定的に野党に譲歩することは国会の制度構造を多数主義的に解釈することと相容れないものではなく，そうした与野党の妥協があることをもって，与野党協調を国会の主たる制度的な機能と結論づけることはできない．したがって，会期制による時間的な制限の構造化も，一方において野党に戦略的な立法活動や態度表明の機会を保証し，国会における乱闘や空転といった事態を回避するとともに，他方において法案の成否をひとえに議事運営の問題に帰着させることによって，議事運営権を掌握する与党の政策選好を行政省庁における法案作成に戦略的に反映させることを可能にするものであり，国会の多数主義的な機能を制度的に定着させるものとして理解することができる．

コックスが19世紀のイギリス議会について，議員個々が立法的権限を内閣に委譲し，内閣に権力を集中させることによって，有権者にとって選挙が政権選択の機会となり，議院内閣制における二大政党による議会運営が定着してきた歴史的展開を明らかにしているように(Cox, 1987)，日本の国会における会期延長制限という制度選択も議事運営の権限委譲によって，与野党が立法過程における集合行為論的ディレンマを解決しようとするものであり，国会の制度も与野党の「協約」を制度的に保証する枠組みとして捉えることができよう．

つまり，会期延長を制限することによって，与野党は立法や行政における過剰負担や全面対決による国会機能の停止を避けることができる．与党にとっては行政省庁が自発的に与党の意向に沿った法案を厳選して国会に提出するよう立法過程の時間的制約に制度的な裏づけを与え，野党にとっては立法責任を負うことなく，政府や政策に関する批判勢力であることを国民に訴えることが可能になる．したがって，会期延長制限といった制度変更は，一般に理解されているように，与野党協調による「粘着性」によって促進されるものでも，それを促進するというものでもなく，むしろ，その最も重要な立法的帰結は，1958年改正において議長の権限が強化され，とくに議長の議事運営における決裁権に法規的根拠が与えられていることを考慮すると，国会における立法的な権限を与党に集中させ，立法・行政関係の構造化を進展させることにあったと言える．[147]

このように国会の制度的機能と立法的作用を理解するには，国会における与野党対立だけではなく，政官関係という国会に至る過程と国会における過程の両方を含む視点が不可欠となる．第4章において導入した立法過程における時間的次元の概念図からも明らかなように，憲法は国会を立法過程における最終関門とすることを制度的に条件づけており，国会において行使される立法的権限のあり方は国会に至る過程での政策の法案化や問題の争点化にも波及することは想像に難くない．そこで，次章においては，立法府と行政府の構造的関係に分析の焦点を移し，ミクロなレベルにおける立法的な効率性と法案提出官庁の組織的・立法的な自律性の関係に着目し，国会の多数主義的な制度構造が立法・行政関係に派生するメカニズムを検証していくこととする．

補足推計

本章における分析も予算国会における新規提出の内閣提出法案に対象を限っており，会期中に成立せず，後会において継続して審議される法案を除外している．前章と同様，この補足推計においても1949年の第5回国会から1993年の第126回国会までの継続法案も含む内閣提出法案を対象とする推定結果を報告し，本論における知見がどの程度分析対象法案の限定に依存するのかということを確認しておきたい．

表7－5から表7－7は，表7－1から表7－3の各モデルに対応し，継続法案を含めた「立法危険率」の推定結果を示している．モデル1は継続法案の「法案序列」を最も高い0とするものであり，モデル2においては委員会別付託法案中の最下位の数値をあてている．

本論における新規提出法案を対象とする分析と比較すると，継続法案を含めることによる変化としては，前章におけると同様，まず「立法危険率」に対する「特別国会」の効果が統計的に有意なものでなくなることが確認される．また継続法案の「法案序列」を最も高いものと想定するモデル1におい

表7－5　立法危険率と野党委員長（継続法案を含む）

外生変数	モデル1		モデル2	
	係数	標準誤差	係数	標準誤差
法案序列	0.032	0.003	0.054	0.003
付託法案	0.013	0.002	0.025	0.001
特別国会	−0.016	0.042	−0.033	0.042
会期	−0.008	0.001	−0.011	0.001
社会化	−0.319	0.026	−0.306	0.026
与党議席	0.007	0.003	0.009	0.003
野党委員長	−0.043	0.037	0.010	0.038
法案序列＊野党委員長	−0.017	0.003	−0.010	0.004
対数尤度	−36568.869		−36436.692	
χ^2検定	551.690		816.040	

注：分析対象法案5,700中，830法案が成立していない．「会期」の時間変量的変数化によって延べ法案数は8,723となる．「提出時間」を生存期間が観察可能となるまでに要する日数とする．コックス・モデルによる部分尤度推定であり，同値はエフロン法によって処理している．χ^2検定は外生変数を含まないモデルとの尤度比検定である（自由度8）．モデル1において継続法案の「法案序列」を最も順位の高い0とし，モデル2において継続法案の「法案序列」を委員会別付託法案中最も低い順位とする．

表7-6 立法危険率と政権脆弱性(継続法案を含む)

外生変数	モデル1 係数	モデル1 標準誤差	モデル2 係数	モデル2 標準誤差
法案序列	0.041	0.004	0.081	0.005
付託法案	0.014	0.001	0.025	0.001
特別国会	0.039	0.044	0.021	0.044
会期	−0.006	0.001	−0.009	0.001
社会化	−0.451	0.053	−0.533	0.052
与党議席	0.010	0.003	0.012	0.003
野党委員長	−0.119	0.039	−0.096	0.039
法案序列＊野党委員長	−0.020	0.003	−0.018	0.004
脆弱政権	−0.193	0.087	−0.494	0.086
危機1958〜63	0.052	0.074	0.187	0.073
危機1971〜76	−0.122	0.098	0.045	0.097
衆参ねじれ	1.044	0.127	1.288	0.125
法案序列＊脆弱政権	−0.008	0.004	−0.031	0.004
対数尤度	−36473.500		−36311.507	
χ^2検定	742.430		1066.420	

注:分析対象法案5,700中,830法案が成立していない.「会期」の時間変量的変数化によって延べ法案数は8,723となる.「提出時間」を生存期間が観察可能となるまでに要する日数とする.コックス・モデルによる部分尤度推定であり,同値はエフロン法によって処理している.χ^2検定は外生変数を含まないモデルとの尤度比検定である(自由度13).モデル1において継続法案の「法案序列」を最も順位の高い0とし,モデル2において継続法案の「法案序列」を委員会別付託法案中最も低い順位とする.

ては,「危機1958〜63」の「立法危険率」に及ぼす作用も統計的に有意でなくなる.また1958年における国会法改正の作用を考慮した推定において,モデル1では,「法案序列＊脆弱政権」の「立法危険率」に及ぼす作用も統計的に有意でなくなっている.これに対して,継続法案の「法案序列」を最も低いものと想定するモデル2においては,「法案序列＊脆弱政権」の「立法危険率」に対するマイナスの作用は強まっている.さらに,1958年における国会法改正の作用を考慮した場合,継続法案の「法案序列」をいかに定義しても,その制度改正自体に「立法危険率」に対して統計的に有意なプラスの作用が見出されるようになる.

ただし,いずれの統計的に有意な外生変数の係数についても,その符号は新規提出法案に限った分析と異なるものではなく,表7-8にまとめたように,「法案序列」の「立法危険率」に対する作用と与党の議事運営権のあり方

表7-7 立法危険率と国会法改正（継続法案を含む）

外生変数	モデル1 係数	モデル1 標準誤差	モデル2 係数	モデル2 標準誤差
法案序列	0.034	0.005	0.073	0.005
付託法案	0.013	0.002	0.024	0.002
特別国会	0.020	0.044	0.010	0.044
会期	−0.005	0.001	−0.009	0.001
社会化	−0.641	0.080	−0.630	0.079
与党議席	0.007	0.004	0.010	0.004
野党委員長	−0.095	0.039	−0.084	0.039
法案序列＊野党委員長	−0.018	0.003	−0.016	0.004
脆弱政権	−0.234	0.089	−0.509	0.087
危機1958～63	0.042	0.080	0.210	0.079
危機1971～76	−0.079	0.100	0.073	0.098
衆参ねじれ	1.153	0.132	1.344	0.130
法案序列＊脆弱政権	−0.005	0.004	−0.028	0.004
1958改正	0.336	0.089	0.204	0.090
法案序列＊1958改正	0.015	0.004	0.014	0.004
対数尤度	−36463.104		−36305.185	
χ^2検定	763.220		1079.060	

注：分析対象法案5,700中，830法案が成立していない．「会期」の時間変量的変数化によって延べ法案数は8,723となる．「提出時間」を生存期間が観察可能となるまでに要する日数とする．コックス・モデルによる部分尤度推定であり，同値はエフロン法によって処理している．χ^2検定は外生変数を含まないモデルとの尤度比検定である（自由度15）．モデル1において継続法案の「法案序列」を最も順位の高い0とし，モデル2において継続法案の「法案序列」を委員会別付託法案中最も低い順位とする．

の関係について，本論において明らかにした基本的特徴は維持されている．

表7-8 法案序列の効果と議事運営権（継続法案を含む）

モデル1		
1958改正前	野党委員長	非野党委員長
脆弱政権	1.029	1.046
非脆弱政権	1.058	1.075
1958改正後	野党委員長	非野党委員長
脆弱政権	1.044	1.061
非脆弱政権	1.073	1.091
モデル2		
1958改正前	野党委員長	非野党委員長
脆弱政権	1.011	1.029
非脆弱政権	1.016	1.034
1958改正後	野党委員長	非野党委員長
脆弱政権	1.026	1.044
非脆弱政権	1.031	1.050

注：表7-7に基づいて，「法案序列」1単位の立法に関する「危険比率」変化を野党委員長か否か，また脆弱政権であるか否かに応じて，1958年における国会法改正の前後において比較している．モデル1において継続法案の「法案序列」を最も順位の高い0とし，モデル2において継続法案の「法案序列」を委員会別付託法案中最も低い順位とする．

第8章　議事運営と行政的自律

　議事運営権を与党が掌握することによって，行政省庁に与党の政策選好に即した法案を戦略的に作成させるという国会の制度的作用が働いているのであれば，そうした与党に影響力を行使させる国会の制度構造は立法・行政関係にも派生していることが予測される．したがって，本章では，国会の多数主義的制度の立法・行政関係における派生的構造化をこれまで分析してきた法案個々のレベルにおける立法的な効率性とそれらの法案を推進する行政省庁の自律性の関係から検証していくこととする．これまで明らかにしてきたように，法案の成否が議事運営の問題に帰着するならば，それらの法案を作成する省庁の行動や組織も議事運営のあり方を反映するであろう．本章では，議事運営権を握る与党の政策選好に忠実な省庁は行政的な自律性を付与され，逆に与党の意向に沿わない法案を推進する省庁は冷遇されるという仮説を検証していく．[148]

　こうした立法府と行政府の構造的関係は，これまでにも政官関係を代理委任論から捉える研究者の自民党分析によって解明が試みられてきた．しかしながら，それらの研究における体系的な実証の試みは，省庁の立法活動や人事に変化がないことから，官僚が与党政治家の忠実な「代理人」であることが消極的に推測されるにとどまっている．[149]　また，それらの研究においては，政治家優位の根拠が憲法による立法府の優越性にあるにもかかわらず，国会に安定的な多数派が存在し，また政党幹部が指導力をもつといったことが議院内閣制の制度的帰結として前提されているに過ぎず，国会の制度的特徴が行政機関に対して及ぼすであろう構造的作用は実証的な分析対象とはされて

いない.この章においては議事運営権のあり方と行政的な自律性の関係を省令の動向や組織の再編から分析し,立法上の権限がいかに行使されるのかということと行政機関に対する政策形成の権限委譲を関連づけることによって,多数主義的な議会制度の派生的構造化を立法・行政関係において検証していく.こうした分析によって,日本における政官の代理委任関係を実証的に検討するだけでなく,議会や政党,官僚機構といった制度・組織の構造的関係を多数主義的に解釈し直すことが期待できる.

すでに第2章で検証した政官関係論を簡単に顧みて,法律と省令が補完関係にあるとする従来の見解が政策分野ごとにみても成り立たないことを確認する.次いで,前章における「立法危険率」の分析を利用して,政策分野ごとに立法的な効率性と省令数の関係を検証していく.具体的には,第一に「立法危険率」予測値が高いほど,法案である状態の期間が早く終了するという意味において,その法案に対する与党の立法的優遇度が高いものとみなし,それらの法案を作成した省庁の省令数を各省庁の行政的裁量の指標として操作化し,両者の関係を計量的に分析していく.第二に,法案個々のレベルにおいて与党が行使する議事運営権とそれらの法案を推進する行政省庁の組織的な自律性の関連を明らかにするために,厚生省と厚生関連法案を対象として,それらの法案の立法的優遇度を法案作成部局の組織再編前後において比較する.

1　議事運営と行政裁量

第2章では,戦後日本に関する政官関係論は3つに大別されるとした.第一に「官僚支配論」は,日本の国会を憲法上,国権の最高機関としての地位が与えられているものの,行政機関の推進する法案が形式的に裁可されるに過ぎないものとみなしている.こうした観点からは,国会において審議され,法律となる法案の大多数は行政機関によって起草されたものであるということが強調され,国会の審議を経ずに政省令といった手段を通じて,行政機関が意のままに立法的権限を行使していると主張される.

第二に,こうした国会の役割に対する否定的な評価に対しては,「与野党協調論」は国会が制度的に与野党の間に協調関係を発達させ,立法過程を見かけ以上に粘着的にしていると反論する.この観点からは,むしろ戦後におけ

る長期的な動向としての内閣提出法案数の減少傾向が強調されている．法律と政省令の相対的比重に着目すると，後者の占める割合が高まっていることから，官僚支配論はそれを官僚の影響力が増加していることの証拠と捉える．これに対して，与野党協調論は国会における法案審議が与野党交渉に委ねられ，法案の国会通過が徐々に困難になってきたことにより，官僚が行政的手段に頼らざるを得なくなるとともに，国会の立法活動に過剰負担とならないよう成立を期する法案の提出に限った結果として，政省令の比重が高まってきたと考える．

ただし，実際には政省令数の長期的動向に一貫した傾向はなく（図2−2参照），いずれの視点を採るにせよ，法律と政省令の相対的比重から行政的手段に依存する程度が高まってきていると想定することは難しい．また政省令数と与党の議席割合にはむしろプラスの相関関係があり（表2−3参照），このことは与野党が伯仲する国会を回避して，官僚が政省令といった行政的手段に依存するという主張も少なくともマクロな集計レベルにおいては妥当でないことを示唆している．

第三に，これら官僚支配論や与野党協調論に対して，政治家と官僚の関係を代理委任と捉える立場は，官僚が自律的に行動しているように見えるのも政治家の目標達成に貢献しているためであると考える．つまり，政治家が積極的に介入するのは官僚の行動が政治家の目的から逸脱するときに限られるのである．こうした「代理委任論」からすると，官僚支配論の着目する法令の動向は政治家と官僚の関係を理解する上で何ら役立たない．つまり，官僚が政治家の欲する法案を作成するならば，政治家にとってそうした立法作業を官僚に任せるのは合理的な選択となる．同様に，政省令が行政的，組織的に効率的な政策実施の手段であるならば，官僚が政治家の目標に沿った政策を実施する限り，政治家は法制化によらず政省令の活用を促進するであろう．

ただし，代理委任論による法令動向の分析は，政治的な不安定期において政策転換が行われ，与党の政策が変化しているにもかかわらず，内閣提出法案の全法案に占める割合や政省令数に安定期と不安定期における相違がみられないことを明らかにしているだけである．つまり，そうした分析は与党の政策転換にもかかわらず官僚の行動に変化がないという意味において，官僚が政治家の忠実な代理人となっているということを消極的に推測しているに

過ぎない.しかしながら,実際には,第2章において検証したように,政省令数の動向には安定期と不安的期において実質的な相違があり,ラムザイヤーらの解釈に倣えば,このことは与党の政策転換に応じた官僚の行動変化があることを意味する.

　ここまで法令をめぐる3つの政官関係論の主張を簡単に振り返って,政省令数に関して長期的に一貫した傾向はなく,官僚支配論や与野党協調論の想定するような立法との補完関係がマクロな集計レベルにおいて存在しないことを確認した.また政策転換期において政省令数はむしろ増加する傾向にあり,このことは官僚の行動が与党の政策転換に対応しているとする代理委任論の予測とは相容れないものである.戦後日本における法令の動向をマクロな視点から特徴づけるならば,それは政府立法の生産性が長期的には安定している一方,行政立法に関しては短期的な変動がみられるということにある.しかしながら,こうした特徴に対して従来の政官関係論が一貫した説明を行ってきたとは言い難い.

　まず法律と政省令が補完関係にあるという従来の見解を政策分野ごとに検証しておこう.表8－1は主要な衆議院常任委員会に付託された立法年ごとの内閣提出法案数と当該委員会の管轄に対応する省庁単独の省令数の相関関係を示している.[151] 法案数と省令数に統計的に有意なマイナスの相関があるのは文教委員会のみであり,多くの委員会は法案数と省令数との間にプラスの相関関係があるか(大蔵,運輸,外務,法務,逓信,商工),あるいは有意な関係が見出されていない(建設,農林水産,内閣,地方行政,社会労働).したがって,文教委員会を例外として,内閣提出法案数と省令数は政策分野ごとにも補完関係にあるとは言い難いことになる.むしろ法案数と省令数にプラスの相関関係があるということは管轄範囲の大小や所管事項の多寡を反映しているのかも知れない.いずれにせよ,少なくとも官僚支配論や与野党協調論のように,国会を単に行政機関に対峙する障害として捉える観点がマクロな時系列だけでなく,分野ごとの時系列においても支持されないことは明らかである.

　次に,前章における「立法危険率」の分析を利用して,立法的な効率性と省令数にみる行政的な自律性の関係を検証していこう.具体的には,「立法危険率」を法案個々に対して与党が付与する立法的優遇度を示す指標とし,

表8-1 政策分野別の法案数と省令数

衆議院委員会	相関係数	有意度	年数
大蔵	0.580	0.000	50
運輸	0.549	0.000	50
外務	0.476	0.001	50
法務	0.470	0.001	50
逓信	0.411	0.006	43
商工	0.358	0.011	50
建設	0.218	0.132	49
農林水産	0.152	0.332	43
内閣	0.125	0.388	50
地方行政	−0.167	0.315	38
社会労働	−0.222	0.188	37
文教	−0.293	0.039	50

注：1948～1997立法年を分析範囲として，20年以上存続する衆議院常任委員会について，付託された立法年ごとの新規内閣提出法案数と当該委員会の管轄に対応する省庁単独の省令数の相関を報告している．委員会と省庁の管轄対応は衆議院規則第92条により，相関係数の大きいものから順に挙げている．

また従来の議論に倣い，省令数の多寡を行政的裁量の指標とする．法律と省令に補完関係が想定されるのは，官僚支配論においては国会の意向を無視して官僚が立法権限を行使する手段として省令を用いるからであり，与野党協調論においては官僚の意図が国会のそれに反し，官僚が国会を回避する手段として省令に依存するからである．

これに対して，代理委任論においては官僚が国会の意向に忠実である限り，官僚の省令による立法権限の行使は奨励され，むしろ法律と省令の間には相乗作用があると想定される．したがって，こうした法律と省令に関する政官関係の代理委任論は，行政的裁量を示す省令の動向と与党の政策選好を反映する法案個々の立法的優遇度がいかなる関係にあるのかという問題として仮説化することができる．

まず立法的優遇度の指標としては法案個々の成立確率である「立法危険率」を用いる．具体的には，国会法改正の影響を考慮した前章の推定（表7-3参照）における外生変数の係数を立法年ごとの委員会別に適用し，すべての法案に共通する基礎的な「立法危険率」に対する相対的な効果としての危険率線型予測値を求め，それを立法年ごとの委員会別「立法優遇度」として用

いる．次に省令数に関しては，「立法優遇度$_t$」を求める立法年翌年の省庁別省令数を「行政裁量$_{t+1}$」として用いる．

表8−2は「行政裁量$_{t+1}$」を従属変数とするパネル分析の推定結果をまとめている．(153) こうした分析からは，当該立法年の「行政裁量」によって政策分野独自の属性と動態を制御しても，なお当該省庁の法案に対する相対的な立法上の優遇度を示す「立法優遇度」は当該省庁の翌年の行政的裁量を示す「行政裁量$_{t+1}$」に対して統計的に有意なプラスの作用を及ぼすことがわかる．具体的には，「立法優遇度」の標準偏差分の増加により，当該省庁の翌年の省令数は約3本増加することになる．(154)

したがって，政策分野ごとにみて，法案個々の成立確率と省令数の間にマイナスの関係があると判断する根拠はなく，国会の意向に反して，あるいは国会を回避するために，官僚が行政的手段によって立法的権限を行使しているという主張は法案個々を分析単位とするミクロな立法動向においても支持されないことになる．こうした推定結果をより積極的に評価すると，法案個々の成立確率と省令数にはプラスの関係があり，立法において優遇される省庁ほど行政的な裁量が与えられるという推測が可能となる．こうした両者の間におけるプラスの関係は，管轄範囲の大小や政策的需要の高低とは独立のものであり，少なくとも官僚支配論のように国会が行政によって無視されたり，あるいは与野党協調論のように国会が行政によって回避されるべきもの

表8−2 省令数のパネル分析

	係数	パネル矯正済み標準誤差
立法優遇度$_t$	3.848	1.186
行政裁量$_t$	0.854	0.029
定数	31.115	7.567
χ^2検定	979.460	
決定係数	0.752	

注：「立法優遇度」を求める対象委員会は衆議院における主要12常任委員会とし（表8−1参照），社会労働委員会が厚生委員会と労働委員会に分かれる時期はそれらの2委員会を含む．分析対象となる立法年と委員会の組み合わせは509である（最小7年，最大45年，平均36.4年である）．従属変数は「行政裁量$_{t+1}$」であり，「立法優遇度」としての「立法危険率」線型予測値を求める立法年翌年の省庁別省令数とする（平均：57.0，最小：5，最大：177）．χ^2検定は定数のみのモデルによる推定との尤度比検定である（自由度2）．

として理解されるという主張に反するものである．むしろ，こうした立法的優遇度と行政的裁量の関係は，代理委任論の立法・行政観と整合的であり，行政機関にとって与党の政策目標が内在化されるという主張に実証的な根拠を提供するものと言える．

2　議事運営と行政組織

本節においては，国会における議事運営権のあり方と行政組織の自律性の関連を明らかにするために，厚生省と厚生関連法案を対象として，省庁部局の組織再編がそれらの部局の作成した法案の「立法危険率」にいかなる作用を及ぼしているのかということを検証していく．

(1) 厚生関連領域における政治優位論

第2章においても検討したように，モチヅキらの研究に端を発する国会の機能を再評価しようという試みは，日本政治における多元主義論の展開と軌を一にして，[155] 政党や政治家の実態が分析対象とされるようになり，国会内過程における野党や国会前過程における自民党に関する実証的研究に結実してきた．その典型は，野党の影響力行使の形態として，国会における法案の修正や阻止に着目したり，また与党の影響力行使の形態として，自民党における党内組織や人事の制度化に分析の焦点を合わせている．こうした一連の研究が日本政治に関する実証主義を促してきたことは評価されるべきであるが，同時に，国会研究の視野が「観察主義」によって非日常的な立法過程に狭められてきたことは認識しておく必要があり，本書において先行研究の方法論的な問題として指摘してきたところである．実際には国会内における法案の修正や阻止は相対的に稀であり，可視的な事象に着目する研究者の分析対象を必然的に国会以前の段階における論争や対立に限定し，結果的には官僚支配論を意図的にしろ意図的でないにしろ，過大評価する傾向を生み出してきた．

例えば，佐藤誠三郎と松崎哲久によれば，国会における法案修正の多い委員会として，内閣，社会労働，農林水産，大蔵が挙げられ，こうした政策分野において野党は国会活動を通じて自民党から譲歩を引き出しているとされる（佐藤・松崎，1986，144-148頁）．表8-3は自民党単独政権下における

主要な衆議院常任委員会に付託された内閣提出法案に関する修正の有無を集計したものであり，付託法案に対する修正割合の高い順に委員会を挙げている．第2章でも述べたように，法案修正には単に施行期日を書き直すだけの「形式修正」もあり，単純な修正割合によっては修正の質的な相違を把握し難いという問題もあるが，「形式修正」が国会審議の遅延によって当初施行期日までに法案を成立させることができないために必要となることを考えれば，少なくとも法案修正率の高い委員会において，野党の国会活動が活発であるとみなすことは可能であろう[156]．表8-3に示すように，社会労働委員会は法案が最も修正される委員会であり，また当初案のまま可決されることの最も少ない委員会である．

また与党側においては，自民党単独政権下，内閣提出法案を国会提出前に「事前審査」することが定着するにつれて，党内の政調部会といった政策審議機関が自民党議員にとって影響力を行使する機会を提供するようになってきた．佐藤らによれば，自民党議員が特定の政策分野において影響力を行使する形態は，議員各々の政策的専門化を示す「族議員」度から把握することができるとされる（92-95頁）．こうした自民党議員のキャリア分析を発展させ，猪口孝と岩井奉信は厚生族が最強の族であると主張している（猪口・岩井，

表8-3　委員会別の内閣提出法案修正・可決率

衆議院委員会	修正数	（％）	可決数	（％）	付託数
社会労働	150	(29.5)	261	(51.4)	508
内閣	183	(21.8)	464	(55.2)	841
農林水産	101	(20.7)	304	(62.2)	489
文教	51	(19.4)	160	(60.8)	263
商工	74	(15.9)	337	(72.5)	465
大蔵	131	(15.3)	656	(76.8)	854
地方行政	65	(15.0)	287	(66.1)	434
建設	39	(12.4)	233	(74.2)	314
運輸	30	(9.9)	198	(65.3)	303
通信	20	(9.6)	158	(75.6)	209
法務	23	(6.2)	270	(73.0)	370
外務	1	(3.3)	28	(93.3)	30
合計	868	(17.1)	3,356	(66.1)	5,080

注：自民党単独政権（第23回国会～第126回国会）を分析範囲として，20年以上存続する衆議院常任委員会において採決に付された内閣提出法案に関して，修正可決と無修正可決を集計し，修正率の高い順に委員会を挙げている．

1987).彼らによれば,厚生関連の政策分野は政策的特性として利益が一元的であり,高度に専門化しており,また厚生省と関連利益集団の間に対立関係があることによって,「厚生族」は族的議員キャリアが最も典型的に形成され,政策決定権力がボス的な有力議員に集中し,官僚制に対する影響力の強さにおいては他の族を圧倒しているとされる (194-198頁).

このように厚生関連の政策分野は,観察主義的な観点からすると,政治家が立法的な影響力を最も顕示的に行使するはずの分野である.ただし,議会制度論的観点からすると,国会における厚生関連の法案審議が難航する傾向にあるということは,法案の成否がより議事運営に集約されることを意味している.つまり,野党の国会活動が盛んであるほど,法案の成否は与党が議事運営権をどの程度掌握しているのかということに依存する傾向を強めるのであり,行政省庁にとっては法案の国会提出に至るまでの与党内調整を通じて,法案を与党の政策選好から乖離しないものにしておくことが一層重要となる.

したがって,厚生関連分野に関わる自民党議員や政調部会が他の分野と比較して,より結束し,影響力が大きいとされるのも,議事運営権をめぐる議会制度の多数主義的構造が立法・行政関係を規定しているためと考えることができる.言いかえれば,従来の観察主義的な研究が自民党の組織や人事の制度化を政党や政治家の主観的な目標追求の結果として行動論的に解釈するのに対して,本書の試みは議会制度による立法・行政関係の派生的構造化として,与党による「事前審査」や「族議員」という日本政治に特徴的とされる事象に関して制度論的な解釈を提示するものと言える.またラムザイヤーとローゼンブルスが自民党議員の政調部会を中心とする政策活動を中選挙区という選挙制度に起因するものとして理解しようと試みるのに対して,本書の分析には選挙制度に加えて議会制度という視点を提示するという意義がある.

さらに,政官における政策的な権限委譲についても厚生関連の政策分野は体系的な実証分析を可能にする.つまり,従来の代理委任論による分析は,自民党の政策が転換しているにもかかわらず,立法活動や省庁人事に変化がないという意味において,政官の代理委任関係を消極的に推測するにとどまっている.しかしながら,官僚の行動に変化がないという「非現象」自体は

官僚支配論においても予測されるところであり，そうした分析の方法論的な限界を認識する必要がある．

仮に政官の代理委任関係が全般的に成り立つならば，自民党の少数の有力議員に権力が集中し，政治家の官僚に対する影響力が大きいとされる厚生関連分野においては代理委任関係が少なくとも成立しているはずであろう．代理委任論からすると，政治家は官僚の逸脱行為がある場合にのみ積極的に介在するのであり，代理委任関係が成り立つと期待される分野において，官僚の逸脱行為を与党がどのように処理するのかということを実証的に解明することは，政官の代理委任関係を単に官僚の行動に変化がないということから推測するのとは異なり，変化の有無にかかわらず，官僚が与党の政策実現に協力しているという主張に経験的な根拠を提示することになるものである．

(2) 厚生省における組織改変

この節においては厚生省の組織改廃と厚生関連法案の「立法危険率」を関連づけるために，まず『厚生省五十年史』によって厚生省の部局レベルにおける組織再編を整理しておきたい[159]．具体的には，表8-4にまとめるような組織再編が厚生省において実施されてきている．

① 戦後復興期の部局再編

1947年9月に労働省が分離・独立した後，厚生省においては引揚援護行政が拡大から縮小に方向転換し，新たな行政需要に応じて薬務局や国立公園部，環境衛生部が新設されている．終戦によって陸軍省および海軍省が第一復員省，第二復員省と各々改められ，また両省が統合されて復員庁となっている．この復員庁は1947年10月に廃止され，陸軍関係の第一復員局が厚生省に移管される一方，海軍関係の第二復員局が総理府に移管されたが，1948年1月にこちらも厚生省に移管され，第一復員局は復員局と改められた．このように厚生省においては旧来からの引揚援護院と軍人関係の復員局が併置され，現場の係官は両者の指揮系統の下に業務を行うという事態にも陥っていた．こうした重複を避け，また統一的な引揚援護行政を実施するために，1948年5月，引揚援護院と復員局が統合されて引揚援護庁が新設されている．

次に新たな行政需要に対応する機構改革として，まず1948年2月，公衆保

第8章 議事運営と行政的自律　169

表8-4　厚生省における部局再編

年月日	再編前	再編後
1947年10月15日	復員庁	第一復員局
1948年1月1日	第一復員局	復員局
1948年2月14日	公衆保健局	国立公園部
1948年5月31日	引揚援護院・復員局	引揚援護庁
1948年7月15日	公衆保健局	公衆衛生局
1948年7月15日	医務局	薬務局
1948年8月7日	予防局	衛生統計部
1949年6月1日	予防局	公衆衛生局
1949年6月1日	公衆衛生局	環境衛生部
1949年6月1日	予防局衛生統計部	大臣官房統計調査部
1949年6月1日	公衆衛生局国立公園部	大臣官房国立公園部
1954年4月1日	引揚援護庁	引揚援護局
1959年5月1日	保険局	年金局
1961年6月1日	環境衛生部	環境衛生局
1961年6月1日	引揚援護局	援護局
1962年7月1日	保険局・年金局	社会保険庁
1964年7月1日	児童局	児童家庭局
1964年7月1日	国立公園部	国立公園局
1967年6月20日	環境衛生局	公害部
1968年6月15日	国立公園局	国立公園部
1971年7月1日	公害部	環境庁
1971年7月1日	国立公園部	環境庁
1974年4月15日	環境衛生局	水道環境部
1974年4月15日	大臣官房統計調査部	大臣官房統計情報部
1982年9月10日	社会局老人保健課	公衆衛生局老人保健部
1984年7月1日	医務局	健康政策局
1984年7月1日	公衆衛生局	保健医療局
1984年7月1日	環境衛生局	生活衛生局

注：1982年9月10日の公衆衛生局老人保健部は社会局老人保健課が8月31日に公衆衛生局老人保健課に移管された後に改組されたものである．

健局に国立公園部が新設され，戦後の国立公園行政が新たな一歩を踏み出した．1948年7月には薬事法の全面改正があり，医薬品や医療用機器などの規制，医薬品の生産配給を所管する薬務局が新設された．これに伴って，予防局と公衆保健局の所管事項も調整され，公衆保健局が公衆衛生局に改められている．このように衛生行政が転換された背景には，その所管が全面的に警察から離れるとともに，食品衛生法や公衆浴場法などの法制度が整備された

からである.こうした衛生部局の再編成に続いて,1948年8月には,予防局衛生統計課を拡充して,予防局に衛生統計部が設置され,衛生行政に関する資料収集や統計情報の整備が図られるようになった.

前章でも触れたように,1949年に入ると,ドッジ・ラインによる緊縮財政を実施するために,行政機構の縮小や人員の整理など一連の行政機構改革が実施された.厚生省に関しても,5月に厚生省設置法が制定されている.その施行に合わせて,6月には公衆衛生局と予防局の2局が統合され,公衆衛生局および局内の環境衛生部が生まれ,従来の官房7局2部から官房6局3部に再編成された.また公衆衛生局の国立公園部と予防局の衛生統計部がいずれも大臣官房に移管され,後者は統計調査部に改称されている.これにより,厚生省における戦後の機構改革は一段落し,1954年4月に引揚援護庁が厚生省内局の引揚援護局に改組されることを除いて,以後約10年間は部局レベルにおける大きな機構改革は行われていない.

② 高度成長期の部局再編

1958年の総選挙において自民党は国民年金制度の創設を二大公約の1つとして掲げ,1959年4月には国民年金法が成立し,国民年金業務を担当する部局として年金局が5月に新設された.1961年には国民皆保険・皆年金体制も整い,こうした全国民を対象とする社会保険制度の確立に伴って,膨大な現業事務の能率的かつ適正な処理が要請されるようになる.1962年7月,厚生省の外局として社会保険庁が創設され,それに伴って保険局と年金局の改組も行われた.具体的には,社会保険庁が保険料徴収や給付決定などの現業事務を所管し,保険局と年金局は各々医療保険,年金に関する企画立案事務に専念することとなった.

また経済成長に伴う都市化の進展によって,環境衛生に関する施設整備が急務となり,1961年6月には公衆衛生局の環境衛生部が環境衛生局に昇格している.さらに公害問題が深刻さを増すようになり,1964年には環境衛生局に公害課が新設され,国会においては産業公害対策特別委員会,厚生大臣の諮問機関としては公害審議会が設置されている.1967年6月,公害防止行政をより積極的に推進するために環境衛生局に公害部が新設され,これにより多くの公害関連立法が行われた.しかし,公害問題は深刻化する一方,省庁

間に意見の相違が存在することなども認識され，環境行政機構の一元化が検討されることとなる．1971年6月，こうした公害問題の深刻化を背景として，公害防止だけでなく，自然保護も含む環境保全の総合的な行政組織として環境庁が発足し，環境衛生局公害部は環境整備課を除いて環境庁に移管された．また水道用水の需要が拡大する一方，排出物の増加，多様化も著しく，1974年4月，環境衛生局に水道整備，廃棄物処理を所管する水道環境部が新設されている．

　経済成長は国民の生活水準を向上させ，国立公園や温泉地の利用を促進することとなった．こうした国立公園の管理や整備といった新たな行政需要に応えるため，1964年7月，大臣官房の国立公園部が国立公園局に昇格している．ただし，佐藤内閣による1省庁1局削減という行政改革の方針に基づいて，1968年6月，厚生省においては国立公園局が国立公園部に改組されることとなった．先にも述べたように，環境庁が公害問題だけでなく環境保全の総合的な行政機関として位置づけられたため，1971年6月，環境庁の発足とともに大臣官房国立公園部は環境庁に移管されている．

　この他，1960年代初めには，減少する引揚援護業務に代えて，戦傷病者や戦没者遺族に対する恒久的な援護施策の充実を目指すこととなり，引揚援護局が援護局に改称されている．また1964年7月には，都市化に伴う核家族化を背景として，児童と家庭の総合的な行政を実施するために児童局を児童家庭局に改称している．さらに1974年4月には，急激に変化する社会に対応してコンピューターによる迅速な情報処理や分析を行うため，大臣官房の統計調査部が統計情報部に再編されている．

③　高齢化時代の部局再編

　都市化の進展による核家族化，老齢人口の増加に伴って，老人福祉に対する関心が高まり，1963年には老人福祉法が制定され，翌年には社会局に老人福祉課が新設された．1972年には老人福祉法が改正され，老人医療費の無料化に対応するために老人保健課が新設されている．このように高度成長期において老人福祉が著しい発展を遂げ，1973年は「福祉元年」と呼ばれたが，同年にはオイルショックに見舞われ，経済が低成長に移行するに応じて，高度成長型の財政運営が重荷となっていく．

前章においても述べたように，1979年の総選挙で大平首相が「一般消費税」の導入を示唆したことによって，自民党は大敗を喫し，財政改革の焦点は歳出抑制に絞られることになる．1981年には第二次臨時行政調査会が発足し，厚生行政においても本格的な高齢化社会の到来に対応するため，老人保健，医療，年金などの制度改革が相次いで実施されていく．1982年には老人医療費の負担を保険者集団間で公平化し，老人医療費に一部負担を導入するなどの老人保健法が制定されている．これを受けて，1982年8月には，総合的な老人保健対策を推進するために，社会局老人保健課を公衆衛生局に移管し，翌9月に老人保健部が創設されている．

また1984年には高齢化社会に対応した保健と医療の統合を目的とする衛生部局の再編成が行われている．具体的には，狭義の医療制度，国立病院や療養所などを所管していた医務局は名称を健康政策局に改め，国立病院・療養所など運営部門を新設の保健医療局に移管する一方，公衆衛生局の所管であった保健所業務などを所管することになった．同時に，疾病予防，精神疾患，伝染病対策などを所管していた公衆衛生局は，老人保健制度の運営に加えて，国立病院・療養所などの運営も併せて所管し，名称を保健医療局に改めた．環境衛生局は日常生活物資に関する行政であることから，名称を生活衛生局と改め，公衆衛生局の所管であった検疫所管理業務を所管することになった．

(3) 部局再編と立法的効率

本章の目的は，与党による議事運営が議会制度として保証されているならば，行政機関が与党の政策選好に即した法案を戦略的に作成するだけでなく，与党に影響力を行使させるという意味において，多数主義的な議会制度によって立法・行政関係が派生的に構造化されているという仮説を検証することにある．具体的には，議事運営権を握る与党の政策選好に忠実な省庁は行政的な自律性を付与され，逆に与党の意向に沿わない法案を作成する省庁は冷遇されるという関係が予測される．前節においては，法案である状態の期間がどの程度早く終了するのかということを相対的に示す「立法危険率」を与党が法案個々に付与する立法的優遇度の指標として，それが省庁別の行政的裁量を示す指標としての省令数にどのような作用を及ぼしているのかということを検証した．この節においては同様の立法・行政関係の有無を行政組織

に関して検討するために，従来政治的な影響力が顕在的にも潜在的にも大きいとされている厚生関連分野を分析対象とし，厚生省の組織再編を部局レベルにおいて整理してきた．以下，厚生省の部局再編と与党による立法的優遇度としての「立法危険率」の関係を検証していくこととする．

仮に与党の政策選好の如何にかかわらず，省庁の部局が再編されるならば，そうした部局再編の前後において，当該部局の推進する法案について与党による立法的優遇度に相違は存在しないであろう．また与党の意向に沿わない部局再編が行われるならば，部局再編後に当該部局の作成する法案がより立法上優遇されるということは想定し難い．したがって，組織改廃による部局の昇格か降格かにかかわらず，部局再編後に当該部局の推進する法案の立法上の優遇度が相対的に高いならば，与党の政策選好に反するか，少なくともそれと無関係に行政組織の再編が行われるという主張を肯定することはできないであろう．

法案個々に与党が付与する立法的優遇度としての「立法危険率」が厚生省における部局再編の前後においてどのように変化しているのかということを検証するために，当該部局の所管法案を『厚生省五十年史』に基づいて特定化し，部局再編後としては再編年とその翌年をあて，部局再編前として再編前年と前々年をあてることとする．具体的には，こうした内閣提出法案は，部局再編前において38法案（含む2継続法案），再編後において51法案（含む1継続法案）[160]となる．前節における行政的裁量の分析と同様，国会法改正の影響を考慮した推定（表7-3参照）[161]に基づいて，法案個々に与党が付与する立法的優遇度の指標として「立法危険率」線型予測値を求めるが，分析範囲は1949〜1987立法年に限られ，対象法案も部局再編前の29法案，再編後の42法案の計71法案となり，それらに関して「立法危険率」線型予測値を部局再編前後で比較していくこととする．

まず表8-5の上段Aは厚生省の部局再編前後における当該部局所管法案の成立率をまとめている．具体的には，部局再編前において法案が成立しない割合は再編後における場合の4倍以上であり，部局再編前において法案は相対的に成立し難いという傾向がある．また表8-5の中段Bに示すように，こうした部局再編前後における相違は「立法危険率」の比較においても確認される．すなわち，「立法危険率」線型予測値の平均は部局再編前後各々にお

表8-5 厚生省部局再編前後の立法動向

A. 法案数

	成立	(%)	不成立	(%)	合計
再編前	20	(69.0)	9	(31.0)	29
再編後	39	(92.9)	3	(7.1)	42
合計	59	(83.1)	12	(16.9)	71

B.「立法危険率」線形予測値

	法案数	平均	標準偏差	最小	最大
再編前	50	−6.887	1.612	−12.460	−3.581
再編後	67	−6.053	1.584	−10.304	−3.163

C. T検定

分散	T	自由度	有意度
均等	2.796	115	0.006
不均等	2.789	106.7	0.006

注:部局再編前後の法案成立率に関するχ^2検定値(自由度1)は6.971である.「立法危険率」線形予測値の分散が部局再編前後において等しいとする帰無仮説に関するχ^2検定値(自由度1)は0.017である.「立法危険率」の推定にあたって,「会期」を会期延長による時間変量的外生変数としており,会期延長時に未成立である法案については「立法時間」の「打ち切り」が繰り返されるため,「立法危険率」線形予測値を求める法案数は上段Aに報告するものとは異なる.

いて−6.887,−6.053であり,「立法危険率」は部局再編後に相対的に高い傾向がある.χ^2検定によれば,部局再編前後において「立法危険率」線型予測値の分散が等しいとする帰無仮説は棄却できない.したがって,表8-5の下段Cに示すように,均等分散の場合に用いるべき平均の差についてのT検定は2.796であり,部局再編前後における「立法危険率」線型予測値平均が等しいという帰無仮説は棄却されることになる.

つまり,厚生省の部局が所管する法案の「立法危険率」は当該部局が再編された後に相対的に高いということになる.この節のはじめにおいて整理した仮説に照合すると,こうした分析結果は与党の政策選好に背くような行政組織の再編が行われているという仮説と相反するものである.より分析を積極的に評価すると,行政機関が与党の政策選好と乖離する政策を推進するためにペナルティを科されたと考えるか,組織改革の結果として与党の意向に沿った法案が作成されるようになったと理解するかのいずれにせよ,与党の政策選好に即した行政組織の再編が行われているという解釈が成り立つこと

になる．このような立法・行政関係は，議事運営権を握る与党の政策選好に忠実な省庁には行政的な自律性が付与され，逆に与党の意向に沿わない法案を作成する省庁が冷遇されるという多数主義的な議会制度の派生的構造化という観点に合致するものであり，与党の政策選好が行政機関による法案作成において戦略的に内在化されるだけでなく，行政機関の組織構造においても反映されていることを示唆している．

　また，こうした分析は，行政組織の再編を通じて官僚の政策的な逸脱が矯正されるという意味において，代理委任論における立法・行政観にも合致するものである．例えば，真渕勝は1960年代以降における12省庁を分析し，行政組織の改廃には実質的な機構改革も少なくなく，官僚の不断の自己改革によって行政機構が日常的に変化しているという視点を強調している（真渕，1999）．この節における分析は，自民党の少数の有力議員に権力が集中し，政治家の官僚に対する影響力が最も大きいとみなされる厚生関連の政策分野を対象としており，真渕の主張するような官僚の「自己改革」による行政組織の再編にも与党の政策実現という方向づけがなされているという可能性を示している．したがって，本節において明らかにした立法上の優遇度と行政組織上の自律性の関係は，従来の代理委任論による消極的な推論とは異なり，官僚の行動に変化がない場合においても，政治家の意に反して官僚の行動が不変であるのではなく，官僚が与党の政策実現に寄与しているために不変であるという代理委任論に経験的な根拠を提供するものであると言える．

3　政治優位における官僚主導

　1980年頃を境にして厚生省が変貌を遂げたことは一般にも認識されるところであり，[162]例えば，官僚機構の重要な側面として予算，法律，組織に着目した分析は，1970年代半ばには厚生省予算の伸びが一般歳出の伸びをはるかに上回っていたが，1970年代後半における政策的な空白期間を経て，1980年代に法的・組織的な対応が一挙に実施されたことを明らかにしている（衛藤，1995）．こうした1980年代における厚生省の変貌に多くの政治学者が関心を寄せ，とくに1982年の老人保健法や1984年の健康保険法改正，1985年の基礎年金導入といった制度改正が分析されてきた．[163]

　ただし，先にも触れたように，日本政治における多元主義論の展開ととも

に，1980年代において政治優位論が台頭してきたことは，自民党議員の部会活動などの分析から，政治家が「族議員」としてキャリアを積み，政策的な専門化を図ることによって，官僚優位が相対的に崩されてきたという主張を導き出している．したがって，厚生関連の政策分野は典型的な「族」が形成され，政治家優位が最も明瞭であるはずの分野であるが，実際の1980年代における厚生関連の政策的展開を考慮すると，医療保険における吉村仁や年金における山口新一郎といった厚生官僚が政策転換の牽引車となったとされており，「族」の形成といった観察主義的な事象に着目する政官関係論からは，1980年代における厚生省の変貌は政治家優位という主張に反するものとなる．

むしろ，1950年代における国民皆年金や1970年代における老人医療費無料化のように，1980年代以前において政治家は政策的な主導性を発揮してきたとも言える．[164] いずれにせよ，1980年代における厚生省の政策転換を理解する試みとしては，官僚と政治家が対峙するというより，加藤淳子やジョン・キャンベルが強調するように，厚生官僚が臨調行革路線によって生じた政策転換の気運を利用し，官僚の追及する政策目標に政治家や利害関係者の支持を糾合していくという政官関係の「協働」的側面に注目していく必要がある．[165] 代理委任論も政官を対抗関係だけではなく，利害の一致と対立を伴った協働関係として捉えるものであるが，ラムザイヤーらの想定する政官の全般的な権限委譲は，加藤やキャンベルの事例研究に示されるような官僚の政策理念的な主導性を包含するものではなく，その体系的な検証においても消極的な推測にとどまるという方法論的な限界がある．

この章においては，国会の多数主義的な制度構造が立法・行政関係にも派生するという議会制度論的視点を提起し，行政機関に対する立法・組織上の自律性の付与と剥奪のメカニズムをそれらの行政機関が作成する法案に与党が付与する議事運営上の優遇度との関係において検証してきた．

具体的には，まず法令をめぐる政官関係について従来の見解を再検討し，法律と省令には補完関係がないことを確認した．つづいて，前章における立法過程の生存分析を基礎として，国会において法案である状態が早く終了するという意味において「立法危険率」の相対的に高い法案は与党による立法上の優遇度の高いものとみなし，そうした法案個々の立法的優遇度と省庁別

の省令数や厚生省における部局再編の関係を検証し，国会における法案審議において優先される法案を作成する省庁は行政的な裁量を拡大し，また与党の政策選好に沿った省庁の部局再編が行われていることを明らかにしてきた．

こうした分析結果は，立法過程に国会の会期制による時間の制約が課されることによって，与党による議事運営に法案の生殺与奪が左右されるという議会制度的な帰結として，与党の政策選好に忠実な省庁は行政的な自律性が付与され，逆に意向に沿わない省庁が冷遇されるという立法・行政関係の議会制度論的解釈に合致している．ただし，従来の研究は，政治家や政党の役割を重視する代理委任論でさえ，観察可能な自民党における影響力行使の分析にとどまり，政治家優位の根拠が憲法による立法府の優越性にあるにもかかわらず，安定的な多数派の存在や政党幹部の指導力といったことを議院内閣制の帰結として考慮するに過ぎず[166]，立法府と行政府の構造的関係を実証的な分析対象とはしてこなかった．

これに対して，本章では法案個々に付与される立法上の優遇度とそれらの法案を作成した省庁の行政的な自律性の関係から政官の代理委任関係を検証してきた．とくに政治家の影響力が最も大きいとされ，代理委任関係が少なくとも成り立つであろう厚生関連分野において，与党の政策選好に沿わない官僚の行動が行政機関の組織改変を通じて矯正されることを明らかにしてきた．こうした分析は，与党の政策目標の変化にもかかわらず，官僚の行動に変化がないということから代理委任関係を消極的に推測する従来の研究とは異なり，たとえ官僚の行動に変化がないとしても，官僚が与党の政策実現に協力しているという主張に経験的な根拠を提供するものである．

また従来の研究は法律と省令の関係を適切に把握してこなかったが，本章では与党の議事運営に規定される法案個々の立法的優遇度とそれらの法案を作成した省庁の行政的裁量の関係から，立法府から行政府への権限委譲のあり方を体系的に解明してきた．無論，立法・行政関係は議事運営権に関する議会制度にのみ規定されるわけではないが，本章の分析結果は，日本における政官関係だけでなく，政治体制を通じて多数主義がどのように貫徹し得るのかを検討する新たな視点を提起するものである．

第9章　政権流動期における議事運営

　ここまでの分析は1993年に自民党単独政権が終焉するまでの時期を対象としてきたが，本章においては，1990年代における政権基盤の流動化が与党による議事運営権のあり方にいかなる作用を及ぼしてきたのかということを検証していく．具体的には，1989年における通常選挙において自民党は参議院の過半数を占めることができず，また1993年に自民党が内部分裂した結果，総選挙においても衆議院の多数を占めるまでには議席を獲得することができず，38年間に及ぶ自民党単独政権が終焉している．

　このように，1990年代には，国会において多数派の地位を単独で維持する政党は存在しなくなり，立法における連合や組閣における連立といった政党間交渉がより恒常的，制度的に必要となってきた．こうした政治情勢の変化を政権流動性の高まりと捉えれば，国会における立法活動に関して，通説的には，政権基盤の不安定化によって，政府の推進する法案の成立率が低くなると考えられるかも知れない．ただし，法案を支持する多数派の分裂を招くような法案の提出は見送られるようになり，むしろ法案の成立率は高くなると予測することも可能である．また単独政権と比較して，与党はより野党に宥和的になり，与野党による法案支持の包括性は高くなると期待される．ただし，連立政権においては，すでに政党連合が成立しているのであるから，野党の法案支持がより必要になるとは限らないかも知れない．

1　流動期における積極的議事運営権

　この章においては，こうした政権流動性と立法活動に関する仮説を検証す

るために，本書において考案してきた法案個々を分析単位とする推定モデルを1993年以降の時期にも適用するとともに，とくに政策分野ごとの各政党の法案支持動向を概観することによって，1990年代における政権流動性の高まりがいかなる政策的帰結をもたらしてきたのかということを考察したい．

(1) 1990年代における政党政治

第7章においても触れたように，1989年4月，リクルート疑惑の渦中，竹下首相は予算の成立と引き換えに辞任し，その後を引き継いだ宇野首相も就任後まもなく女性スキャンダルが発覚する．7月に実施された通常選挙において，自民党は大敗を喫し，参議院の過半数に遠く及ばない109議席を維持するに過ぎなくなった．翌年の総選挙において自民党は善戦し，衆議院における286議席を確保しているが，リクルート疑惑をはじめとする一連の政治資金スキャンダルを契機として，政治改革を求める動きが高まっていくなか，自民党内部に亀裂が生じ，結果的には自民党政権を終焉させることになる．

一方において，自民党議員，とくに若手議員が政治腐敗に対する世論の批判に直面し，選挙制度と政治資金規正に関する改革を求めるようになっていく．他方においては，竹下登や金丸信といった長老議員が派閥運営から事実上身を引くことになり，党内最大派閥である竹下派における次世代の主導権争いが激しさを増していく．結果的には，小沢一郎や羽田孜に率いられた議員たちが竹下派から離脱することになり，こうした竹下派の内紛と若手議員の政治改革志向が結びつくことによって自民党は分裂する．

具体的には，1993年6月に宮沢首相が選挙制度改革法案の成立を断念したことによって，自民党の内部分裂は決定的となり，野党の提出した内閣不信任案に羽田派が賛成し，不信任案が可決されたことによって，宮沢首相は国会を解散せざるを得なくなる．7月に総選挙が実施され，自民党はほぼ現有議席を維持しながらも，追加公認を含めても過半数に遠く及ばない228議席にとどまっている．これにより，細川護熙を首相とする保守系新党や旧野党による連立政権が誕生し，38年間の自民党長期政権に終止符が打たれたのであった．

ただし，国民的な支持は高かったものの，細川首相も連立政権内部の対立から1994年4月には退陣し，その後を新生党の羽田孜が引き継いだが，社会

党，新党さきがけが政権から離脱し，少数与党であった羽田政権は2カ月ほどの短命に終わっている．このように非自民連立政権は1年ほどで終わり，6月には社会党の村山富市を首相とする自民党，社会党，新党さきがけによる3党連立政権が誕生している．また1996年1月からは，自民党の総裁となっていた橋本龍太郎が村山の後を受けて，自社さ連立政権を率いることになる．

このように自社というイデオロギー的に乖離した政党が連立与党として手を携えていくにあたって，社会党も組織的な変革を迫られ，党名を社会民主党（社民党）に改め，新たな方向を模索することになる．しかし，1996年9月には，社民党と新党さきがけからの移行組議員が中心となって民主党が結成され，自民党を第一極，新生党，公明党，民社党らによって結成された新進党を第二極として，それらに対抗する第三極を民主党が目指すという政党の離合集散が進行している．

1996年10月の総選挙においては従来の中選挙区制に代えて，小選挙区比例代表並立制が初めて実施されている．自民党は党勢を伸ばすものの239議席にとどまり，また社民党と新党さきがけは各々15議席，2議席を確保したに過ぎず，両党は閣外協力に転ずる．1997年9月には，自民党は野党からの鞍替え組議員などをあわせて衆議院における過半数を回復するが，参議院においてはなお過半数割れの状態が続き，1998年6月には，政治倫理問題を機に，社民党と新党さきがけが閣外協力にあった連立関係を解消するに至っている．

このように自民党の単独政権は復活したが，1998年7月の参議院通常選挙において自民党は再び大敗を喫し，参議院において105議席を占めるに過ぎなくなる．これにより，橋本首相は引責辞任し，小渕恵三が首相を引き継いでいる．野党側においては，新進党から羽田孜の率いる太陽党が袂を分かち，1998年1月には新進党が解党され，小沢一郎が衆参両院を合わせて50名ほどの議員からなる自由党を率いるようになっている．

小渕首相は自由党との保守連携を模索し，1999年1月には自民党と自由党による連立政権が発足することになる．ただし，両与党を合わせても，なお参議院においては過半数に及ばず，多数派形成のキャスティングボートは公明党が実質的には握るようになっていた．1999年10月，公明党を正式に与党に加えた3党連立政権が発足し，与党連合は衆参両院においても過半数を維

持することができるようになった.

ただし,公明党が政権に参加した結果,自由党の与党内における地位は相対的に低くなり,こうした劣勢を挽回するために,小沢一郎は自由党の連立離脱か自自連立における政策合意を実施するかの選択を自民党に迫った.結果的には,2000年4月,小沢は連立からの離脱を選択するが,連立残留を望む自由党議員が保守党を結成し,自公保3党連立政権が発足している.この自由党の連立離脱に際して,小渕首相は脳梗塞のために倒れ,森喜朗が自公保連立政権を率いることになる.

2000年6月に実施された総選挙においても,自民党は再び衆議院における過半数を維持できなかった.森首相に対する国民の支持は低迷を続け,二度にわたって野党から提出された内閣不信任案は否決されたものの,最終的には森首相は退陣を表明せざるを得なくなる.これを受けて,自民党総裁選挙が2001年4月に実施され,小泉純一郎が圧倒的な勝利を収め,首相として自公保連立政権を引き継いでいる.

(2) 流動期における立法的効率

この節においては1990年代における政権流動性の高まりが立法的な効率性にいかなる作用を及ぼしてきたのかということを確認しておきたい.先にも触れたように,政権基盤が不安定になると,政府の推進する法案の成立率は低くなると通説的には考えられるが,法案を支持する多数派の分裂を招くような法案の提出が見送られることにより,むしろ法案の成立率は高くなるという予測も成り立つ.実際,1993年までを対象とする「立法危険率」の分析においては,1990年代に先立つ時期において,与党の政権基盤が脆弱である場合,「立法危険率」は相対的に低くなるが,1989年の通常選挙によって自民党が参議院の多数を失って以降,「立法危険率」は政権基盤が比較的に安定している時期の水準よりも相対的に高いことが明らかになっている.

以下,連立政権期における内閣提出法案を「立法危険率」の推定対象に加えることによって,そうした連立時代への移行という政治情勢の変化がミクロなレベルにおける立法的な効率性にいかに影響してきているのかということを検証していく.具体的には,細川政権以降の連立政権による内閣提出法案を示すダミー変数「連立政権」を「立法危険率」の推定モデルに加えると

ともに,1993年までを対象とした「脆弱政権」についても「連立政権」を含むものとして再定義する.したがって,「法案序列＊脆弱政権」も併せて連立政権による内閣提出法案を含むものとして定義し直されている.

表9－1は,連立政権下の内閣提出法案を含む「立法危険率」の推定結果をまとめている.こうした分析範囲の拡大や推定モデルの変更によっても,これまでと外生変数の推定結果に大差はなく,前章までの議論の妥当性が確認されている.「危機1971～76」の「立法危険率」に対する作用はマイナスからプラスに変わるが,この変数の係数は表7－3においても表9－1においても統計的に有意なものではない.また「法案序列」の「立法危険率」に対する作用が「危険比率」において約1％減少しているが,「法案序列＊1958改正」の作用が「危険比率」において約1％増加しており,国会法改正後の「法案序列」の「立法危険率」に対する作用は基本的に同じであり,そうした

表9－1　立法危険率と連立政権

外生変数	危険率係数	標準誤差	危険比率
法案序列	0.057	0.005	1.058
付託法案	0.022	0.002	1.023
特別国会	−0.529	0.053	0.589
会期	−0.035	0.001	0.965
社会化	−0.238	0.073	0.788
与党議席	0.017	0.003	1.017
野党委員長	−0.082	0.037	0.922
法案序列＊野党委員長	−0.016	0.004	0.984
脆弱政権	−0.414	0.086	0.661
危機1958～63	0.326	0.077	1.385
危機1971～76	0.003	0.096	1.003
衆参ねじれ	1.234	0.125	3.435
連立政権	1.298	0.121	3.661
法案序列＊脆弱政権	−0.014	0.004	0.986
1958改正	−0.051	0.088	0.951
法案序列＊1958改正	0.022	0.004	1.023
対数尤度		−41267.550	
χ^2検定		2045.660	

注:分析対象法案6,444中,930法案が会期内に成立していない.「会期」の時間変量的変数化によって延べ法案数が9,264となる.「提出時間」を生存期間が観察可能となるまでに要する日数とする.コックス・モデルによる部分尤度推定であり,同値はエフロン法によって処理している.χ^2検定は外生変数を含まないモデルとの尤度比検定である(自由度16).

制度変更の効果を相対的に大きく評価する結果となっている．

新たな定義による「法案序列＊脆弱政権」の「立法危険率」に対する作用には実質的な相違は生じていないが，「連立政権」の「立法危険率」に対する係数が示すように，この時期において立法的な効率性に関して独自の作用が働いていることがわかる．具体的には，「脆弱政権」の作用と併せて，連立政権下における内閣提出法案の「立法危険率」は，政権の比較的に安定している時期における法案と比較して約2.4倍となる．同様に，こうした連立政権期に先立つ自民党政権下の衆参ねじれ期においては「立法危険率」は約2.3倍となる．つまり，安定的な多数与党が衆参両院において存在しない1990年代においては，通説的な見解に反して，法案個々の成立確率はむしろ高まったということになる．

また表9−1は，議事運営上の優先度が高い法案ほど，法案の成立する可能性を高めるとともに，そうした議事運営の立法的作用が与党によって議事運営権が掌握されている程度に依存することも確認している．したがって，こうした推定結果を総合すると，国会の機能とは，衆参両院において安定的な多数与党が存在し，議事運営権を掌握することによって，行政省庁の法案作成行動を規定することにあり，そうした多数与党が存在しない場合には，国会における多数派の意向に反するような立法が推進されるのではなく，むしろ国会を通過することが困難であるような法案の提出が戦略的に控えられ，そうした議会制度的な帰結として法案の成立率が高くなるという解釈が可能となる．

2　流動期における消極的議事運営権

この節においては，1990年代における政権流動化の帰結として，「消極的議事運営権」の立法的作用における変化に分析の焦点を移し，前節において明らかとなったような法案作成における戦略的行動を法案個々に対する政党の賛否についても確認していくこととする．具体的には，衆参両院において安定的な多数与党が存在する場合と比較して，政府はより宥和的な立法を推進するようになり，与野党による法案支持の包括性が高くなると期待される．ただし，連立政権においてはすでに政党連合が成立しているのであり，野党の法案支持がより必要になるとは言えないかも知れない．第5章において明

らかにしたように，政党の内閣提出法案に対する賛否は与党自民党からのイデオロギー的距離に応じて一次元的に規定されており，また与党が委員会審議における議事運営権を掌握できない場合，法案はより野党に支持される宥和的なものとなるようである．

　以下，連立政権期における内閣提出法案を法案支持の確率推計に加えるとともに，1990年代における政権流動性の高まりが法案支持の包括性にいかなる作用を及ぼしているのかということを検証していく．具体的には，まず自民党単独政権末期において参議院の多数を自民党が維持できなかった時期における内閣提出法案をダミー変数によって区別し，それを「衆参ねじれ」として「法案支持」の推定モデルに加える．この「衆参ねじれ」は自民党による単独政権でありながらも，与党によって国会全般としての議事運営権が掌握されていないことを反映するものである．したがって，「衆参ねじれ」と各野党の法案賛否であることを示す野党ダミーの「法案支持」に対する相互作用を検証することによって，政権流動化が「消極的議事運営権」の立法的作用に及ぼした影響を解明することが期待される．

　さらに連立政権期については3つに時期を区分していく．まず「中道社民」(169)は細川連立政権から自社さ連立政権までの中道・社民勢力が政権に参加した時期における法案を示すダミー変数である．また連立第二期は，自社さ政権後の自民党単独政権と自民党と自由党による連立政権において，与党が参議院における多数を占めなかった期間とし，その期間における法案を「自自連立」のダミー変数によって区別する．最後に，「自公連立」はダミー変数として，公明党が正式に政権に参加し，参議院においても与党が過半数を占めるようになった期間における法案を示すものとする．これらのダミー変数は連立政権内のイデオロギー的配置と与党によって議事運営権が掌握される程度を反映するものであり，「衆参ねじれ」と同様，これらと野党ダミーの積変数を法案支持の推定モデルに加えることによって，連立時代における立法活動の変化を明らかにしていく．

　表9-2は，連立政権下の内閣提出法案を含む「法案支持」の不均一分散プロビット・モデルによる推定結果をまとめている．前節における分析と同様，こうした分析範囲の拡大や推定モデルの変更によっても，自民党単独政権下において明らかとなった政党の法案賛否に関する特徴は基本的に変わら

表9-2 法案支持確率と連立政権

	係数	標準誤差
対数審議時間	−0.120	0.016
与党議席	0.000	0.001
野党委員長	0.130	0.030
社会党	0.218	0.036
公明党	0.294	0.049
社民連	0.329	0.058
民社党	0.360	0.058
新自ク	0.473	0.079
衆参ねじれ	0.001	0.029
社会党＊ねじれ	0.410	0.083
民社党＊ねじれ	0.443	0.105
公明党＊ねじれ	0.684	0.169
中道社民	0.114	0.038
新進党	0.368	0.090
自民党	0.441	0.118
自自連立	−0.091	0.034
新進党＊自自	0.083	0.093
公明党＊自自	0.316	0.072
民主党	0.344	0.063
社会党＊自自	0.407	0.080
自由党	0.418	0.083
太陽党	0.704	0.155
自公連立	0.007	0.037
社会党＊自公	−0.002	0.038
自由党＊自公	−0.100	0.082
民主党＊自公	0.004	0.057
定数	0.458	0.104
分散（審議）	−0.285	0.040
分散検定	50.090	
対数尤度	−6833.435	
尤度比検定	62.870	

注：対象法案は自民党政権以降（1956～2001年）の予算国会衆議院本会議において採決のあった衆議院先議の新規内閣提出法案3,725本（対象賛否数：13,541），被説明変数は「法案支持」（平均：0.731）である．各係数において法案間のみに独立性を想定したヒューバー・ホワイトの標準誤差を報告している．分散（審議）は不均一分散プロビット・モデルによる「対数審議時間」の分散係数であり，分散検定は対数化分散を0とするχ^2検定値（自由度1）である．尤度比検定は説明変数を含まないモデルとのχ^2検定値（自由度26）である．

ない．具体的には，まず「対数審議時間」自体の係数は統計的に有意なマイナスであり，また「対数審議時間」の「法案支持」に関する分散係数である分散（審議）も統計的に有意なマイナスである．[170]

こうした推定結果は，野党の法案賛否が審議時間に応じて反対に収斂することを示しており，国会における法案審議を通じて政党間の相互作用が高まり，より法案が支持されるようになるという交渉型審議仮説の成り立たないことを確認している．また「与党議席」が「法案支持」に関して統計的に有意な作用のある変数でない点も同じである．「野党委員長」の係数も統計的に有意なプラスのままであり，連立政権期を通じても，本会議に先立つ委員会審議の議事運営権を与党が掌握できない場合，内閣提出法案がより野党に支持される宥和的なものとなる傾向を示している．

第5章における分析と同

様，主要な野党の法案賛否を示す野党ダミーは「法案支持」に関して統計的に有意なプラスの係数が推定されており，このことは各野党が参照基準である共産党の法案支持確率と比較して，より内閣提出法案を支持する傾向にあることを意味している．表9－3は1990年代における法案支持確率の推移を整理しており，具体的には，「法案支持」に関して統計的に有意な作用のある変数に限って，各野党の法案支持確率を求めている．[171]

まず各々の野党が存在した期間を通じて内閣提出法案を支持する基礎的な水準という意味において，各野党の法案支持確率の序列をみておくと，自民党単独政権を対象とした第5章における分析とは，公明党と社民連の順序が入れ代わるものの，両者は支持確率の程度において実質的に異なるものではなく，各野党の法案賛否は一次元的な左右のイデオロギー配置に対応するものであることが連立政権期を含む分析においても確認される．[172]

また表9－2は「衆参ねじれ」が「法案支持」に関して統計的に有意な変数でないことを示しており，1990年代に入って自民党が参議院の多数を失ったことは共産党の法案賛否に実質的な影響を及ぼすものでなかったことを明らかにしている．一方，自民党単独政権末期における衆参ねじれ期において，他の野党は内閣提出法案をより支持するようになっている．すなわち，表9

表9－3 野党の法案支持確率の変化

政党	基礎的水準	自民党単独 衆参ねじれ (1990～93)	連立第一期 中道社民 (1994～96)	連立第二期 自自連立 (1997～99)	連立第三期 自公連立 (2000～01)
共産党	52.7	52.7	65.5	42.1	52.7
社会党	75.9	97.1	―	94.7	75.9
公明党	82.2	99.8	―	94.3	―
社民連	84.7	―	―	―	―
民主党	85.7	―	―	78.9	85.7
民社党	86.7	99.2	―	―	―
新進党	87.2	―	92.9	80.8	―
自由党	90.0	―	―	84.6	90.0
自民党	91.1	―	95.4	―	―
新自ク	92.5	―	―	―	―
太陽党	98.3	―	―	96.8	―

注：表9－2における統計的に有意な係数に基づき，「対数審議時間」の平均（3.744），「野党委員長」の平均（0.106）において，各野党の法案支持確率を求め，各野党が存在した期間を通じて法案を支持する「基礎的水準」の低い順に挙げている．

－2に示すように,「衆参ねじれ」と社会党,民社党,公明党を示す野党ダミー各々の積変数は「法案支持」に関して統計的に有意なプラスの係数が推定されている.具体的には,表9－3に示すように,他の条件を一定として,衆参ねじれ期において,共産党を除く主要な野党はほぼすべての内閣提出法案を支持するようになっており,社会党でさえ反対する確率は約3％に過ぎなくなっている.

このように自民党が参議院における多数を維持できなくなったことは,少なくとも中道・社民政党の内閣提出法案に対する態度に独自の作用を及ぼしており,こうした変化は,国会における多数派の意向が法案作成において反映されるという意味において,同時期における法案成立率の上昇傾向と符合している.また審議時間の経過に応じて野党の法案賛否が反対に収斂する傾向のあることと,委員会審議における議事運営権を与党が掌握できない場合に法案がより野党宥和的になることも併せて考えると,衆参ねじれ期に関する推定結果は,法案賛否の実態が国会の機能として与野党間の審議や交渉を重視する議会観よりも,法案の生殺与奪権を議事運営に集約させ,国会における多数派の意向を法案作成に反映させるという立法・行政関係を重視した議会観に合致することを確認するものである.

次に連立第一期に目を向けると,表9－2からは「中道社民」が「法案支持」に対して統計的に有意な作用を及ぼしていることがわかる.このことは細川連立政権から自社さ連立政権までの連立第一期において,共産党がより内閣提出法案を支持するようになっていることを意味している.具体的には,表9－3に示すように,共産党の法案支持確率は衆参ねじれ期と比較して平均的に13％ほど高くなっている.

連立第一期の予算国会における主要な野党は,共産党を除けば,自民党か新進党である.表9－3からも明らかなように,まず細川連立政権下における自民党の法案支持確率は共産党のそれよりも30％ほど高く,両党のイデオロギー的差異の大きさを反映している.また自社さ連立政権下における新進党の法案支持確率も高く,これは新進党がイデオロギー的には与党である自民党と社会党の間に位置する「与党的野党」という立場にあったことの表れと言えよう[173].こうした推定結果は,与党から野党に転じた政党がにわかに反政府的な姿勢を立法においてとるようになるわけではないことを示してい

る.

　同様の傾向は自社さ連立政権後の連立第二期における社会党にもみられる.すなわち,表9−2から明らかなように,連立第二期を示す「自自連立」は「法案支持」に対して統計的に有意なマイナスの作用を及ぼしている.このことは共産党の法案支持確率が基礎的水準より低くなることを意味し,具体的には,表9−3に示すように,連立第一期と比較すると,支持確率が20％以上落ち込むことになる.これに対して,「社会党＊自自」は統計的に有意なプラスの係数が推定されており,連立第二期における社会党の法案支持確率は平均的に約95％の水準にある.[174] 一方,民主党はこうした旧世代社会党と訣別し,新党さきがけの呼びかけに応じて結成された政党であり,その野党色は内閣提出法案に対する支持確率が8割を下回ることにも表れている.

　こうした分裂は保守・中道陣営にもみられる.表9−3に明らかなように,自社さ連立政権後の連立第二期において,自民党による単独政権が復活するとともに,新進党から親政府的な太陽党が分離し,新進党自体の法案支持確率はおよそ8割となり,民主党の法案支持確率と実質的に異なるものではなくなっている.最終的には,新進党は政府寄りの公明党（法案支持確率約94％）と自由党（同約85％）に袂を分かつことになる.こうした公明党の比較的に高い法案支持確率は,1990年代前半における衆参ねじれ期と同様,連立第二期においても,自民党が参議院における多数を占めていないという状況を反映しており,実質的には公明党がすでに立法の多数派形成にとって不可欠な存在となっていたことを示唆している.[175]

　また表9−2は連立第三期がいずれの野党の法案支持にも統計的に識別される独自の作用を及ぼしていないことを示している.具体的には,表9−3に示すように,いずれの野党の法案支持確率も基礎的な水準におけるものとなり,共産党と民主党は連立第二期と比較して相対的には内閣提出法案を支持するようになる一方,政権を離れて3年を経た社会党においては与党経験者の世代交代も進み,内閣提出法案に対する支持確率は20％ほど減少している.また自公保連立政権の発足に際して下野した自由党の法案支持確率は90％であり,これは連立第二期の自民党単独政権下における同党の法案支持確率よりも高く,与党から野党に転じた場合の法案賛否における傾向に一致している.

3 政権流動化の政策的帰結

前節の分析から明らかなように，1989年に自民党が参議院における多数を失ったことにより，野党は内閣提出法案を支持する傾向を強めており，こうした野党の「与党化」は少なくとも1990年代前半から自社さ連立政権までの時期において顕著である．このような1990年代における法案賛否の動向に着目すると，政権流動性の高まりとそれに伴う議事運営権の立法的作用における変化がもたらした政策的帰結について検討することが可能となる．

まず表9-4は，1990年代前半において内閣提出法案に対する態度を実質的に変化させた社会党，公明党，民社党のいずれかが少なくとも反対した内閣提出法案数を衆議院の委員会別にまとめている．具体的には，1989年の参議院選挙から1993年に自民党が下野するまでの約4年間とそれに先立つ約4

表9-4　衆参ねじれ期における野党反対の内閣提出法案数

	第103〜114回国会			第115〜126回国会			変化		
	社会	公明	民社	社会	公明	民社	社会	公明	民社
大蔵	19	17	16	1	0	2	18	17	14
地方行政	15	13	13	1	1	1	14	12	12
内閣	12	7	4	1	0	0	11	7	4
社会労働	6	5	3	0	0	0	6	5	3
農林水産	6	4	3	0	0	0	6	4	3
文教	7	1	0	2	0	0	5	1	0
建設	5	2	2	1	0	0	4	2	2
法務	5	4	3	2	0	0	3	4	3
運輸	3	1	1	0	0	0	3	1	1
科学技術	3	0	0	0	0	0	3	0	0
環境	2	1	0	0	0	0	2	1	0
逓信	1	1	1	0	0	0	1	1	1
外務	1	0	0	0	0	0	1	0	0
商工	3	1	0	3	0	0	0	1	0
特別	15	6	6	2	0	0	13	6	6

注：第103回（1985年）から第126回（1993年）までの国会において衆議院本会議決のあった内閣提出法案を対象として，社会党，公明党，民社党のいずれかが反対した法案数を1989年の参議院選挙を境とする前後の約4年間各々において，衆議院の委員会ごとに集計しており，「変化」の列に示す反対法案数の減少数の多い順に各委員会を挙げている．第121回国会（1991年）より社会労働委員会は厚生委員会と労働委員会に分割されており，当該期に関しては両委員会の合計を用いている．また第122回国会（1991年）より安全保障委員会が常任委員会に昇格されているが，これら3野党が反対する内閣提出法案はない．「特別」は特別委員会の合計を示している．

年間(1985〜88年)の法案数を比較している．表9-4から明らかなように，1980年代後半においては，3野党の反対する内閣提出法案は大蔵委員会や地方行政委員会，次いで内閣委員会に多い．こうした内閣提出法案には，大蔵委員会の場合，主として財源確保の特別措置や決算における剰余金処理特例，補助金の臨時特例，租税特別措置，所得税・法人税の法改正が含まれている．また地方行政委員会においては地方税や地方交付税，内閣委員会においては公務員給与や行政組織に関する法案が大部分を占めている．これに対して，衆参ねじれ期の4年間において，野党の反対する内閣提出法案数はそれらの3委員会において激減しており，具体的には，社会党が3委員会各々において1件，民社党が大蔵委員会において2件，地方行政委員会において1件反対しているに過ぎない．また公明党が反対した法案は地方行政委員会における1件にとどまっている．

また表9-5は衆参ねじれ期の4年間において3野党のいずれかが反対した内閣提出法案を列挙している．この一覧からは，3野党のすべてが反対した内閣提出法案は第118回国会において地方行政委員会に付託された地方税法改正案のみであり，第123回国会において大蔵委員会に付託された税制特別措置の2法案を除けば，公明党と民社党の両党はすべての内閣提出法案に賛成していることがわかる．これに対して，社会党には会社法，大規模小売店舗法，独占禁止法といった商行為や国際貢献，教育に関連する法案に反対する傾向が残っている．したがって，1990年代前半の衆参ねじれ期において，これらの中道・社民政党が内閣提出法案に反対する傾向が大蔵委員会や地行委員会において，他の委員会と比較してなお相対的に強いとしても，そうした2つの委員会に付託されるような政府の財政運営に関わる内閣提出法案が3野党に支持されるか，少なくとも反対されるような法案として提出されなくなったということは明らかであろう．

同様の傾向は細川連立政権から自社さ連立政権までにもみられる．表9-6は連立第一期において自民党，改革，新進党のいずれかが反対した内閣提出法案を列挙しており，政治改革関連や住専処理関連といった時々の懸案事項を除けば，野党の法案態度がこれに先立つ衆参ねじれ期における自民党単独政権のものと大きく異なるわけではないことを示している．[176]つまり，1990年代に進展した野党の実質的な与党化は，共産党を除くすべての野党が形式

表9-5 衆参ねじれ期における野党反対の内閣提出法案一覧

国会回次	法案番号	提出回次	委員会	議案件名	反対会派
116	49	114	文教	教育職員免許法の一部を改正する法律案	社
118	11	118	地行	地方税法の一部を改正する法律案	社 民 公
118	45	118	法務	商法等の一部を改正する法律案	社
118	46	118	法務	商法等の一部を改正する法律の施行に伴う関係法律の整備に関する法律案	社
118	64	118	文教	生涯学習の振興のための施策の推進体制等の整備に関する法律案	社
118	65	118	内閣	臨時行政改革推進審議会設置法案	社
120	38	120	商工	大規模小売店舗における小売業の事業活動の調整に関する法律の一部を改正する法律案	社
120	39	120	商工	輸入品専門売場の設置に関する大規模小売店舗における小売業の事業活動の調整に関する法律の特例に関する法律案	社
120	49	120	大蔵	湾岸地域における平和回復活動を支援するため平成二年度において緊急に講ずべき財政上の措置に必要な財源の確保に係る臨時措置に関する法律案	社
123	5	121	特別	国際連合平和維持活動等に対する協力に関する法律案	社
123	6	121	特別	国際緊急援助隊の派遣に関する法律の一部を改正する法律案	社
123	3	123	大蔵	租税特別措置法の一部を改正する法律案	民
123	4	123	大蔵	法人特別税法案	民
123	72	123	建設	都市計画法及び建築基準法の一部を改正する法律案	社
125	80	123	商工	私的独占の禁止及び公正取引の確保に関する法律の一部を改正する法律案	社

注：第115回国会（1989年）から126回国会（1993年）までの衆議院本会議採決において社会党，公明党，民社党のいずれかが反対した内閣提出法案を国会回次，法案番号順に挙げている．反対会派として，社会党を「社」，民社党を「民」，公明党を「公」と表している．

的にも与党を経験することによって，連立第一期において頂点に達することとなり，このことは財政運営の策定にあたって中道・社民勢力の意向が無視し得ないものになってきたことを示唆している．

　ただし，こうした野党の与党化も自社さ連立が解消され，自民党単独政権が復活するに及んで歯止めがかけられることになる．表9-7は，自社さ政権後の法案賛否に関する政策分野ごとの特徴を明らかにするために，自民党単独政権から自民党と自由党による連立政権までの時期を連立第二期とし，その後に公明党が加わった連立政権の時期を連立第三期として区分し，共産党を除く主要な野党のいずれかが反対した内閣提出法案数を衆議院の委員会

表9-6 連立第一期における野党反対の内閣提出法案一覧

国会回次	法案番号	提出回次	委員会	議案件名	反対会派
128	1	128	特別	公職選挙法の一部を改正する法律案	自
128	2	128	特別	衆議院議員選挙区画定審議会設置法案	自
128	3	128	特別	政治資金規正法の一部を改正する法律案	自
128	4	128	特別	政党助成法案	自
129	5	129	大蔵	酒税法の一部を改正する法律案	自
129	6	129	大蔵	租税特別措置法の一部を改正する法律案	自
129	12	129	地行	地方税法及び地方財政法の一部を改正する法律案	自
131	26	129	厚生	国民年金法等の一部を改正する法律案	改
131	3	131	特別	所得税法及び消費税法の一部を改正する法律案	改
131	4	131	特別	平成七年分所得税の特別減税のための臨時措置法案	改
131	5	131	特別	地方税法等の一部を改正する法律案	改
131	19	131	厚生	原子爆弾被爆者に対する援護に関する法律案	改
132	8	132	大蔵	租税特別措置法の一部を改正する法律案	新
132	28	132	労働	育児休業等に関する法律の一部を改正する法律案	新
134	17	134	特別	宗教法人法の一部を改正する法律案	新
136	19	136	内閣	内閣法等の一部を改正する法律案	新
136	35	136	特別	特定住宅金融専門会社の債権債務の処理の促進等に関する特別措置法案	新
136	84	136	法務	民事訴訟法案	新
136	93	136	法務	民事訴訟法の施行に伴う関係法律の整備等に関する法律案	新
136	94	136	特別	金融機関等の経営の健全性確保のための関係法律の整備に関する法律案	新
136	95	136	特別	金融機関の更生手続の特例等に関する法律案	新
136	96	136	特別	預金保険法の一部を改正する法律案	新
136	97	136	特別	農水産業協同組合貯金保険法の一部を改正する法律案	新

注:第127回国会(1993年)から137回国会(1996年)までの衆議院本会議採決において自民党,改革,新進党のいずれかが反対した内閣提出法案を国会回次,法案番号順に挙げている.反対会派として,自民党を「自」,改革を「改」,新進党を「新」と表している.

別に集計している.これらの時期においては各野党の存続する期間が異なり,また社会党が閣外協力にあった時期や自由党が政権に参加した期間を含んでおり,法案数の単純な比較には注意を要する.

しかし,大蔵委員会や地方行政委員会において,野党の内閣提出法案に反対する傾向が戻りつつあり,また1980年代後半における社会労働委員会のように,厚生委員会において野党の反対する法案が増えているという傾向も確

表9－7　連立第二期以降における野党反対の内閣提出法案数

	第138～145回国会						第146～150回国会		
	民主	新進	公明	太陽	社会	自由	民主	社会	自由
大蔵	11	3	3	1	3	4	7	6	1
厚生	6	4	1	3	1	1	6	6	2
建設	6	0	0	0	0	0	0	0	0
地方行政	5	2	2	1	3	4	6	6	1
農林水産	3	1	0	1	2	0	2	3	0
法務	3	0	0	0	1	0	0	3	0
商工	2	0	0	0	2	0	0	2	0
内閣	1	0	0	0	1	0	0	1	1
環境	1	0	0	0	0	0	1	0	0
科学技術	0	0	0	0	1	0	0	1	0
外務	0	0	0	0	0	0	0	0	0
文教	0	1	0	0	0	0	2	0	0
運輸	0	1	0	1	0	0	0	0	0
通信	0	0	0	0	0	0	1	0	0
労働	0	0	0	0	0	0	0	3	0
安全保障	0	0	0	0	1	0	0	2	1
特別	26	3	5	1	3	5	61	0	0

注：第138回（1996年）から第150回（2000年）までの国会において衆議院本会議採決のあった内閣提出法案を対象として，連立第二期においては民主党，新進党，公明党，太陽党，社会党，自由党のいずれかが反対した法案数，連立第三期においては民主党，社会党，自由党のいずれかが反対した法案数を衆議院の委員会ごとに集計し，連立第二期における反対法案数の多い順に各委員会を挙げている．社会党は第142回国会中の1998年5月まで閣外協力にあり，自由党は第145回国会から第147回国会中の2000年3月まで与党である．「特別」は特別委員会合計を示している．2001年から省庁再編に対応した委員会構成に変更されているため，第151回国会は分析に含まれていない．

認される[177]．したがって，このように自社さ連立政権後において，社民勢力が政権から排除され，政権が相対的に保守・右傾化しつつあることを背景として，財政運営に加えて，金融や社会保障，行財政の制度改革において，野党の意向が必ずしも反映されなくなってきているという変化も生じている．

4　政権流動化と国会の機能

　この章においては，1990年代における政権基盤の流動化が与党による議事運営のあり方にいかなる影響を及ぼしてきたのかということを検証してきた．具体的には，1990年代における政党政治の展開を概観したうえで，まず政権流動性の高まりが通説的に政府の推進する法案の成立を妨げるように作用す

るのか，それとも国会における多数派の分裂を招くような法案の提出が控えられ，むしろ法案の成立率を高めるように作用するのかということを検証してきた．

1990年代における連立政権下の内閣提出法案を含む「立法危険率」の分析からは，国会において法案である状態が早く終了するという意味における立法的な効率性は，自民党単独政権末期における衆参ねじれ期以降，相対的に高い水準にあることが示されている．具体的には，衆参ねじれ期においても，その後の連立政権期においても，「立法危険率」としての法案個々の成立確率は，政権基盤の比較的に安定している時期におけるものの2倍以上となる．つまり，1990年代におけるように，安定的な多数与党が衆参両院において存在しない場合，通説的な見解に反して，法案個々の成立確率はむしろ高まるという結果を得たわけである．

同時に，「立法危険率」の推定結果は，議事運営上の優先度が高いほど，法案の成立する可能性が高まるとともに，そうした効果が与党によって議事運営権が掌握される程度に依存することも確認しており，議事運営権の立法的作用が1990年代の連立政権においても機能していることを示唆している．したがって，こうした分析を総合すると，国会の機能とは，多数与党が議事運営権を掌握し，法案の生殺与奪を左右することによって，行政機関に与党の政策選好に沿った法案を作成させるよう立法・行政関係を構造化することにあり，国会において安定的な多数与党が存在しない場合には，国会を通過することが困難であるような法案の提出が戦略的に控えられ，そうした議会制度的な帰結として法案の成立率は高くなるという解釈が可能となる．

このように行政機関によって国会における多数派の政策選好が戦略的に配慮されるならば，単独の与党が衆参両院における多数を占める場合と比較して，1990年代における政権流動性の高まりは，政府の推進する法案をより野党宥和的なものにし，与野党による法案支持の包括性を高めるように作用すると予測される．具体的には，第5章において考案した法案賛否の確率推計を1990年代における連立政権下の内閣提出法案にも応用し，国会における議事運営権を掌握することによって，国会に提出される法案を取捨選択するという作用が1990年代においてどのように変化してきたのかということを検証してきた．

本章における「法案支持」の推定結果は，自民党単独政権における内閣提出法案のみを対象とした分析と同様，野党の法案賛否が審議時間に応じて法案反対に収斂することを示しており，国会における法案審議を通じて与野党の協調関係が強まるという見解が法案賛否の実態には合致しないことを確認している．また連立政権期を通じても，政党の法案態度は一次元的な左右のイデオロギーに対応するものであると言える．ただし，このことは政党の政策選好が長期的に固定され，また与党であるか否かということにかかわらず，変化しないということを意味するものではない．

　1989年の通常選挙によって自民党が参議院の多数を失ったことにより，共産党を除く主要な野党はほぼすべての内閣提出法案を支持するようになっており，そうした法案支持の包括化は程度の差こそあれ，連立政権下においても続いている．つまり，衆参両院において安定的な多数与党が存在せず，与党が国会における議事運営権を掌握できない場合，中道・社民勢力は立法の多数派形成において不可欠な位置を占めるようになり，また自社さ連立政権のように，与党のイデオロギー的配置自体が包括的である場合，新進党のような「与党的野党」の反対する法案が国会に提出される余地はそもそも少ない．ただし，こうした野党の与党化も自社さ連立が解消され，社民勢力が政権から排除されるようになり，政権が相対的に保守・右傾化するに応じて歯止めがかかっているようである．

　1990年代における法案賛否の動向は，国会多数派の意向が法案作成において反映されるという意味において，同時期における法案成立率の上昇傾向に符合している．また審議時間の経過に応じて法案賛否が法案反対に収斂する傾向のあることと，委員会審議における議事運営権を与党が掌握できない場合に法案がより野党宥和的になることも併せて考えると，法案賛否の実態は，国会の機能として与野党間の審議や交渉を重視する議会観よりも，法案の生殺与奪権を議事運営に集約させ，国会における多数派の意向を法案作成に反映させるという立法・行政関係を重視した議会観に合致することを確認している．

　政権交代といった可視的現象に着目する観点からは，自民党単独政権の終焉と連立政権時代への移行，そうした連立政権に特有な機構・組織や政策形成の違いが強調される傾向にあるが，この章において検証してきた政権流動
(178)

化による野党の与党化は自民党単独政権下の1990年代初めにはすでに確立していることを認識する必要がある．こうした政党の法案態度における変化は，1990年代初めから中道・社民勢力の政策選好が立法に積極・消極の2つの意味においてより反映されてきたことを示唆している．すなわち，政権流動化によって，国会における議事運営権を掌握することが与党にとって難しくなるとともに，中道・社民勢力は立法における多数派形成を左右するイデオロギー的位置を占めることになり，中道・社民勢力の政策選好が内閣提出法案に取り込まれるか，少なくとも中道・社民勢力の意向に背くような立法に対して実質的な拒否権が行使されるようになったのである．

また1990年代における中道・社民勢力の法案態度は財政運営に関わる内閣提出法案において顕著な変化をみせている．これは1990年代に入って立法の多数派形成に野党の協力が不可欠となったことにより，中道・社民勢力の意向が政府の財政運営の策定にあたって無視し得なくなったことを示唆している．ただし，こうした総与党化も自社さ連立政権を頂点として歯止めがかけられている．自社さ連立解消後も参議院においては少数与党の状態が続き，実質的には公明党が立法の多数派形成にとって不可欠な存在となっていたが，自公連立が正式に成立したことによって社民勢力が排除されつつある．

このように1990年代において，政党は離合集散を繰り返し，政権や政策をめぐる連立交渉や多数派工作が制度的に常態化している．政党の離合集散は選挙制度だけでなく，議会制度によっても条件づけられるものである．第3章においても触れたように，最近の1996年と2000年の総選挙を除いて，新憲法下における戦後の衆議院選挙は中選挙区制において実施されている．中選挙区制の特徴は選挙区定数に対応した候補者数に上限を課すように作用するとともに，政権獲得を目指す政党が同一選挙区に複数の候補を擁し，激しい党内対立を抱えざるを得なくすることにある．こうした中選挙区制によって，(179)
自民党は激しい党内対立に悩まされながらも，優位政党の立場を維持してきたのであり，自民党単独政権の終焉を招いた自民党の分裂とは選挙制度的な帰結でもある．

ただし，党内の派閥抗争は常に自民党を揺るがし続けてきたのであり，なぜ1990年代において分裂したのかという問題を考えるにあたって，この章において明らかにしてきたように，1990年代において自民党が参議院における

多数を失ったことは重要な変化である．これにより，立法の多数派形成に野党の協力が不可欠となり，野党の「与党化」が進展したことは与野党の区別をあいまいにし，立法や政策の責任所在を一層不明確にしてきたのである．したがって，こうした1990年代における権力の分散化は二院制という国会の制度に条件づけられた変化としても理解されるものである．[180]

　1990年代の政治改革を求める動きは自民党単独政権の終焉をもたらすとともに，政党の求心力を連立政権時代においてさらに弱めるように作用している．つまり，政治改革の動きは，中選挙区制の弊害を改めるために，小選挙区比例代表並立制を導入する選挙制度改革に結実したが，少なくとも新しい制度における2回の選挙結果からは，小選挙区制による政党の統合作用は比例代表による反作用によって相殺され，並立制全体としては中選挙区制におけるよりも統合作用が緩和されている．[181]

　こうした政党政治の変質は，選挙，立法のいずれにおいても，権力の集中度を緩和する方向に作用している．政府運営や政策形成をめぐる政党間交渉が常態化することによって，与野党の利害はより広く立法や政策に反映されるようになるとともに，与野党の立法や政策における責任所在が不明確になってきている．そうした状況において，政党がいかなる綱領や政策的な目標を掲げようとも，それらは現在と将来の二者択一を政権選択として有権者に意識させるものではない．

　むしろ集団的帰属の比較的に明瞭な有権者は，政権の業績を評価するか否かにかかわらず，集団－政党関係に応じて自動的に特定の政党を支持し続ける一方，そうした帰属意識の低い有権者にとって政党間の相違はないに等しいものとなる．1990年代における政党の離合集散は有権者レベルにおける政党支持や社会構造の変動に呼応するものではなかったが，時を同じくして有権者の政党支持において「第一党」である無党派層が急激に増加していることも事実である．また多数派形成における与野党交渉が常態化し，とくに中道・社民勢力が立法や政策に影響力を行使するようになったことは，旧来の組織的，制度的な環境においては，未だ政治家としてのキャリアを確立するに至っていない保守系議員に危機感を募らせ，それが政治改革を求める動きとなり，結果として自民党を分裂させることになったのかも知れない．[182]

　いずれにせよ，このように日本における政党政治の動向を立法や政策にお

ける責任所在の不明確化と理解すれば,政治改革の本質が権力の集中か分散かのいずれを代議制度の原理とするのかという制度設計の問題にあることは明らかである.代議政体としての根幹をなす議会制度が権力の集中と分散をどのように促進ないしは抑制し得るのかということを適切に把握することは,議院内閣制に依拠する日本の政治を理解するだけでなく,今後の政治改革の方向性を考えていくにあたっても決定的に重要である.

補足推計

この補足推計においては，連立政権による内閣提出法案を含む「立法危険率」の分析が継続法案を除外していることにどの程度依存するものであるのかということを確認しておきたい．具体的には，1949年の第5回国会から2001年の第151回国会までの継続法案を含むすべての内閣提出法案を対象として，これまでと同様，継続法案の「法案序列」を最も高い0とする場合と委員会別付託法案中の最下位の数値をあてる場合の2つのモデルを検討しておきたい．推定結果は表9－8にまとめるとおりである．

本論における新規提出法案を対象とする分析と比較すると，継続法案を含

表9－8 立法危険率と連立政権（継続法案を含む）

外生変数	モデル1		モデル2	
	係数	標準誤差	係数	標準誤差
法案序列	0.031	0.005	0.062	0.005
付託法案	0.012	0.002	0.022	0.001
特別国会	0.036	0.043	0.017	0.043
会期	−0.004	0.001	−0.007	0.001
社会化	−0.660	0.073	−0.668	0.073
与党議席	0.010	0.003	0.011	0.003
野党委員長	−0.111	0.036	−0.088	0.036
法案序列＊野党委員長	−0.016	0.003	−0.012	0.004
脆弱政権	−0.255	0.086	−0.489	0.085
危機1958〜63	0.062	0.078	0.222	0.077
危機1971〜76	−0.059	0.096	0.081	0.095
衆参ねじれ	1.218	0.127	1.393	0.126
連立政権	1.330	0.125	1.520	0.124
法案序列＊脆弱政権	−0.004	0.004	−0.022	0.004
1958改正	0.336	0.085	0.251	0.086
法案序列＊1958改正	0.020	0.004	0.023	0.004
対数尤度	−42816.532		−42670.305	
χ^2検定	892.240		1184.690	

注：分析対象法案6,513中，875法案が成立していない．「会期」の時間変量的変数化によって延べ法案数は9,613となる．「提出時間」を生存期間が観察可能となるまでに要する日数とする．コックス・モデルによる部分尤度推定であり，同値はエフロン法によって処理している．χ^2検定は外生変数を含まないモデルとの尤度比検定である（自由度16）．モデル1において継続法案の「法案序列」を最も順位の高い0とし，モデル2において継続法案の「法案序列」を委員会別付託法案中最も低い順位とする．

めることによる変化としては，まず「立法危険率」に対する「特別国会」の効果が統計的に有意なものでなくなっていることが確認される．また1958年における国会法改正自体が「立法危険率」に関して統計的に有意なプラスの作用のあるものとなっている．さらに，継続法案の「法案序列」を最も高いものと想定するモデル1においては，「危機1958〜63」の「立法危険率」に及ぼす作用が統計的に有意でなくなり，「法案序列＊脆弱政権」の「立法危険率」に及ぼす作用も統計的に有意でなくなっている．ただし，いずれの統計的に有意な外生変数についても，係数の符号は新規提出法案に限った推定と異なるものではなく，本論における「立法危険率」に関する議論は継続法案の処理方法に依存しないと言える．

第10章　結論

　本書は国会の制度的機能を与党に議事運営権を掌握させることと捉え，国会による立法の大部分を占める内閣提出法案を対象とする計量分析によって，法案個々のレベルにおいて議事運営が及ぼす立法的な動態的作用とともに，国会の制度や立法・行政関係に及ぼす構造的作用の解明を試みてきた．

1　立法における行動と制度

　まず第2章においては，従来の国会研究を「観察主義」と呼ぶ3つの観点（官僚支配，与野党協調，代理委任）に整理し，各々の国会や立法過程に関する主張を再検証した．これらの分析からは，戦後を通じて政府立法が支配的であることが確認され，また内閣提出法案の成立率も修正率も比較的に安定していることがわかる．しかし，こうした変化のないことをもって，官僚支配か代理委任のいずれが妥当するのかということを識別することはできない．むしろ立法の動向として変化が顕著であるのは内閣提出法案の実数における減少傾向である．このことから，与野党協調によって国会が政府立法にとって越えがたい障害となってきていると解釈することも可能であるが，社会情勢や制度慣行の相違を考慮すれば，そうした内閣提出法案における減少傾向もある程度割り引いて考える必要がある．また政省令の実数には，長期的に一貫した傾向はみられず，官僚支配論や与野党協調論の想定するような立法との補完関係は存在せず，むしろ代理委任論の主張を否定するような政策転換期における増加傾向がみられる．

　このように従来の研究を再検証することによって明らかとなったことは，

戦後の立法として特徴的なことは，政治情勢の変化にもかかわらず，マクロなレベルにおいて立法的生産性が比較的に安定していることである．しかしながら，従来の研究は国会の機能を議員立法の推進や政府立法に対する抵抗と捉え，そうした「見える形」において論争的であると事後的に定義された立法事例に焦点を置くことによって，国会研究の視野を非常に限られたものにしてきた．結果として，「見える形」において論争的な立法事例が相対的に稀であることから，国会は研究対象として魅力のないものとされ，国会が日常的に処理する法案の大部分は論争的でないという理由から分析対象として顧みられず，戦後立法の特徴である立法的生産の安定性は分析の視野に入っていない．

　議院内閣制とは，議会の多数派によって内閣が形成され，内閣が立法を主導することによって，政府運営や政策形成における責任の所在を明らかにし，選挙において国民の選択が政府や政策に反映される代議制度である．政府の立法的生産性は内閣が議会の多数に信任され，行政機構が内閣の管理下にある程度に依存する．したがって，議院内閣制における議会の機能とは，前提条件として議会多数が議事運営の制度的権限を掌握し，議会多数の政策目標を政府立法として立案させ，政府立法を効率的に成立させることにある．これまでの研究が対象としてきた「見える形」において論争的である立法事例はむしろ議院内閣制における立法の非効率な部分であり，政府立法を成立させるという議院内閣制本来の立法機能は主たる分析対象として扱われてこなかった．

　このように従来の観察主義的な国会研究においては，戦後の日本における立法動向の最大の特徴である日常的な立法における比較的に安定した生産性が見逃されてきた．これは従来の研究が国会を議員個人や野党が影響力を行使する政治制度とみなし，見かけ上は論争的である立法事例に分析の焦点を置いてきたことに多く由来している．こうした観点は国会の制度構造が全会一致や与野党協調を促すという前提に基づいており，本書は，第3章において，憲法，国会法，議院規則といった国会関連法規を再検討し，国会の制度的特徴をデーリングの類型化と照らし合わせ，国会において議事運営がいかに多数主義的になされ得るのかということを考察した．

　国会は憲法上，国権の最高機関であり，唯一の立法機関であるが，一般に

は行政機関の作成する法案を形式的に裁可するに過ぎないものとみなされている．こうした国会無能論に対して，モチヅキは国会の制度的特徴として，(1)二院制，(2)委員会制，(3)会期制，(4)議事運営における全会一致という点に着目し，国会の立法過程が見かけ以上に「粘着的」であるという反論を提起している．第3章においては，こうした国会の制度的特徴について，とくに議事運営という観点から国会関連法規を再検討し，国会の制度が一般に認識されているほど全会一致的ではなく，むしろ議会の多数による議事運営を保証していることを明らかにしている．

戦後の国会はアメリカ議会の委員会中心主義を導入したが，制度的原理はイギリス型の権力の集中にあり，議会多数の信任に依拠する内閣が立法において主導的な役割を担う制度である．確かに，実質的な法案審議が行われる委員会や制度的に独自な参議院は立法にとって乗り越えなければならないハードルとなっている．ただし，議事運営権は，議会多数を占める限り，議会法規的には与党の手中にある．したがって，立法の実質的焦点は，会期中に採決に辿り着くように，いかに議事日程を管理していくかということに置かれることになる．

モチヅキは審議時間を制限する会期制が与党の立法能力の足かせとなると主張しているが，制度的には会期の延長期間は無制限であり，内閣は必要に応じて臨時国会を召集することができ，与党にとって時間的制約を取り払うことは不可能ではない．また国会法は通常法規であり，会期を短く規定する条項自体は国会の過半数によって改廃することもできる．さらに，通常は与野党の全会一致を尊重する議院運営委員会が議事運営を担っているが，制度的には議院運営委員会の意見が一致しない場合には議長に決裁権があり，議長が依拠する国会の多数による議事運営が保証されていると言える．したがって，全会一致志向や時間制約による譲歩も，与党が多数決を強行し，会期の長期化を実現しうる制度を前提として，観察可能となるものであることを認識する必要がある．

また第3章においては，議事運営の制度的権限に関して，ヨーロッパにおける18カ国の議会を分類しているデーリングの研究に基づいて，日本の国会をヨーロッパ各国の議会のなかに位置づけている．デーリングによって分類された18カ国において，「委員会に対する議院の先決性」や「委員会における

議事運営権の所在」といった基準に関して，国会と同等以上に多数主義であるヨーロッパ諸国の議会は多い．このことは国会が比較的委員会の自律性を認め，議院の多数にとって委員会審議に介在する余地が限定的であることを意味し，戦後の国会にアメリカ議会における委員会中心主義が導入されたことを反映している．ただし，「本会議における議事運営権の所在」について国会はほぼ中間的であり，その他の基準において国会は比較的に多数主義的な議事運営を保証する議会制度である．またデーリングの7基準における各議会の数値を用いた主因子分析は，これらの基準が概ね一次元的に規定されることを示しており，こうした多変量解析からも，ヨーロッパ諸国の議会との比較において，国会が相対的に多数主義的な議事運営を可能にし，少なくとも一般に認識されているほどに多数制限的でないことが明らかとなっている．

これらの分析によって従来とは異なる国会像が浮かび上がるであろう．すなわち，仮に国会の議事運営がヨーロッパ諸国の議会と比較してより全会一致的であるならば，それはモチヅキらが強調するような国会の制度的特徴に由来するからではない．つまり，国会の制度や規則はむしろ多数主義的な議事運営を保証しており，実際に観察される議事運営は，こうした制度構造を前提として結果するものであるということを認識する必要がある．従来の研究においては，全会一致的な議事運営を選択し，維持し続ける理由として，伝統的な「和」を重んずる文化的な価値規範やコンセンサス型民主主義におけるエリート間の相互作用が想定されているが，実際に観察される議事運営が多数主義的な国会の制度構造を前提としていることを理解する必要がある．

2　立法時間と議事運営権

日本の国会のように会期を比較的短く限定する制度にあっては，議事運営，とくに立法における時間の管理が政府の政策的生産性を大きく左右するとされてきた．しかし，多くの研究者が国会における時間の管理が重要であると認めてきたにもかかわらず，立法において時間的要素がどのように作用するのかということは体系的に分析されていない．

実際には，国会は年間200日ほど開かれているが，そうした日数もいくつかの国会に分割され，慣例や規則によって実質的な稼働日数は一層限られたものになる．また会期内に成立しなかった法案が後会に継続しないという「会

第10章 結論　207

期不継続の原則」によって，国会における時間的制約はさらに厳しいものになっている．従来の研究においては，国会は野党が影響力を行使する政治制度と捉えられ，立法活動における時間を制限する国会の制度は審議の引き延ばしや妨害を通じて，野党が法案の生殺与奪権を握り，また政策的譲歩を勝ち取ることを可能にするものとみなされてきた．

　本書は国会を多数与党に影響力を行使させる政治制度と捉え直すことを目指している．第4章においては，コックスとマッカビンズの議事運営モデルを概説し，議事運営権がもたらす立法的帰結を明らかにするとともに，時間的事象を計量的に分析する手法である「生存分析」の考え方を立法過程に応用し，個々の法案が国会において審議され，法律になるまでの時間的推移を「立法時間」として概念化している．こうした国会における法案の「生存」という捉え方は，国会における法案個々の審議過程を把握するうえで決定的に重要であるだけでなく，国会以前の段階を含む政治体制全般を通じた政策形成過程を概念化するにあたっても有益なものである．

　議院内閣制の憲法的帰結とは，立法的生産性が国会において多数を占める与党の議会運営に依存するということにあり，法案の成否はどの程度与党によって議事運営権が掌握されるのかという問題に帰着する．このような議事運営権の掌握を国会の制度的機能とする議会制度観からは，議事運営権の立法的作用は与党にとって好ましくない法案を議事から排除する「消極的議事運営権」と，与党にとって好ましい法案を議事に載せていく「積極的議事運営権」に分けられる．したがって，少なくとも議事運営権の制度的均衡とは，

　・与党の政策選好に反する法案は議会に提出されない
　・与党の政策選好に沿う法案ほどより推進される

という議事運営の2つの側面として観察可能となる．

　まず第5章においては，「消極的議事運営権」に関して，与党による議事運営が法案提出という立法過程の顕在化を規定するとともに，そうした顕在化を通じて提出された法案が与党の政策目標に合致するものに限られ，政府立法に多数主義的な「バイアス」が構造化されているのかということを検証している．法案審議におけるセレクション・バイアスの分析からは，国会への法案提出に要する時間が立法の顕在化を規定し，そうした顕在化過程を考慮

しない分析においては，国会における法案個々の審議期間が過小に評価され，法案審議における「バイアス」は国会会期中における時間の経過とともに大きくなることが明らかとなっている．つまり，国会において顕在化した情報のみに基づく議論は，国会の制度が立法過程の時間的次元に課す制約や立法を潜在化させるという作用を考慮しておらず，それらが潜在的な争点を含む立法全般に妥当するという保証もない．

また「消極的議事運営権」の立法的作用として，議事運営権を持たない野党は国会に提出された法案と各党の選好が乖離する程度に応じて反対するようになるという仮説を検証している．具体的には，内閣提出法案個々に対する政党の法案賛否を計量的に分析し，国会が担う制度的機能について，2つの異なる見解のいずれが妥当であるのかということを明らかにしている．1つ目は立法過程が見かけ以上に粘着的であるという見解であり，全会一致的な議事運営を通じて与野党協調が促進されると考える．このように国会の機能として与野党間の審議や交渉に重きを置く観点からは，国会内の立法過程における政党間相互作用を通じて与野党は立法における合意に到達するものと期待される．

2つ目は議院内閣制における立法・行政関係を重視する観点であり，国会の機能とは法案の生殺与奪権を議事運営に集約させることによって，行政機関による法案作成に国会の意向を反映させることにあるとする．こうした国会観によれば，与野党間に対立のない法案は時間を要することなく成立する一方，野党の政策選好に沿わない法案には成立に時間を要するものも要さないものもあり，審議時間の推移に応じて法案賛否が単に法案反対に収斂していくに過ぎないという仮説が導き出される．

こうした相反する国会観のいずれが実際の立法と照合して妥当であるのかということを検証するために，第5章においては，野党の内閣提出法案に対する賛否を規定する要因について計量分析を試みている．政党の法案賛否の実態からは，単に支持される法案は時間を要することなく支持され，反対される法案には成立までに時間を要するものがあるという審議時間に対する法案賛否の不均一な分散関係が明らかとなっている．また与党が国会の委員会審議における議事運営権を掌握できない場合，内閣提出法案に野党が賛成する確率は総じて高まることも確認されている．こうした分析を総合すると，

国会の立法機能としては，法案の生殺与奪権を議事運営に集約させ，与党の政策選好を行政機関の法案作成に反映させるという議院内閣制における立法・行政関係を重視した国会観が支持されることになる．

続く第6章においては，与党にとって好ましい法案を推進するという意味における「積極的議事運営権」の立法的作用に分析の焦点を移し，法案個々のレベルにおける議事運営上の優先度と立法的な効率性の関係を分析している．具体的には，個々の法案を分析単位とし，ある法案が成立するまでに要する時間を「立法時間」とし，そうした「立法時間」に関して生存分析を行い，議事運営のあり方やマクロな政治情勢が個々の法案の成否に及ぼす影響を検証している．

生存分析は，ある事象の発生とその発生までに要する時間を同時に処理し，観察対象期間の人為的な「打ち切り」の問題に対処することを可能にする計量的分析手法である．立法過程も法案が会期内に成立したり，時間切れや他の理由から成立しないという観察事象の打ち切りを特徴としており，単なる審議時間の集計では法案の成否という質的相違は考慮されず，打ち切りの問題を扱うことができない．

第6章においては，まず立法過程における時間的次元が会期制という制約によってどのように規定されているのかということを検討している．生存分析においては，ある事象が発生する「危険」に晒されている程度という意味において，その事象の発生する「危険率」を問題とする．また，そうした「危険率」と経過時間の依存関係は媒介変数を設定することによってモデル化され，危険率が時間に対して一定である指数モデルと，危険率が時間とともに増加ないし減少するワイバル・モデルという2つのモデルが一般的に用いられている．第6章においては，この2つのモデルを予算国会における内閣提出法案に応用し，個々の法案に及ぼす立法時間の影響が会期を通じて均一ではなく，むしろワイバル・モデルの想定するように，国会において法案である状態が早く終了するという意味における「立法危険率」が時間とともに増加することを明らかにしている．さらにワイバル・モデルの推定結果は，媒介変数設定における恣意性を回避するコックス・モデルによる推定とも大差のないことが確認されている．

こうした分析結果は直感的にも妥当するものであろう．すなわち，国会の

会期という時間的な制約によって，立法における「1日」は時間の経過とともに重みを増し，会期末における時間の管理が国会運営の成果を左右することになる．国会の会期という時間的制約のなかで，首相の所信表明や予算審議といった日程を組み，また会期中における連休や会期後の首相のサミット参加といった日程上の制約を考慮しつつ，個々の法案が国会における審査や採決などの立法手続きというハードルを乗り越えるように議事日程を管理しなければならず，会期末に近づくにつれて時間の「重み」が増していくことは想像に難くない．従来の研究における審議時間の単純な集計は，立法過程における観察事象の打ち切りという問題を考慮しないだけでなく，会期中のどの時点における審議時間かということも無視しており，そうした指標に基づく立法事例の重要性や論争性という議論も根拠を失うことになる．

また「立法危険率」を規定する外生変数の係数からは，法案に付与された議事に対する優先度が高いほど，その法案の審議は迅速に行われることが確認されている．またマクロな政治情勢に関しては，戦後の変動期を経て，法案個々の審議時間が長期化するとともに，与野党の勢力伯仲が法案成立により時間を要するという意味において法案個々の成立確率を低めるように作用していることがわかる．こうした立法過程の生存分析は，従来のマクロな政治的環境の作用として協調的な国会運営が発達してきたとする見解の妥当性をミクロな個々の法案レベルにおいて検証するとともに，国会において多数を占める与党が自己の立法能力に時間的制限を課す議会制度を選択・維持する理由がミクロな議事運営権にあることを示唆している．

つまり，国会においては多数主義的な議事運営が議会制度として保証されており，野党は議事の引き延ばし戦略を採らざるを得ない．第1章において将棋に喩えたように，議会制度による均衡状態として，立法事例の大部分は「見える形」において論争的ではないものとなっているが，それは法案を作成する行政省庁が与党の政策的な選好を事前に配慮しているからである．ただし，与野党に対立の残る法案が提出される場合もあり，野党は法案審議の引き延ばしを図ろうとするが，与党には強硬路線をとって法案を成立させることが制度的に保証されている．また与党は強硬路線によって被るであろう立法的・非立法的コストを勘案し，野党に譲歩することもあり得る．こうした立法過程の制度化は，一方において国会の空転といった事態を回避するよう

な与野党の協調関係を顕在的な政治行動として帰結し，他方においては法案の成否をひとえに議事運営の問題に帰着させることによって，「議事連合」としての与党は立法的な政策目標を追求してきたのである．

　第7章においては，議事運営のあり方と立法的な効率性をめぐる仮説を検証するために，委員会において与党が議事運営権を掌握できない場合や与党の政権基盤が脆弱な場合に国会全般の議事運営権を掌握する程度が弱まるものと捉え，そうした状況における法案の議事序列と成立確率の関係がどのように変化するのかということを明らかにしている．「立法危険率」の推定結果は，第4章で提示したように，与党が議事運営権を掌握できないとみなされる状況において，法案の議事序列と成立確率の関係が弱められることを意味している．このことは，コックスらの「議事運営方程式」に即して言えば，議事の序列化において法案の立法的効用が重要性を増し，議事運営権の戦略的な法案作成を促す作用が相対的に弱まることを示唆している．

　与党が委員会における議事運営権を掌握している場合に政府立法の効率性が高められるという分析は，これまで「逆転委員会」といった事例において逸話的にしか理解されてこなかった委員会議事運営権の重要性を体系的に実証するものである．また「立法危険率」の推定結果は，1990年代に与党が参議院における多数を失った時期において，むしろ立法的な効率性が相対的に高まったことを示しており，これは衆参両院において与党が議事運営権を掌握することがいかに重要であり，政権基盤が相対的に脆弱な場合，戦略的な法案作成行動によって，参議院の通過が困難であるような法案の提出が控えられるという立法・行政関係の議会制度的な構造化を示唆している．

　本書は国会を与党が影響力を行使する政治制度と捉え直し，国会の制度に関する多数主義的解釈が個々の法案の議事運営において妥当するのかということを検証してきた．こうした国会の多数主義的な制度構造は国会内の立法活動にとどまらず，立法手続きに関する制度選択や国会と行政機関の関係にも波及すると考えられる．第7章においては，この多数主義的制度の派生的構造化を検証する試みとして，議事運営の準拠法規である国会法について，その法改正が多数主義的な議事運営を促進するものであったのかということを検討している．とくに1958年の国会法改正は会期延長に制限を課すものであり，新憲法下の国会における立法過程を制度化するという意味において重

要な制度変更であった．

「立法危険率」の推定結果は，1958年の国会法改正による会期延長制限という制度選択が法案個々の成立確率を規定する議事序列の効果を高めるものであったことを明らかにしている．この制度変更はすでに1950年代の早い時期から具体的な検討が進んでいたが，自民党と社会党による国会運営が定着し始め，1956年に参議院においても自民党が単独多数を確保するようになり，自社二大政党の党首合意として実施が目指されたものである．与野党協調論の主張するように，国会の比較的に短い会期制が野党に影響力を行使させるだけの議会制度であるならば，会期延長制限といった時間的制約を一層厳しくする制度変更は，少数与党政権下における1955年の国会法改正において実施されていても不思議ではないであろう．国会運営における岸政権の強硬路線は1958年における国会法改正の後のことであり，会期延長制限が与野党協調によるものであるならば，1960年の日米安保条約改定以降に与党が「低姿勢」に転じざるを得なくなった時期において，国会法改正は実現されているべきであろう．そうではなく，会期延長制限が実施された政治状況としては，参議院における緑風会の衰退と政党化が進み，衆参両院において多数を占める与党として，自民党が議事運営権を掌握するようになったということが重要である．

第3章において明らかにしたように，国会においては多数主義的な議事運営が議会制度として保証されており，国会の多数を占める与党が存在する限り，野党は議事の引き延ばしや妨害に専念せざるを得ない．こうした「粘着性」を国会の主たる機能とみなすのか，それとも国会の多数主義的な制度構造の瑣末な部分的帰結とみなすのかには大きな違いがある．つまり，与党は国会運営において強硬路線を採る場合の立法的・非立法的コストを勘案し，観察可能な均衡状態として限定的に野党に譲歩することもある．ただし，そうした与野党の妥協は国会の制度構造を多数主義的に解釈することと相容れないものではなく，それをもって与野党協調を国会の主たる制度的な機能と結論づけることはできない．

会期制による時間的制限の構造化も，一方において野党に戦略的な立法活動や態度表明の機会を保証し，国会における乱闘や空転といった事態を回避するとともに，他方において法案の成否をひとえに議事運営の問題に帰着さ

せることによって，議事運営権を掌握する与党の政策選好を行政省庁の法案作成に戦略的に反映させることを可能にするものである．会期延長制限という制度選択は，議事運営の権限委譲によって，与野党が立法における集合行為論的ディレンマを解決するものであり，国会の制度は与野党の「協約」を制度的に保証する枠組みとして理解されるようになる．言いかえれば，会期延長制限といった制度変更は，主として与野党協調による「粘着性」によって促進されるものでも，与野党が協調してそれを促進するというものでもない．1958年改正において議長の議事運営における決裁権に法規的根拠を与えたことを考慮すると，会期延長を制限したことの立法的帰結としては，国会における議事運営の権限を与党に集中させ，立法・行政関係の構造化を進展させることが重要であったと言える．

3　立法・行政関係と政権流動性

　国会の制度的機能を理解するには，与野党対立だけでなく，立法・行政関係という視点が不可欠である．第8章においては，国会の多数主義的制度が立法・行政関係をも派生的に構造化するという視点を提示し，行政機関の自律性付与と剥奪のメカニズムを与党による議事運営との関係から検証している．具体的には，まず法律と省令には分析のレベルにかかわりなく補完関係のないことを確認し，次いで，第7章における立法過程の生存分析モデルを利用して，国会における法案の議事運営上の優先度を「立法危険率」から操作化し，議事の優先度の高い法案を作成する省庁は行政的裁量を拡大し，また厚生省を例として法案の議事優先度を高めるような同省の部局再編が行われたことを明らかにしている．

　こうした分析は，国会特有の会期制によって与党の議事運営に法案の生殺与奪権が付与され，議会制度の構造的帰結として，与党の政策選好に忠実な省庁は行政的自律が付与され，逆に与党の意向に沿わない省庁が冷遇されるという立法・行政関係の議会制度論的解釈を可能にするものである．憲法は国会を最終関門とする立法過程を制度的に条件づけており，国会において行使される議事運営の権限は国会に至る過程における法案化や争点化にも波及している．しかし，これまでの研究は，政治家や政党の役割を重視する代理委任論においてさえ，自民党における「見える形」の影響力行使が強調され

るにとどまり，政治家優位の根拠が憲法による立法府の優越性にあるにもかかわらず，国会における安定的な多数派の存在や政党幹部の指導力といったことを議院内閣制の制度的帰結として考慮するに過ぎず，立法府と行政府の構造的関係を実証的な分析対象としてこなかった．

これに対して，第8章においては，省庁の法案に付与される立法上の優先度と行政的な自律性の関係から政官の代理委任関係を検証している．とくに政治家の影響力が最も大きく，代理委任関係が少なくとも存在するであろう厚生関連分野において，与党の政策選好に沿わない官僚の行動が行政機構の組織改変を通じて矯正されるという関係のあることを明らかにしている．こうした分析は，与党の政策目標の変化にもかかわらず，官僚の行動に変化がないことから，代理委任関係を消極的に推測する従来の研究とは異なり，たとえ官僚の行動に何ら変化がないとしても，官僚が与党の政策実現に協力しているという主張に経験的根拠を提供するものである．また従来の研究が法律と省令の関係を適切に把握してきたとは言い難いが，第8章においては，国会における議事運営との関係から，行政への政策的な権限委譲のあり方として体系的に理解することが試みられている．

第9章においては，1990年代における政権基盤の流動化が与党による議事運営のあり方にいかなる影響を及ぼしてきたのかということを検証している．まず「立法危険率」の分析からは，国会において法案である状態が早く終了するという意味における立法的な効率性は，自民党単独政権末期における衆参ねじれ期以降，相対的に高い水準にあったことが示されている．同時に，議事運営上の優先度が高いほど，法案の成立する可能性が高まるとともに，そうした効果が与党によって議事運営権が掌握される程度に依存することも確認された．こうした分析を総合すると，国会において安定的な多数与党が存在しない場合には，国会を通過することが困難であるような法案の提出が戦略的に控えられ，議会制度的な帰結として法案の成立率は高くなるという解釈が可能となる．

行政機関によって国会における多数派の政策選好が戦略的に配慮されるならば，与党が単独で衆参両院における多数を占める場合と比較して，1990年代における政権流動性の高まりは，政府の推進する法案をより野党宥和的なものにし，与野党による法案支持の包括性を高めるように作用すると予測さ

れる．「法案支持」の分析からは，1989年の通常選挙によって自民党が参議院の多数を失ったことにより，共産党を除く主要な野党はほぼすべての内閣提出法案を支持するようになり，そうした法案支持の包括化は程度の差こそあれ，連立政権下においても続いていることが明らかとなった．つまり，衆参両院において安定的な多数与党が存在せず，与党が国会における議事運営権を掌握できない場合，中道・社民勢力は立法の多数派形成において不可欠な位置を占めるようになり，また自社さ連立政権のように，与党のイデオロギー的配置自体が包括的である場合，新進党のような「与党的野党」の反対する法案が国会に提出される余地はそもそも少ない．ただし，こうした野党の与党化も自社さ連立が解消され，社民勢力が政権から排除されるようになり，政権が相対的に保守・右傾化するに応じて歯止めがかかっているようである．

1990年代における法案賛否の動向は，国会多数派の意向が法案作成において反映されるという意味において，同時期における法案成立率の上昇傾向と符合している．また審議時間の経過に応じて法案賛否が法案反対に収斂する傾向のあること，および委員会審議における議事運営権を与党が掌握できない場合に法案がより野党宥和的になることを併せて考えると，法案賛否の実態は，国会の機能として与野党間の審議や交渉を重視する議会観よりも，法案の生殺与奪権を議事運営に集約させ，国会における多数派の意向を法案作成に反映させるという立法・行政関係を重視した国会観に合致することを確認している．

政党は1990年代において離合集散を繰り返し，政権や政策をめぐる連立交渉や多数派工作が制度的に常態化している．政党の離合集散は選挙制度だけでなく，議会制度によっても条件づけられるものである．戦後の日本においては，中選挙区制という選挙制度によって，自民党は激しい党内対立に悩まされながらも，優位政党の立場を維持してきたのであるが，1990年代において自民党が分裂した背景として，参議院における多数を失ったことにより，立法の多数派形成に野党の協力が不可欠となり，野党の与党化が進展してきたことは重要な変化である．つまり，こうした国会における変化は与野党の区別をあいまいにし，立法や政策における責任所在を一層不明確にしてきたのであり，二院制という国会の制度に条件づけられた変化としても理解されるものである．

こうした政党政治の変質は，選挙，立法のいずれにおいても，権力の集中度を緩和するように作用している．政府運営や政策形成をめぐる政党間交渉が常態化することによって，与野党の利害はより広く立法や政策に反映されるようになるとともに，与野党の立法や政策に対する責任所在は不明確になってきた．そうした状況において，政党がいかなる綱領や政策的な目標を掲げようとも，それらは現在と将来の二者択一を政権選択として有権者に意識させるものではない．このように政党政治の動向を立法や政策における責任所在の不明確化と理解すれば，政治改革の本質が代議制度として権力の集中か分散のいずれを原理とするかの制度設計にあることは明らかであろう．

例えば，2000年に導入された国会における党首討論は議院内閣制における責任所在の明確化を促すものであるが，国会の主体的な立法を推進する立場とは二律背反であることを認識すべきである．つまり，党首討論の機能とは与野党が現政権の実績と将来の政権構想の二者択一を有権者に意識させることにあるが，議員個々や党派を越えた立法活動は与野党の対抗関係を不明確にし，立法や政策の責任所在をあいまいにする．逆に言えば，議員立法を推進したり，参議院の独自性を追求するうえで，党首討論とは国会における限られた貴重な時間の浪費に過ぎない．民主主義的な代議政体としての根幹をなす議会制度が権力の集中と分散をどのように促進ないしは抑制し得るのかを適切に把握することは，議院内閣制に依拠する日本の政治を理解するだけでなく，今後のあるべき政治改革の方向を考えていくにあたっても決定的に重要である．

4　国会研究における制度論的方向性

本書は国会に関する制度的，手続き的規定を再検討し，国会を与党に影響力を行使させる政治制度として捉え直してきた．個々の法案を分析単位とする計量分析からは，議事運営権による立法的作用と議会制度の多数主義的解釈が一貫したものであることが検証されている．また，そうした国会の多数主義的な制度構造は議会内の立法活動にとどまらず，国会自体の制度選択および国会と行政機関の関係にも及んでいる．本書においては，議事運営の準拠法規である国会法の変遷を跡づけ，そうした制度選択が与党にとって有利な議事運営を可能にするものであったことを明らかにしている．さらに，与

党の政策選好に忠実な省庁は組織的な自律性を与えられ，逆に与党の意向に沿わない立法を推進する省庁は冷遇されるといった立法・行政関係における多数主義の派生的構造化を議事運営と行政的自律の関係から検証している．

多数決を採用する議会において，多数派の立法的な権限を制限する制度選択がなぜ行われるのかという問題は一連の議会制度に関する合理的選択論によって検討されており，本書は日本の国会における制度選択を明らかにするだけでなく，立法手続きの比較議会制度論としても貢献することが期待される．また立法・行政関係は議事運営権に関する議会制度にのみ規定されるわけではないが，本書は日本における政官関係だけでなく，民主主義的な代議政体における制度や組織を多数主義的に解明する分析アプローチの有効性を明らかにしている．

第1章の終わりにおいて述べたように，本書の目的は，国会研究における「ルビンの壺」として，従来の研究において繰り返し描写されてきた国会や立法に関する現象を異なる視点から見直していくことにある．こうした本書の試みに対しては，結局は国会において「見える形」の影響力は行使されておらず，立法の実質的な部分は国会に至るまでの与党による「事前審査」や行政機関における法案作成の段階において決定されており，国会における立法をいくら分析しても意味がないという反論があるかも知れない．

これまでの議論から明らかであると期待するが，本書の主張は国会に至るまでの段階で実質的な政策形成が行われているということを否定するものではない．つまり，単純化すると，本書はA法案を「見える形」においてB法案にすることが影響力の行使であるという視点を放棄しているに過ぎない．「何もしない無能な国会」と言われるとき，評価の基準となっているのは，A法案をB法案にしているかということであり，具体的には，国会においては，議員立法や政府立法の修正・廃案といったことが着目され，国会に至るまでは，与党による政調会活動や「族」現象，官僚の政策的専門性や組織特性が強調されている．

ただし，B法案が初めから国会に提出されることはないと想定する根拠はないのである．第1章において述べたように，立法も将棋のように戦略的なものとして理解し得るならば，結果的にB法案となるなら，まずB法案が作成され，A法案は存在しない．ここに観察主義の陥穽があり，A法案が作成

されない限り，B法案にするという「見える形」の影響力行使を確認することはできない．むしろ議院内閣制という国会の制度は，「見えない形」においてA法案をB法案にし，そもそもB法案が作成されることを促す議会制度であり，国会においてA法案をB法案にすることは本来の制度的機能から期待されるところではない．

　本書は，議院内閣制の立法機能をそもそもB法案が作成されることにあるものとして，国会を与党が議事運営権を掌握することによって，影響力を行使する政治制度として捉え直し，そうした議事運営権の立法的作用を検証してきたのである．したがって，本書の主たる分析対象は国会における制度や立法手続きであり，与党や行政省庁における組織や審議過程ではないが，それは国会に至る段階が重要でないということを意味しない．むしろ，国会に至るまでの行政省庁や与党が主として関与する段階において，「見える形」における影響力の行使が活発となるのも，立法過程が国会の多数主義的制度に構造化されているためであり，本書において提起した議会制度論的な視点から，行政省庁や与党の立法活動についても，国会の多数主義的制度に条件づけられた戦略性という分析アプローチが重要となるのである．

　このように本書が目指したことは，国会を理解する新たな視点を提示するとともに，多角的な国会研究を触発していくことにある．議会制度の多数主義的構造は，立法・行政関係だけでなく，政党や官僚機構，社会集団といった制度や組織にも波及し，政治体制全般を特徴づけているものと考えられる．そうした多数主義的な観点から，戦後の日本における政策的，政治史的な展開を再解釈するとともに，代議制度を通じて政党政治が有権者の意識や社会構造に及ぼす影響を理解していくことも可能であろう．

　日本の国会が代議制度としてどのように権力の集中と分散を促進しているのかを理解することは，日本政治の現状を把握するだけでなく，民主主義的な代議政体を構築していく制度設計の問題として，あるべき政治改革の方向を考えていくにあたっても決定的に重要である．また議会制度の多数主義性という視点は，比較代議制度論として水平的な広がりをもつとともに，国際的組織や地方議会といった垂直的な広がりのある政治研究に応用されることが期待されるものである．

注

第1章
（1） 政治学における近年の制度論としては，真渕（1987）をはじめとして，邦語による解説も多く，最近のものとしては河野（2002）がある．具体的には，集団間の均衡には還元されない国家や行政機構の独自の作用が着目され，国家論や歴史的制度論に発展し，経済学や社会学における制度論とともに学際的な潮流となっている．例えば，Evans, Rueschemeyer, and Skocpol（1985），Steinmo, Thelen, and Longstreth（1992），Powell and DiMaggio（1991），March and Olsen（1989），North（1990）など参照．Shepsle and Weingast（1995）は議会研究における制度論の動向をまとめている．
（2） 例えば，大山（1997a）は平易な解説を提供する入門書であり，また岩井（1988）は立法過程全般の優れた教科書である．
（3） 国会研究の動向については伊藤（1990）や待鳥（2001）が詳しく論じている．

第2章
（4） 古典的な議論としては，辻（1952）参照．
（5） またBaerwald（1974, 1979）参照．
（6） ペンペルの分析は1970年代前半までを対象としている．
（7） 「立法年」は，一般会計予算を審議する予算国会に始まり，次年度の予算国会までに召集された国会を含む期間と定義されている．詳しくは本書巻末の参考資料「戦後国会における立法動向」に整理しているので参照されたい．ただし，1947年度は第1回国会のみである．ペンペルの分析は厳密に5年ごとではないが，分析結果は集計単位によって大きな相違をみせることはない．資料は衆議院・参議院（1990）を各国会の「議案審議表」（参議院議事部議案課）によって補足している．
（8） 小島（1979, 180-181頁）．
（9） こうした制度変更の議論は1950年代前半から始まり，国会法改正を検討していた委員会は1954年2月には提言をまとめている．大山（1987, 115頁），松澤（1990（16），33頁），川人（1999, 494頁）参照．
（10） また議員提出法案のほぼ4割が継続法案であり，こうした成立の見込みの少ない法案を除いた場合，議員提出法案の成立率は戦後平均においてほぼ3割となり，表2-1に示す数値よりも10％ほどは高いものとなる．

(11) その例外的な議員立法も全政党の支持により1978年に成立している．佐藤・松崎（1986, 280-281頁）参照．また川人（1999）は，議員立法の衰退を予算関連法案について大蔵省と自民党政務調査会の間において調整する方式が制度化されたことによるとしている．
(12) 資料は衆議院・参議院（1990）を「議案審議表」によって補足している．
(13) 谷（1995, 46頁および221-222頁）．またMochizuki（1982, 100-101頁）参照．
(14) 福元（2000a, 図6）は全提出法案に占める修正割合においてこうした主張を確認している．また福元（2000b, 122頁）参照．
(15) 政省令数は『官報目次総覧』（林修三監修，文化図書）に基づき，1997年までを対象とし，暦年ごとに集計している．
(16) 邦語による「国会機能論」は，伊藤（1988）や曽根・岩井（1988）において展開され，先にも挙げた岩井（1988）に結実している．また藤本（1990）や谷（1995）も参照．最近のものとしては，後に詳しく検討するように，福元（2000b）の体系的分析がある．またRichardson（1997, 6章）参照．
(17) Fenno（1962），Manley（1965）参照．
(18) Blondel et al.（1970）参照．
(19) 小島（1979, 85-86頁），佐藤・松崎（1986, 126-127頁），岩井（1988, 88-89頁），谷（1995, 49頁）参照．また福元は1961年の閣議申し合わせによって政府・与党内の法案提出手続きが制度化され，法案数の削減が試みられるようになったことを指摘している（2000b, 136-138頁）．
(20) 衆参各々の議席数は衆議院・参議院（1990）および「衆議院の動き」（衆議院常任委員会調査室）各年版に基づいている．
(21) 法案数に関しては，1947年に新憲法下の予算国会が含まれないため，1948年以降を分析対象としている．
(22) これらの政党の法案賛否は予算国会における衆議院本会議の議決に基づいている．資料は衆議院事務局議事部議案課調べによる．
(23) 佐藤・松崎（1986, 138-141頁），岩井（1988, 102-104頁）参照．
(24) 自民党単独政権下の予算国会における主要4野党の内閣提出法案支持率と衆議院自民党議席割合の相関（p値）は各々，社会党：0.079（0.638），民社党：-0.171（0.393），公明党：-0.163（0.365），共産党：-0.408（0.019）であり，共産党の法案支持率を除いて統計的に有意ではなく，与党議席割合の減少によって野党の支持する法案の割合が総じて高まるとは言えない．ちなみに佐藤・松崎（1986, 287頁）は1967年から1985年までの予算国会で成立した法案（議員立法を含む）に関する衆議院本会議の議決結果をまとめて

おり，それに基づく野党の法案支持率と自民党議席割合の相関（p値）は各々，社会党:0.012 (0.962)，民社党:−0.177 (0.468)，公明党:−0.325 (0.174)，共産党：−0.348 (0.144) であり，いずれも統計的に有意な関係はない．

(25) また Cowhey and McCubbins (1995) 参照．Kohno (1997) も政治家の個人的な動機から戦後の政党政治を分析している．

(26) カルダーは政治的な安定期においては，自民党が経済成長を達成するべく官僚に経済運営を委ね，結果として経済成長が公的な財源を豊かにするとともに，社会的安定を揺るがすようになると考えている．彼によれば，(1)選挙による後退，(2)党内対立，(3)国会の紛糾，(4)経済的な衰退によって，自民党は「危機」に陥り，経済成長のもたらした公共資源を再分配することによって危機に対処しようとした（71-72頁）．カルダーは戦後の日本においては3度の「危機」があり（1949～54年，1958～63年，1971～76年），それらの時期において公共支出が突出していると主張する（74頁）．

(27) 分析単位はこれまでと同様に「立法年」であり，Ramseyer and Rosenbluth (1993, 137頁) の時期区分から，1949年から1989年までを範囲としている．ただし，ラムザイヤーらは内閣提出法案の割合に関しては1985年まで，省令数に関しては1951～89年を対象としている．また後者については，本書において使用する数値と若干の相違がある．しかし，両者は高い相関関係にあり（相関係数0.932），ラムザイヤーらの数値を用いても結果に大差は生じない．また省令数に代えて政令のみや政省令総計を用いても分析結果に変化はない．

(28) ただし，こうした延長制限については自民党発足以前からすでに検討されている．また一般的な解釈は，会期延長を目指す与党とそれを阻止しようとする野党が国会においてしばしば衝突することから，与野党の妥協策として会期延長の制限が制度化されたというものである．大山（1987, 115頁），松澤（1990 (17), 28頁）参照．

(29) 読売新聞調査研究本部（1989, 449頁），大山（1997a, 96頁）参照．年間の国会開会日数は1990年代に減少するが，これには先に述べた国会常会の1月開会という制度変更を考慮する必要がある．ただし，会期日数がそのまま審議時間に反映されるわけではない．速記時間としての本会議の審議時間は減少傾向にあるが，委員会には長期的な傾向はないようである．政党政治研究会（1988, 710-711頁）．

(30) 大山（1997a, 45頁）．

(31) 川人（2002）は，国会の議院運営委員会における採決を分析し，全会一致は戦後の委員会運営から生まれてきた慣行であり，それを制度的規範とす

るのは「神話」に過ぎないとしている．また川人（1992）は戦前における議会の体系的な分析を提供している．

(32) ビンガム・パウエルは，権力の集中と分散のいずれを原理とするかによって，民主主義の2つの形態が分類されるとしている（Powell, 2000）．一方は権力の集中によって責任の所在を明確にする「多数主義」であり，他方は権力の分散によって多様な選好を集約する「比例主義」である．また Huber and Powell（1994）参照．

(33) 議会の機能については，従来から「変換」や「場裡」といった分類がなされ，モチヅキらの観察主義的な研究を促してきている．Polsby（1975），Mezey（1979），また邦語による文献案内として岩井（1988）などを参照．また山口（1989, 105-106頁）の法案修正や譲歩獲得を議会の機能とみなすことに対する批判は，この章において観察主義の陥穽として論じてきたことに相通ずる．ただし，議院内閣制における議会を立法機関と捉えるべきでないという立場は，結局は「論争的」でない大部分の立法事例を分析対象から除外することに結果し，権力の融合という彼の視点も反証可能な経験的事象として捉えられているわけではなく，従来の官僚支配論や代理委任論と大きくは異ならない．

(34) 先駆的な試みとして坂本（1988）がある．また福元（2000b）は法案個々のレベルにおける審議過程を分析した画期的な試みである．

第3章

(35) 国会の制度に関する規則や手続きに関しては，浅野（1997）に詳しく解説されており，最近のものとしては，原田（1997）や大石（2001）も入門書として優れた記述を提供している．

(36) 国会の立法過程に関する詳細な記述としては，村川（1985, とくに131-257頁）や前田（1999, とくに2-93頁）があり，縣（1995）は行政機関における手続きも詳しく述べている．また最近のものとしては，坂本（1997），真渕（1997），大山（1997b）がある．

(37) また Baerwald（1979）参照．

(38) 行政府による立法行為は法律に基づいて発せられる政省令に限られる．国会を唯一の立法機関とする原則の例外は，国会両院と最高裁判所の自律規定と地方自治体の条例である．

(39) 首相は憲法上国会議員でなくてはならない．国会における委員会の委員長も法案を提出するが，委員長もいずれかの議院の議員である．したがって，形式的な意味においては，例えば，憲法によって議員のみに法案提出権があ

るアメリカ議会と同様であり，国会の立法は百パーセント議員提出法案に基づいている．ただし，内閣提出法案と委員長提出法案の場合，国会法第56条の賛同要件は適用されない．

(40) この衆議院による再議決と憲法に規定されたいくつかの特別な議決以外，すべての議決は各議院における出席議員の過半数によって行われ，可否同数の場合には議長が議決権を行使する（憲法第56条2項）．憲法改正の発議には各議院における総議員3分の2以上の賛成が必要である（憲法第96条）．その他，憲法によって，出席議員3分の2以上の多数が必要とされているのは，両院の秘密会開催（憲法第57条），議員除名（憲法第58条2項），資格訴訟裁判による議席剥奪（憲法第55条）である．

(41) 両院協議会は衆議院が要請する場合には開催されなければならず，参議院は衆議院の回付案に同意しない場合に両院協議会を要請できるが，衆議院はそれに応じる必要がない（国会法第84条，同第88条）．両院協議会は衆参各々10名による20名によって構成される（国会法第89条）．実際には，両院の議長が各議院の議決に賛成した会派議員数に比例して協議員を指名している．また憲法第59条4項の「みなし否決」の場合，参議院は院全体の会派議員数に比例して委員が選出される．

(42) 例えば，菊池（1994）参照．福元（2002）は個々の法案の審議状況から両院の相違を分析している．また大山（1999）参照．参議院の比例代表は2001年より非拘束名簿式に変更されている．

(43) ただし，とくに緊急を要するものは，提案者の要求に基づき，議院の議決によって委員会の審査を省略することができる．

(44) ただし，正副議長，大臣，副大臣は割り当てられた委員を辞任することができ，この場合所属会派の他の議員がその委員を兼任する．

(45) 滝口（1994）参照．前田（1990, 60頁）は委員会と本会議の議決が異なる議案を整理している．また小島（1979, 324頁）参照．

(46) 曽根（1984, 106-109頁），岩井（1988, 126-129頁）参照．

(47) 例えば，森本（1993）参照．

(48) 「国会と会期に関する考察」『議会政治研究』2号（1987）1-8頁．また河（2000）は会期終盤に定例日が守られないとしている（139-141頁）．

(49) 議長は国会会期中か否かにかかわらず，何時でも議事協議会を開くことができる（国会法第55条の2, 3項）．

(50) 議長は議事協議会の主宰を議院運営委員会の委員長に委任することができる（国会法第55条の2, 2項）．

(51) 例えば，内田（1986），佐藤・松崎（1986, 130-135頁），岩井（1988, 133

-138頁), 大井 (1990) 参照. また歴史的な展開については木村 (1993) などがある.
(52) 内閣は質問主意書を受領後7日以内に答弁する必要があり, その期間内に答弁できない場合, その理由と答弁が可能になる期限を明示しなければならない (国会法第75条2項). また内閣の答弁が要領を得ない場合, 質問者は再度質問主意書を提出することができる (衆議院規則第159条). 内閣は質問に対して口頭で答弁することができ, その答弁に対して質問者は口頭で再質問することができる (衆議院規則第160条, 参議院規則第154条).
(53) 議長が必要と認めたとき, または出席議員5分の1以上の要求により, 記名投票で表決を採ることができる (衆議院規則第152条, 参議院規則第138条).
(54) 前田 (1992) 参照. 歴史的な動向としては佐藤・松崎 (1986, 128-130頁) や岩井 (1988, 131頁), また最近のものとして福元 (2000b, 113-117頁) 参照.
(55) 例えば, 前田 (1999, 86-90頁) 参照.
(56) 岩井 (1990a, 373-377頁), 坂本 (1990, 263-266頁) は強行採決の事例を整理している. 坂本 (1986) は強行採決の詳細な分析であり, また福元 (2000b, 134-136頁) は歴史的な展開を明らかにしている.
(57) 分析対象国はアルファベット順にオーストリア, ベルギー, デンマーク, フィンランド, フランス, ドイツ, ギリシア, アイスランド, アイルランド, イタリア, ルクセンブルク, オランダ, ノルウェイ, ポルトガル, スペイン, スウェーデン, スイス, イギリスである.
(58) 国会法第57条の3.
(59) 衆議院規則第28条, 同143条2項, 参議院規則第24条, 同125条2項.
(60) 1977年の政府見解においては,「国会の予算修正については, それがどの程度の範囲で行いうるかは, 内閣の予算提案権と国会の審議権の調整の問題であり, 憲法の規定からみて, 国会の予算修正は内閣の予算提案権を損なわない範囲内において可能と考えられる」とされる. ただし, 無制限な増額修正権を認める1948年の両院法規委員会による勧告もある. 大山 (1997a, 186-187頁) 参照.
(61) 衆議院規則第146条, 参議院規則第131条.
(62) 第二主因子の固有値は約0.638, 寄与率は14.8%である. 各基準の因子負荷量は以下のとおりである.

   (1) 本会議における議事運営権の所在: 0.843
   (2) 予算関連法案に関する政府特権: 0.819

(3) 委員会に対する議院の先決性： 0.635
(4) 委員会の法案修正権限： 0.517
(5) 委員会における議事運営権の所在： 0.590
(6) 議事妨害の排除： 0.856
(7) 法案の継続性： 0.405

分析結果は日本を含まない場合においても基本的には同じである．

(63) 例えば，Richardson and Flanagan (1984)，Richardson (1997)，Lijphart (1977, 1984) 参照．
(64) 例えば，Reed (1993) や Kohno (1997) 参照．

第4章

(65) Cox and McCubbins (1993, 9章)．
(66) Cox and McCubbins (1993, 付録2)．またダイナミック・プログラミングについては Whittle (1982, 1巻, 14章) を参照．
(67) Cox and McCubbins (1993, 付録4)．
(68) 実際には，否決ないし撤回といった意思決定も明示的になされ得るが，国会においてそうした議決がなされるのは例外的であり，ここでの主眼は分析概念の提示にあるため，法案である期間の終了をその法案が成立することを意味するものとしている．
(69) 内閣や政権，リーダーシップの存続については King et al. (1990) や Warwick (1994)，Bueno de Mesquita and Siverson (1995) があり，日本に関して増山 (2001a, 2002a) がある．文献案内として増山 (2003a) 参照．また国際紛争や平和については Bennett and Stam (1996) や Bennett (1997) などがある．政治学における生存分析の一般的解説としては，Beck (1998)，Box-Steffensmeier and Jones (1997)，Bennett (1999)，Box-Steffensmeier and Zorn (2001)，Zorn (2000) などを参照．
(70) 立法関連では，Box-Steffensmeier, Arnold, and Zorn (1997)，Kessler and Krehbiel (1996)，Golub (1999, N.d.)，Grant (1999)，Martin (1999)，Schluz and König (2000) などがある．
(71) したがって，明示的に法案が否決されることがあるとしても，それは議院内閣制における議事運営という観点からは，制度的な均衡外の事象と理解すべきである．
(72) 曽根・岩井 (1988) は一連の立法過程を「障害物競走」として捉えている．ただし，「どこまで」法案がたどりついたかという問題設定は従来の観察主義的な分析アプローチと共通のものであり，そうした分析は往々にして，

法案が立法過程において乗り越えられなかった「障害物」やその障害となった政治的作用に力点を置いている．争点の構造化や「非決定」について，古典的には Schattschneider (1960) や Bachrach and Baratz (1962, 1963), Crenson (1971), Lukes (1974), Gaventa (1980) がある．また最近の議論としては Baumgartner and Jones (1993) 参照．

(73) 政治学におけるセレクション・バイアス一般に関しては，Geddes (1991), King, Keohane, and Verba (1994, 128-139頁)，またサンプル・セレクションの統計理論については Achen (1986, 4章・5章), King (1989, 9章) がある．応用例としては Brehm (1993), Hug (2001) などがあり，また Sigelman and Zeng (2000), Brehm (2000) は方法論的な議論を展開している．

(74) 例えば，政治学における動向として，邦語によるものに河野 (2002) がある．また本書注 (1) 参照．

(75) また Cox and McCubbins (1993, 1994, 1995), Cox (2000, 2001, 2002) 参照．こうしたコックスらの見解は「アジェンダ・カルテル・モデル (agenda cartel model)」とも呼ばれ，アメリカ連邦下院以外の応用例としては，Cox, Masuyama, and McCubbins (2000), Amorim-Neto, Cox and McCubbins (2000), Campbell, Cox and McCubbins (2002) がある．また Rohde (1991) は政党の影響力は組織的な条件に規定されるとし，そうした見解が「条件づき政党モデル (conditional party model)」と呼ばれている．Rohde (1994) や Aldrich (1995) 参照．これらに対して，Krehbiel (1991, 1993, 1998, 1999) は政党に対して否定的な見解を示し，議会組織の情報理論を唱えている．こうした「政党」論争を歴史的に検証しているものとして Binder (1997) や Dion (1997) がある．また Schickler (2001) も参照．

(76) 生存分析は生存時間分析，イベント・ヒストリー分析とも呼ばれ，英語においては duration analysis, survival analysis, あるいは event history analysis と分野ごとの問題設定に応じて呼び方が異なる．

(77) 初歩的な解説としては Greene (2000, 937-950頁) や Allison (1984) があり，標準的な解説書としては Kalbfleisch and Prentice (1980)，最近のものとして Blossfeld and Rohwer (1995) や Hosmer and Lemeshow (1999) がある．邦語によるものとしては，大橋・浜田 (1995) の SAS による生存分析解説があり，社会科学の分野においては，青沼・木島 (1998, 81-98頁)，木島・子守林 (1999, 6章)，清水 (2001, 2-4章) に方法論的な解説と応用例が示されている．立法過程を計量的に分析することに対しては，とくに法案個々を独立のものとして処理することに異論があるかも知れない．個体間の独立性は計量分析において一般的にも考慮を要する問題であり，本書において

も個々の法案が完全に独立するものと考えているわけではない．ただし，生存分析はある事象の継続期間とその期間が終了する確率に依存関係があることを想定する計量分析の手法である．仮に，極端なケースとして，A 法案が他のすべての法案の成立を規定するとしよう．この場合，A 法案の成立は他のすべての法案の成立に先立つことになり，そうした依存関係は生存分析において時間的事象の継続期間と状態変化確率の時間依存として把握されることになる．もう 1 つの極端なケースとして，A 法案の成立が B 法案の成立を規定するとしよう．ただし，こうした法案の組み合わせが無数にあるならば，そうした 2 法案は独立のものではないが，それらの依存関係は法案全体からみれば瑣末なものである．したがって，前者のケースに近づけば，時間依存によって法案間の依存関係は考慮され，後者に近づけば，法案間の依存関係は全体に実質的な影響を及ぼすものではなくなる．

(78) したがって，厳密に言えば，危険率は「確率」ではない．
(79) サンプル・セレクションに関しては Heckman（1976, 1979），また解説として Greene（2000, 928-933頁），Maddala（1983, 231-234頁），Breen（1996）がある．
(80) Breen（1996, 40頁）．

第 5 章

(81) 1953年の参議院による緊急集会において，内閣提出法案 4 本が提出され，すべてが成立しているが，それらは分析対象としていない．1947年の第 1 回国会から2001年の第153回国会までのすべての国会における内閣提出法案数は8,242であり，本論における分析対象法案はその約 8 割に相当する．このように分析対象とする法案には，瑣末なものから，重要なものまですべてが含まれており，重要な法案に限れば，必ずしも本書の主張が妥当しないかも知れない．本書は法案個々の重要性に相違のあることを否定するものではなく，そうした立法に関する情報を加味していくことも今後の課題として考えているが，そうした立法の重要度は往々にして「見える形」において論争的であるということから事後的に定義されるものである．例えば，人間一般の特性は個々人の特徴をある程度無視することによって可能となり，歴史的な偉人やスポーツ選手だけに限って分析をすることはないであろう．同様に，本書の目的は立法全般における日常的なメカニズムを解明することにある．観察主義的な「バイアス」を排除することは本書における分析の重要な前提であり，法案個々に共通する一般的な要素を体系的に抽出するという目的からは法案個々の独自な要素を捨象せざるを得ない．

(82) 予算審議を衆議院に限ったのは，予算審議に新年度施行という時間的制約があり，憲法の規定により，衆議院の先議と衆議院の議決後30日以内に参議院が議決しない場合，衆議院の議決が優越することが保証されており，実質的に予算審議の焦点が衆議院の通過にあるためである．

(83) 1955年までと1992年以降の時期について，厚生委員会と労働委員会に付託された法案を合算して，社会労働委員会に相当するものとみなした場合，「立法時間」メディアンの平均は約148日であり，「提出時間」メディアンの平均は63日となる．1996年までを対象とする分析ではあるが，川人ほか（2002, 表9・表10）はこうした分析の詳細を報告している．また福元（2000b, 5章）も参照のこと．

(84) また福元（2000a, 2002）参照．待鳥（2001）は国会研究における最近の動向を整理し，その意義を論じている．

(85) ただし，福元の因子分析は第4因子までを抽出しており，「早期標準型」と「晩期標準型」を「標準型」として1つにまとめている．

(86) この分析は衆議院における委員会審議に焦点があり，対象法案も予算国会における衆議院先議の新規提出法案に限られる．

(87) 各々の誤差項に関しては，$u_i \sim N(0, \sigma_u^2)$，$\varepsilon_i \sim N(0, \sigma_\varepsilon^2)$ とする．詳しくは本書第4章「計量分析概論」参照．

(88) 分析対象とする内閣提出法案に関する「審議時間」と「提出時間」のメディアンは各々44日と59日である．

(89) 厳密には，会期中に委員長が交代する場合もあり，「野党委員長」は会期中一貫して野党議員が委員長である委員会の場合にのみ1となるダミー変数としている．資料は衆議院・参議院（1990）を「衆議院の動き」（衆議院常任委員会調査室）各年版，宮川隆義編『政治ハンドブック』（政治広報センター）各版，『国会便覧』（日本政経新聞社）各版によって補足している．

(90) これらの独立変数のVIF（variance inflation factor）は平均で1.05である．

(91) 「特別国会」は0であり，「会期」は通常国会の法定会期150日としている．

(92) 法案賛否の確率推計に用いる変数の定義や基礎統計は本書巻末参考資料にまとめている．

(93) 厳密には，政党の法案態度は衆議院本会議の議決結果に基づく．したがって，衆議院本会議において採決に至らなかった法案は分析対象外となる．資料は衆議院事務局議事部議案課調べによる．

(94) 具体的には，3,141本の内閣提出法案が分析対象となる．法案賛否の記録が単に「起立多数」とされ，反対会派が不明である法案が2本あり，それらは分析対象としていない．

(95) 政治学における応用例としては，例えば，Alvarez and Brehm（1995）がある．
(96) 本書注(89) 参照．
(97) これらの政党のイデオロギー的な配置については，Laver and Hunt（1992）参照．
(98) ただし，増山（2001b）は野党各々と与党の議席割合の関係を個別に検証しており，与党の議席割合が野党のイデオロギーに応じて異なる作用のあることを明らかにしている．
(99) 「分散検定」に示すように，対数化分散を0とする，すなわち均一分散のχ^2検定からも「法案支持」が「対数審議時間」に対して不均一に分散していることが確認される．
(100) 具体的には，$\bar{T}$を「対数審議時間」の平均（3.747），$\bar{C}$を「野党委員長」の平均（0.078），$\bar{G}$を「与党議席」の平均（57.843）とし，定数，「対数審議時間」，「野党委員長」，「与党議席」の係数を各々$\beta_0 \sim \beta_3$，とすると，参照政党である共産党の法案支持確率は

$$\Pr（支持 | 共産党） = \Phi\left(\frac{\beta_0+\beta_1\bar{T}+\beta_2\bar{C}+\beta_3\bar{G}}{e^{\gamma\bar{T}}}\right)$$

として求められる（γは「対数審議時間」の不均一分散係数である）．例えば，β_4を「社会党」の係数とすれば，社会党の法案支持確率は

$$\Pr（支持 | 社会党） = \Phi\left(\frac{\beta_0+\beta_1\bar{T}+\beta_2\bar{C}+\beta_3\bar{G}+\beta_4}{e^{\gamma\bar{T}}}\right)$$

となる．
(101) こうした分析結果は，与野党協調を促進するという「交渉型審議仮説」には反するが，国会の機能として野党が立法自体の政策的効用を追及するのではなく，国会を対外的な態度表明の場と捉える福元のような「討議的議会」観に反するものではない．ただし，そうした態度表明を議会制度の主たる機能とみなすことと，野党の立法的な効用追求には限界があり，その結果として野党は対外的な態度表明に専念せざるを得ないとすることとの間には根本的な相違がある．
(102) 議会制度に関する合理的選択論は，多数派の立法的権限を制限する制度選択によって，多次元空間における多数決循環を克服しようとする一連の理論的，実証的研究を展開させている．文献案内としては，例えば，Shepsle and Weingast（1995）参照．また邦語によるものとしては，増山（1996），待鳥（1996）がある．国会に関しては，川人（2002）が議院運営委員会における多数決主義を検証している．

第 6 章

(103) 資料は衆議院・参議院（1990）を参議院議事部議案課のまとめる各国会の「議案審議表」で補足している．分析対象とする内閣提出法案は5,639本あり，また会期中に成立せず，継続審議とされた内閣提出法案は国会ごとに集計すると延べ220法案である．

(104) 詳しくは本書巻末参考資料「戦後国会における立法動向」参照．

(105) 第2回国会（1947年12月10日〜1948年7月5日）は新憲法下最初の通常国会であるが，次章においても触れるように，戦後初期の流動期における連立政権下の予算国会であり，ここでの分析の範囲には含めていない．

(106) 前章の法案支持確率と同様に，立法時間の分析に用いる変数の定義や基礎統計は本書巻末参考資料にまとめている．

(107) 生存分析においては，ある事象の終了が観察できない場合を「右側打ち切り」と呼ぶのに対して，ある事象が終了し得る状態になる時点が観察できない場合を「左側打ち切り」と呼んで区別している．

(108) この手法はProduct Limit法とも呼ばれる．具体的には，仮にk個の時間区分（$t_1 < t_2 < \cdots\cdots < t_k$）があるとし，時間区分$t_j$まである状態のまま生存し続けている個体数を$n_j$とする．そして，時間区分$t_j$において，ある状態の終了する個体数を$d_j$とすると，カプラン・マイヤー法による推定量は以下によって求められる．

$$\hat{S}(t) = \prod_{j:t_j \leq t} \left[1 - \frac{d_j}{n_j} \right]$$

(109) 詳しくは本書第4章「計量分析概論」参照．

(110) 1958年の国会法改正により，会期延長は通常国会においては1回，その他の国会においては2回と制限されるようになっている．それ以前は会期の延長回数について制限はなかった．ただし，延長会期の日数には制限はない．

(111) Mochizuki (1982), Krauss (1984).

(112) 与党は内閣に閣僚を出している政党と定義している．詳しくは本書巻末参考資料「戦後国会における立法動向」参照．

(113) Cox and McCubbins (1993).

(114) コックスらの議事運営モデルは，法案が成立するまでに要する時間と「事前」の成立確率が議事序列を規定するという因果関係を想定している．したがって，法案審議に要する時間と法案の成立確率は独立に作用し，一方が他方の効果を相殺するという可能性もある．しかしながら，立法過程においても，生存分析モデルの想定するような時間的事象の経過時間依存が存在

するならば，そうした相殺作用は実質的なものでないと考えられる．
(115) 例えば，田丸（2000）は法案の国会提出前に省庁が与党に対する提出法案の説明を行うにあたって，提出法案数，提出順序，先議院の3点が考慮されるとしている（49-52頁）．こうした付託法案総数は法案が付託されるたびに増加する時間変量的要因であるが，提出予定の内閣提出法案は概ね事前に想定されており，この「付託法案」を時間不変的変数とすることに実質的な問題はないであろう．小島（1979, 54-56頁）参照．また福元（2000b, 136-139頁）は提出法案数の削減が1960年代初頭から制度化していると論じている．
(116) α と σ は $\alpha = \frac{1}{\sigma} - 1$ という関係にある．詳しくは本書第4章「計量分析概論」参照．
(117) 各外生変数の平均値における「立法危険率」を求めている．またゴンペルツ・モデルによる推定からも「立法危険率」は時間の経過とともに増加することが示されている．
(118) 「立法危険率」の係数を β，「立法時間」の係数を β^* とすると，両者には，

$$\beta = \frac{-\beta^*}{\sigma}$$

の関係がある．詳しくは本書第4章「計量分析概論」参照．
(119) 第2章において明らかにしたように，集計的な分析においては，成立した内閣提出法案の割合という意味における法案成立率と与党の議席割合には統計的に有意な関係はみられなかった（表2-3参照）．
(120) 詳しくは本書第4章「計量分析概論」参照．
(121) 同値はエフロン（Efron）法によって処理している．
(122) ただし，これらの推定モデルは外生変数の危険率に対する効果が時間に依存しないという仮定の下，いわば平均的な効果を分析するものである．これを生存分析においては「比例危険性」と呼んでおり，そうした仮定の妥当性を確認する手法も開発されている．Schoenfeld（1982），Grambsch and Therneau（1994）参照．Masuyama（2000a, 2001）は「会期」を時間不変的外生変数とするモデルにおいて「立法危険率」の「比例危険性」を検討している．具体的には，「会期」に関して「比例危険性」を仮定することに問題のある可能性もあるが，「立法時間」の対数と「会期」の積をとった変数を外生変数として追加したモデルの推定から，そうした時間依存（time dependence）の作用は「立法時間」の実質的大部分において大きく異なるものではないことが示されている．
(123) 例えば，西村（1984）は行政的裁量に対する統制を論じるにあたって，

与党の事前審査が立法過程における非制度的な外的統制となっているとする (98頁).
(124) 「議事連合」(parties as procedural coalitions) という考え方については Cox and McCubbins (1993) 参照. また本書注(75) 参照.

第7章

(125) 議会における制度選択に関する一連の合理的選択論としては, Shepsle (1986), Shepsle and Weingast (1995), Hammond and Miller (1987), Baron and Ferejohn (1989), Krehbiel (1991, 1998), Dion and Huber (1996), Huber (1996), Binder (1997), Dion (1997), Tsebelis and Money (1997), Tsebelis (2002), Brady ans McCubbins (2002) など参照. また邦語による文献案内としては増山 (1996), 待鳥 (1996) がある.

(126) 本書注(89) 参照.

(127) 本章における分析の焦点は「立法危険率」の時間依存ではなく, 危険率と時間の媒介変数の設定を回避する手法として, コックスによる比例危険モデルの部分尤度推定のみを報告する. 前章と同様, 継続法案を含む分析は章末の「補足推計」にまとめている.

(128) 表7-1に示すように, 「法案序列」と「法案序列＊野党委員長」の「立法危険率」に関する係数は各々 0.054と-0.016であり, これらの合計0.054-0.016=0.038を指数化した1.039が衆参両院において野党議員が委員長である委員会に付託された法案について, 「法案序列」1単位が増加することによる「危険比率」となる.

(129) 選挙結果については本書巻末の参考資料「新憲法下の国政選挙」にまとめている. 政党政治の歴史的展開については, Calder (1988, 2章) を政党政治研究会 (1988) や北岡 (1995) によって補足している.

(130) この吉田内閣には, 民主党議員33名が保守勢力の結集に同調して「連立派」を構成し, 2名を閣僚として参加させている. 翌1950年3月には連立派が合流して自由党となる.

(131) ただし, 1983年の総選挙においては, 田中元首相に対するロッキード事件一審判決の影響もあり, 自民党は追加公認を含めても259議席に落ち込んでいる. これにより, 自民党は1970年代に自民党から離脱した議員数名から成る新自由クラブと連立を組むことになるが, 両党は国会において統一会派を形成し, 新自由クラブの議員もやがて自民党に復党する.

(132) 継続法案を含む分析は章末「補足推計」にまとめている.

(133) 国会法改正全般に関しては, 大山 (1987), 松澤 (1990), 原田 (1997, 45

-60頁）参照.
(134) 議事運営機関の変遷については川人（2002）に詳しい. 議院運営小委員協議会に先立って, 議院運営委員会には各派交渉会が議長の諮問機関として, 議事運営における政党間交渉の場となっていたが, 各派交渉会が非公開であることを GHQ が問題としたため, 小委員協議会が国会法第二次改正において法規上に根拠のあるものとされているが, 運用上は交渉会と変わらない（13頁）.
(135) 1955年改正の経緯については川人（1999, 494-502頁）に詳しい.
(136) 例えば, 常会の会期延長を20日以内にするといったことも検討されていた. 朝日新聞1954年7月7日朝刊1面.
(137) 朝日新聞1956年1月11日夕刊1面.
(138) 朝日新聞1956年12月20日朝刊2面.
(139) 朝日新聞1958年3月10日朝刊1面および4月4日朝刊2面.
(140) 第3章でも触れたように, 川人（2002）は議院運営委員会の理事会がこうした議事協議会の機能を実質的に担っており, 理事会において合意が得られない場合, 議院運営委員会における採決に委ねられることを明らかにしている.
(141) ただし, 1991年の第121回国会において, 常会の召集時期を12月から1月に改め, 正月休みによる自然休会をなくしている（第十九次改正）.
(142) これら2つの制度変更に関する変数を加えた推定において,「1958改正」と「社会化」の VIF は各々10.63, 17.11であり, 後者が最大であった.「社会化」を除いた推定も行っているが,「1958改正」の「立法危険率」に関する作用の統計的有意度が高まることを除いて, 他の外生変数に関する推定結果に実質的な変化はみられない. また継続法案を含む分析は章末「補足推計」にまとめている.
(143) 表7-3に報告した推定モデルに基づいている.
(144) 政権基盤が脆弱である時期において, 衆参両院において野党議員が委員長である委員会に付託された法案に関して,「法案序列」の「危険比率」効果は最も低い約2.9%増となるが, それでも統計的に有意な作用であることに変わりはない.
(145) 議院運営委員会の制度化について, 川人（2002）参照.
(146) 参議院における緑風会の衰退について, 待鳥（2000）参照.
(147) 1958年の国会法改正における提案理由説明においては, 内閣提出法案の主務官庁行政官が国会対策によって拘束されることが行政効率の低下を招き, 国会の会期延長を制限することがそうした非効率を回避することになる

とも述べている．佐藤（1959, 22-23頁）参照．また川人（1999）は議員立法の制限についても，1955年の国会法改正自体ではなく，予算と議員立法の不一致問題が自民党における予算編成手続きの確立によって解消されたことを強調している．福元（2000b, 133-139頁）も「与野党関係の制度化」とともに「政府・与党内の制度化」について論じている．与野党関係は議長の事実上の権限として制度化される一方，与党内関係は法案提出に関する予算上の優先順位づけとそれに応じた政府内審査過程の制度化にみられ，福元はこうした変化が1950年代末からの国会における慣行や政府・自民党における機関決定を通じて漸次的に定着してきたものとしている．ただし，福元はこれを国会における「粘着性」の作用と捉え，モチヅキらの主張に沿った解釈をしている．

第8章

(148) 行政機関の政治的コントロールについて，McCubbins and Schwarz (1984), Weingast and Moran (1983), McCubbins, Noll, and Weingast (1987, 1989), Macey (1992), Epstein and O'Halloran (1994, 1999), Bawn (1995), Carey and Shugart (1998), Huber and Shipan (2000, 2002), など参照．日本に関しては McCubbins and Noble (1995) による日米比較がある．

(149) Ramseyer and Rosenbluth (1993), とくに6章，7章参照．

(150) また Cowhey and McCubbins (1995) 参照．

(151) 対象法案は1948〜1997立法年における新規の内閣提出法案であり，対象委員会を20年以上存続する衆議院の常任委員会に限っている．委員会と省庁の管轄対応は衆議院規則第92条による．

(152) したがって，「法案序列」は0を想定し，法案提出日順位に関しては委員会間に相違のないものとしており，いわば「立法危険率」を規定する外生的要因に重みづけされた委員会別の立法的優遇度を立法年ごとに指標化していることになる．

(153) Beck and Katz (1995, 1996) に従って，最小二乗法によるパネル矯正済み標準誤差を用いた推定結果を報告している．「立法危険率」の分析は1949年から1993年までを対象とし，主要12常任委員会（表8−1参照）とそれらの管轄に対応する省庁に限られる．ただし，社会労働委員会が厚生委員会と労働委員会に分かれる時期については，それらの2委員会も対象としている．

(154) 「立法優遇度」の平均は-5.859，標準偏差は0.739である（最小：-7.225，最大：-1.811）．より高次の動態過程を考慮しても「立法優遇度」の係数はプラスのままである．

(155) 代表的なものとして，大嶽（1979），村松（1981），村松・伊藤・辻中（1986），猪口（1983）参照．

(156) 川人ほか（2002, 表8）は実質修正の委員会別動向も同様の傾向にあることを明らかにしている．

(157) 例えば，医師会が挙げられる．Steslicke（1973），Takemi（1982），武見（1983），高橋（1986）など参照．また医師会の政治的な資金力については岩井（1990b, 166-195頁）など参照．

(158) また McCubbins and Rosenbluth（1995），永久（1995），建林（1997, 2000）も自民党議員の政策活動に選挙制度論的解釈を試みるものである．

(159) 厚生省五十年史編集委員会（1988）．

(160) したがって，『厚生省五十年史』に含まれる時期が範囲となり，具体的には，1987年における第108回国会までの厚生省関連法案が分析対象となる．また同一部局における組織再編が続く場合，再編前後が混合することを回避するため，以下の措置を採っている．1年を置かず再編が続く場合，先発の再編年は分析対象としない．1年ないし2年を置く場合，先発の再編翌年は対象としない．また再編前後にわたって継続審議とされた法案は対象としない．これにより，1982年の第96回国会における老人保健法案（第94回国会提出法案74）が除外される．さらに1963年の第43回国会における国民年金法及び児童扶養手当法の一部を改正する法律案は年金と児童の2部局に関わるが，両部局において部局再編前後の定義が異なるため除外した．ただし，翌年の第46回国会における同名法案の場合，部局再編の定義が一致するため分析対象としている．1960年の第34回国会における厚生保険特別会計法等の一部を改正する法律案は3月15日に提出され，衆議院において4月28日に議決不要とされ，第31回国会提出の継続審議となっていた同名の法案が修正可決されているが，この法案は再び継続審議となっている．同国会の船員保険法の一部を改正する法律案は，同名の第31回国会からの継続法案が衆議院において3月17日に議決不要とされ，新規提出法案のほうが成立している．これら議決不要とされた2法案も分析から除外している．

(161) 本書巻末の参考資料に厚生省部局再編前後における関連法案を整理している．

(162) 例えば，田原（1986, 291-315頁）参照．

(163) 1982年の老人保健法は，老人医療費の本人一部定額負担を導入するとともに，保険者集団の間において老人加入率の相違に応じて負担を公平化することを柱とするものである．1984年の健康保険法改正は，被用者保険本人給付に1割自己負担を導入し，国民健康保険に財源の一部を被用者保険の拠

出金によって賄う退職者医療制度を創設するものである．また1985年の基礎年金導入は，年金制度の長期的安定と公平化を図るために，国民年金制度を全国民共通の基礎年金を支給する制度に改め，被用者年金の報酬比例部分をそれに上乗せするものとして位置づけている．これら制度改正に関する政治学的分析としては，中野 (1989)，加藤 (1991, 1995)，Kato (1991)，Campbell (1992)，新川 (1993)，大嶽 (1994)，樋渡 (1995a, 1995b)，Hiwatari (1998) がある．

(164) Campbell (1992) は高齢者対策という視点から，戦後日本における厚生関連の政策的展開を分析している．

(165) 加藤 (1991, 1995)，Kato (1991)，Campbell (1992)．また Kato (1994)，加藤 (1997) においては，税制改革における官僚の主導性が組織における限定合理性の概念によって理論化されている．すなわち，個々の官僚は組織的制約のもとに自己の合理的行為を認識し，組織利益としての省庁の政策目標を追及する．こうした加藤の分析枠組みは，選好の内生性の問題を組織論によって解決しようとするものであり，制度論と合理的選択論の統合的和解を試みるものである．また飯尾 (1995) 参照．

(166) Ramseyer and Rosenbluth (1993)，Cowhey and McCubbins (1995) 参照．

第9章

(167) 1998年6月に社民党と新党さきがけが閣外協力を解消し，自民党単独政権が復活するが，1999年1月には自民党と自由党による連立政権が誕生している．

(168) これまでと同様に，継続法案を含む分析は章末「補足推計」にまとめている．

(169) 分析対象期間において，党名・会派名が変更される場合も党派的系列を一貫して明示するために通称的名称を用いる（社民党＝社会党，新党平和＝公明党，民友連＝民主党）．

(170) 「分散検定」にも明らかなように，対数化分散を0とする，すなわち均一分散の χ^2 検定からも「法案支持」が「対数審議時間」に対して不均一に分散していることが確認される．

(171) 「対数審議時間」と「野党委員長」については各々の平均値 (3.744, 0.106) をあてている．計算方法については，本書注(100) 参照．

(172) 1990年代における政党のイデオロギー配置については，加藤・レイヴァー (1998a)，Kato and Laver (1998a) 参照．

(173) Cox, Masuyama, and McCubbins (2000) は野党が連立与党のイデオロギ

ー配置の内側に位置する場合，その野党は法案に反対する理由がなくなるとしている．
(174) 社会党は1998年5月まで自民党単独政権と閣外協力関係にあり，その時期に限れば，米軍土地使用特別措置法改正案（第140回国会）と PKO 協力法改正案（第142回国会）の2案を除くすべての内閣提出法案に賛成している．
(175) 自民党と自由党の連立政権に限れば，公明党はすべての内閣提出法案を支持している．
(176) 連立政権の空間理論的分析は財政や外交といった政策軸に主として着目しているが，このように立法における与野党対立の構図が限定的であることを考慮すると，財政や外交といった政策軸を想定するだけの分析枠組みによって，細川連立政権や自社さ連立政権の成立過程を適切に把握できないことは明らかであろう．加藤・レイヴァー・シェプスリー（1996），加藤・レイヴァー（1998b），Kato and Laver（1998b）参照．
(177) 連立第三期の特別委員会において民主党の反対法案数が多い．これは第146回国会における一連の独立行政法人法案に関するものであり，本来は内閣委員会の管轄にある法案と言える．
(178) 例えば，中野（1996），草野（1999）参照．こうした観点に懐疑的なものとして，野中（1998），伊藤（1999）がある．
(179) Cox（1997），Reed（1990），川人（2000）参照．
(180) また1990年代においては政権自体が比較的に短命となり，政府運営や政策形成の責任所在を明確にするという議院内閣制による権力の集中は一層作用し難くなっている．増山（2001a, 2002a）参照．
(181) 例えば，1990年からの4回の総選挙結果に関して，衆議院における有効政党数を求めると，2.70（1990年），4.14（1993年），2.94（1996年），3.16（2000年）であり，小選挙区比例代表並立制における2回の選挙結果は，中選挙区制による最後の水準よりは低いものの，1990年の水準よりは高いものとなっている．1996年の有効政党数は中選挙区制における平均的水準に等しい．増山（2003a，表2）参照．
(182) 建林（2002）は自民党の分裂を議員個々の観点から分析しており，離党行動における政策的動機を強調している．それは旧来の保革というイデオロギー対立軸が政府運営における政党間競合の原理としては後退するとともに，新たな議員行動の準拠枠組みとして政治改革や環境問題といった政策的争点が相対的に重要性を高めたことを反映しているのかも知れない．また Cox and Rosenbluth（1995），Kato（1998），Reed and Scheiner（N.d.）参照．

参考資料

戦後国会における立法動向

立法年	回次	国会	会期 開会日	会期 閉会日	閣法 提出 新	閣法 提出 継	閣法 成立 新	閣法 成立 継	衆法 提出 新	衆法 提出 継	衆法 成立 新	衆法 成立 継	参法 提出 新	参法 提出 継	参法 成立 新	参法 成立 継	与党議席 衆院	与党議席 参院
1947	1	特	1947.5.20	1947.12.9	161	0	150	0	20	0	8	0	2	0	0	0	307	89
1948	2	常	1947.12.10	1948.7.5	225	0	190	0	21	0	20	0	10	0	3	0	277	90
1948	3	臨	1948.10.11	1948.11.30	40	8	32	0	5	0	4	0	3	0	1	0	151	123
1948	4	常	1948.12.1	1948.12.23	23	0	22	0	5	0	5	0	9	0	6	0	151	125
1949	5	特	1949.2.11	1949.5.31	212	0	198	0	22	0	14	0	11	0	7	0	302	169
1949	6	臨	1949.10.25	1949.12.3	60	3	51	2	11	2	10	0	4	1	2	0	299	127
1950	7	常	1949.12.4	1950.5.2	196	0	187	0	32	0	29	0	11	0	8	0	299	126
1950	8	臨	1950.7.12	1950.7.31	20	0	17	0	14	0	11	0	2	1	0	0	286	134
1950	9	臨	1950.11.21	1950.12.9	43	2	37	2	11	2	8	2	3	1	2	0	285	132
1951	10	常	1950.12.10	1951.6.5	181	0	173	0	70	0	59	0	27	0	22	0	285	131
1951	11	臨	1951.8.16	1951.8.18	1	6	0	0	0	4	0	0	0	5	0	0	284	135
1951	12	臨	1951.10.10	1951.11.30	54	6	51	1	8	4	6	0	3	5	3	0	284	134
1952	13	常	1951.12.10	1952.7.31	249	5	236	5	80	4	61	3	19	4	11	0	283	134
1952	14	常	1952.8.26	1952.8.28	0	8	0	0	1	6	0	0	0	2	0	0	285	138
1952	緊		1952.8.31	1952.8.31	0	0	0	0	0	0	0	0	0	0	0	0		138
1953	15	特	1952.10.24	1953.3.14	187	0	50	0	59	0	25	0	16	0	2	0	242	137
1953	緊		1953.3.18	1953.3.20	4	0	4	0	0	0	0	0	0	0	0	0		153
1953	16	特	1953.5.18	1953.8.10	169	0	159	0	88	0	54	0	20	0	13	0	202	102
1953	17	臨	1953.10.29	1953.11.7	15	2	15	0	13	12	2	0	0	5	0	0	201	100
1953	18	臨	1953.11.30	1953.12.8	10	2	9	0	3	18	3	0	1	5	1	1	222	102
1954	19	常	1953.12.10	1954.6.15	183	2	176	2	51	14	21	0	22	4	6	0	227	101
1954	20	臨	1954.11.30	1954.12.9	11	6	10	0	22	22	9	2	2	15	1	2	185	94
1954	21	常	1954.12.10	1955.1.24	0	0	0	0	16	0	4	0	3	0	0	0	121	20
1955	22	特	1955.3.18	1955.7.30	150	0	135	0	78	0	35	0	28	0	6	0	185	23
1955	23	臨	1955.11.22	1955.12.16	10	2	10	1	9	4	5	0	1	12	0	0	299	118
1956	24	常	1955.12.20	1956.6.3	172	1	141	0	71	6	16	3	13	13	7	1	299	120
1956	25	臨	1956.11.12	1956.12.13	10	21	4	2	10	26	2	4	1	9	0	0	297	124

239

立法年	回次	国会	会期 開会日	会期 閉会日	閣法 提出 新	閣法 提出 継	閣法 成立 新	閣法 成立 継	衆法 提出 新	衆法 提出 継	衆法 成立 新	衆法 成立 継	参法 提出 新	参法 提出 継	参法 成立 新	参法 成立 継	与党議席 衆院	与党議席 参院
1957	26	常	1956.12.20	1957.5.19	158	24	145	9	50	25	15	5	17	10	3	0	299	126
	27	臨	1957.11.1	1957.11.14	5	20	5	2	13	35	2	1	2	16	0	0	294	129
1958	28	常	1957.12.20	1958.4.25	159	16	144	1	27	41	12	3	19	15	4	1	293	128
	29	特	1958.6.10	1958.7.8	5	0	5	0	16	0	0	0	1	0	0	0	298	127
	30	臨	1958.9.29	1958.12.7	41	0	6	0	13	8	0	0	6	1	0	0	298	131
1959	31	常	1958.12.10	1959.5.2	185	0	171	0	69	0	12	0	14	0	0	0	296	129
	32	臨	1959.6.22	1959.7.3	2	7	2	0	1	25	0	0	0	4	0	0	291	135
	33	臨	1959.10.26	1959.12.27	33	7	32	2	26	26	2	2	2	4	0	0	288	137
1960	34	常	1959.12.29	1960.7.15	155	4	124	1	48	26	9	4	4	6	2	0	288	136
	35	臨	1960.7.18	1960.7.22	0	25	0	4	1	35	1	0	0	4	0	0	286	135
	36	臨	1960.10.17	1960.10.24	0	21	0	0	7	35	0	0	0	4	0	0	283	135
	37	特	1960.12.5	1960.12.22	25	0	23	0	7	0	4	0	1	0	0	0	300	135
1961	38	常	1960.12.26	1961.6.8	211	0	150	0	60	2	8	0	35	1	2	0	301	135
	39	臨	1961.9.25	1961.10.31	75	1	68	1	34	1	8	0	12	7	1	0	299	136
1962	40	常	1961.12.9	1962.5.7	160	6	138	2	49	17	7	0	17	8	0	0	297	136
	41	臨	1962.8.4	1962.9.2	3	15	3	8	11	32	2	1	9	1	0	1	296	143
	42	臨	1962.12.8	1962.12.23	11	4	2	1	1	35	0	0	0	6	0	0	293	142
1963	43	常	1962.12.24	1963.7.6	185	0	158	0	53	0	7	0	34	0	2	0	293	141
	44	臨	1963.10.15	1963.10.23	36	0	1	0	7	0	1	0	1	0	0	0	286	141
	45	特	1963.12.4	1963.12.18	13	0	11	0	5	0	2	0	0	0	0	0	294	142
1964	46	常	1963.12.20	1964.6.26	174	2	156	2	62	1	12	1	18	0	1	0	294	143
	47	臨	1964.11.9	1964.12.18	10	9	10	2	9	19	1	0	0	5	0	0	287	145
1965	48	常	1964.12.21	1965.6.1	134	5	124	1	45	19	10	0	19	5	4	0	287	145
	49	臨	1965.7.22	1965.8.11	5	5	3	1	0	24	0	0	0	0	0	0	286	141
	50	臨	1965.10.5	1965.12.13	15	6	3	0	0	24	0	0	3	0	0	0	282	138
1966	51	常	1965.12.20	1966.6.27	156	0	136	0	60	0	11	0	18	0	0	0	282	138
	52	臨	1966.7.11	1966.7.30	0	11	0	2	0	23	0	0	0	3	0	0	280	140
	53	臨	1966.11.30	1966.12.20	11	7	11	1	1	22	1	2	2	3	0	0	278	140
	54	常	1966.12.27	1966.12.27	0	3	0	0	0	20	0	0	0	2	0	0	278	140
1967	55	特	1967.2.15	1967.7.21	152	0	131	0	43	0	6	0	13	0	0	0	280	141
	56	臨	1967.7.27	1967.8.18	2	11	1	0	2	15	0	0	1	0	0	0	280	139
	57	臨	1967.12.4	1967.12.23	8	7	7	1	4	8	1	0	0	0	0	0	281	139
1968	58	常	1967.12.27	1968.6.3	108	7	90	5	45	9	7	0	15	0	2	0	281	139
	59	臨	1968.8.1	1968.8.10	0	7	0	0	0	19	0	0	0	0	0	0	273	137
	60	臨	1968.12.10	1968.12.21	9	6	7	0	3	18	0	0	0	0	0	0	274	136
1969	61	常	1968.12.27	1969.8.5	113	6	63	3	58	18	4	0	22	0	0	0	274	136
	62	臨	1969.11.29	1969.12.2	33	0	26	0	2	0	1	0	11	0	0	0	272	138
1970	63	特	1970.1.14	1970.5.13	109	0	98	0	39	0	17	0	22	0	1	0	300	138

参考資料 241

立法年	回次	国会	会期		閣法				衆法				参法				与党議席	
					提出		成立		提出		成立		提出		成立			
			開会日	閉会日	新	継	新	継	新	継	新	継	新	継	新	継	衆院	参院
	64	臨	1970.11.24	1970.12.18	27	4	27	1	5	6	2	0	0	0	0	0	303	139
1971	65	常	1970.12.26	1971.5.24	105	3	93	3	35	4	15	0	19	0	0	0	303	137
	66	臨	1971.7.14	1971.7.24	0	6	0	0	0	12	0	0	0	0	0	0	302	137
	67	臨	1971.10.16	1971.12.27	22	6	14	1	8	12	4	0	0	0	0	0	301	134
1972	68	常	1971.12.29	1972.6.16	115	13	95	9	48	8	14	0	10	0	0	0	299	133
	69	臨	1972.7.6	1972.7.12	0	11	0	0	0	16	0	0	0	1	0	0	297	134
	70	臨	1972.10.27	1972.11.13	9	11	9	3	4	16	3	0	0	1	0	0	299	134
1973	71	特	1972.12.22	1973.9.27	128	0	103	0	65	0	14	0	25	0	1	0	284	136
1974	72	常	1973.12.1	1974.6.3	95	20	79	15	44	21	13	1	10	13	0	0	279	135
	73	臨	1974.7.24	1974.7.31	0	8	0	0	3	26	0	0	0	0	0	0	279	127
	74	臨	1974.12.9	1974.12.25	14	8	14	0	4	25	1	0	10	0	1	0	279	127
1975	75	常	1974.12.27	1975.7.4	68	8	43	5	40	22	19	0	29	8	0	0	279	128
	76	臨	1975.9.11	1975.12.25	31	7	30	0	7	32	1	0	13	0	0	0	276	129
1976	77	常	1975.12.27	1976.5.24	69	7	58	1	24	31	10	0	20	6	0	0	275	130
	78	臨	1976.9.16	1976.11.4	9	15	8	6	5	41	1	0	6	22	1	0	265	126
	79	臨	1976.12.24	1976.12.28	0	0	0	0	0	0	0	0	0	0	0	0	260	126
1977	80	常	1976.12.30	1977.6.9	76	0	65	0	52	0	11	0	19	0	0	0	260	127
	81	臨	1977.7.27	1977.8.3	0	8	0	0	0	29	0	0	0	0	0	0	258	125
	82	臨	1977.9.29	1977.11.25	13	8	7	2	7	29	1	0	1	0	0	0	258	125
	83	臨	1977.12.7	1977.12.10	8	4	2	0	3	26	3	0	0	1	0	0	257	125
1978	84	常	1977.12.19	1978.6.16	82	10	74	9	33	26	10	0	14	1	1	1	257	125
	85	臨	1978.9.18	1978.10.21	13	8	12	1	6	41	4	0	3	6	1	0	254	125
	86	臨	1978.12.6	1978.12.12	0	8	0	0	0	35	0	0	0	7	0	0	252	125
1979	87	常	1978.12.22	1979.6.14	68	8	42	3	36	35	7	1	11	5	0	0	253	125
	88	臨	1979.8.30	1979.9.7	30	0	3	0	22	0	0	0	9	0	0	0	248	125
	89	特	1979.10.30	1979.11.16	0	0	0	0	7	0	0	0	0	0	0	0	258	124
	90	臨	1979.11.26	1979.12.11	25	0	15	0	4	7	1	0	0	0	0	0	257	124
1980	91	常	1979.12.21	1980.5.19	92	10	66	9	58	10	9	0	17	0	1	0	257	124
	92	特	1980.7.17	1980.7.26	2	0	2	0	0	0	0	0	0	0	0	0	287	136
	93	臨	1980.9.29	1980.11.29	31	2	23	2	18	0	5	0	2	0	0	0	286	136
1981	94	常	1980.12.22	1981.6.6	74	8	69	3	54	10	15	1	14	1	1	0	286	135
	95	臨	1981.9.24	1981.11.28	5	8	3	2	2	38	1	0	1	6	0	0	287	135
1982	96	常	1981.12.21	1982.8.21	81	4	77	2	41	34	17	0	10	7	1	1	287	135
	97	臨	1982.11.26	1982.12.25	5	6	4	0	1	42	0	1	0	3	0	0	287	134
1983	98	常	1982.12.28	1983.5.26	58	5	51	1	18	41	6	2	7	3	0	0	285	135
	99	臨	1983.7.18	1983.7.23	0	11	0	0	0	47	0	0	0	0	0	0	284	136
	100	臨	1983.9.8	1983.11.28	13	11	13	5	4	47	1	2	5	0	0	0	286	136
1984	101	特	1983.12.26	1984.8.8	84	0	70	0	45	0	8	0	18	0	0	0	267	136

立法年	回次	国会	会期		閣法				衆法				参法				与･党議席	
					提出		成立		提出		成立		提出		成立			
			開会日	閉会日	新	継	新	継	新	継	新	継	新	継	新	継	衆院	参院
1985	102	常	1984.12.1	1985.6.25	84	10	77	8	39	24	14	0	7	9	1	0	264	138
	103	臨	1985.10.14	1985.12.21	12	7	10	6	3	43	3	0	1	11	0	0	261	138
1986	104	常	1985.12.24	1986.5.22	87	3	73	0	23	36	9	0	11	10	2	0	259	139
	105	臨	1986.6.2	1986.6.2	0	16	0	0	0	45	0	0	0	0	0	0	257	138
	106	特	1986.7.22	1986.7.25	0	0	0	0	0	0	0	0	0	0	0	0	310	143
	107	臨	1986.9.11	1986.12.20	28	0	24	0	9	0	1	0	3	0	0	0	308	144
1987	108	常	1986.12.29	1987.5.27	100	1	72	0	21	4	9	0	4	0	0	0	306	144
	109	臨	1987.7.6	1987.9.19	9	22	8	12	11	15	2	3	3	2	0	0	303	142
	110	臨	1987.11.6	1987.11.11	0	11	0	0	0	18	0	0	0	5	0	0	302	144
	111	臨	1987.11.27	1987.12.12	5	11	5	3	1	18	0	0	1	5	1	0	302	143
1988	112	常	1987.12.28	1988.5.25	83	8	75	0	15	19	9	0	3	5	0	0	302	143
	113	臨	1988.7.19	1988.12.28	17	14	17	7	8	22	6	0	0	8	0	0	300	144
1989	114	常	1988.12.30	1989.6.22	78	7	60	0	10	24	4	0	2	8	0	0	298	143
	115	臨	1989.8.7	1989.8.12	0	24	0	0	0	27	0	0	0	0	0	0	295	109
	116	臨	1989.9.28	1989.12.16	8	24	8	17	10	27	4	1	14	0	1	0	295	108
	117	常	1989.12.25	1990.1.24	5	6	0	0	0	25	0	0	2	3	1	0	295	109
1990	118	特	1990.2.27	1990.6.26	70	0	66	0	16	0	8	0	8	0	0	0	286	109
	119	臨	1990.10.12	1990.11.10	2	3	1	0	0	4	0	0	0	6	0	0	284	113
1991	120	常	1990.12.10	1991.5.8	93	3	83	1	18	4	10	0	3	0	0	0	283	113
	121	臨	1991.8.5	1991.10.4	6	12	1	6	9	9	4	0	1	6	0	0	280	115
	122	臨	1991.11.5	1991.12.21	14	8	14	0	4	9	2	0	1	6	0	0	279	115
1992	123	常	1992.1.24	1992.6.21	84	8	80	3	12	10	7	0	6	6	0	0	278	114
	124	臨	1992.8.7	1992.8.11	0	9	0	0	0	13	0	0	0	1	0	0	276	107
	125	臨	1992.10.30	1992.12.10	10	9	10	3	12	13	7	0	5	1	0	0	274	106
1993	126	常	1993.1.22	1993.6.18	76	6	72	0	26	15	6	0	16	5	1	0	274	106
	127	特	1993.8.5	1993.8.28	0	0	0	0	0	0	0	0	0	0	0	0	260	131
	128	臨	1993.9.17	1994.1.29	20	0	17	0	11	0	4	0	6	0	3	0	259	131
1994	129	常	1994.1.31	1994.6.29	75	3	67	2	13	2	10	0	5	0	3	0	192	58
	130	臨	1994.7.18	1994.7.22	0	8	0	0	0	5	0	0	0	0	0	0	295	163
	131	臨	1994.9.30	1994.12.9	19	8	19	8	7	4	4	1	1	0	0	0	294	163
1995	132	常	1995.1.20	1995.6.18	102	0	102	0	20	4	7	2	6	0	2	0	299	161
	133	臨	1995.8.4	1995.8.8	0	0	0	0	13	1	0	0	0	1	0	0	291	153
	134	臨	1995.9.29	1995.12.15	17	0	17	0	22	1	6	0	0	1	0	1	294	153
	135	臨	1996.1.11	1996.1.13	0	0	0	0	0	13	0	0	0	0	0	0	294	153
1996	136	常	1996.1.22	1996.6.19	99	0	99	0	16	13	10	0	5	0	1	0	293	150
	137	臨	1996.9.27	1996.9.27	0	0	0	0	2	2	0	0	0	1	0	0	255	149
	138	特	1996.11.7	1996.11.12	0	0	0	0	0	0	0	0	0	0	0	0	239	110
	139	臨	1996.11.29	1996.12.18	12	0	9	0	18	0	1	0	2	0	0	0	238	111

参考資料　243

立法年	回次	国会	会期		閣法				衆法				参法				与党議席	
			開会日	閉会日	提出		成立		提出		成立		提出		成立		衆院	参院
					新	継	新	継	新	継	新	継	新	継	新	継		
1997	140	常	1997.1.20	1997.6.18	92	3	90	0	45	8	10	1	11	0	3	0	240	112
	141	臨	1997.9.29	1997.12.12	20	5	20	4	22	2	3	0	6	0	1	0	250	112
1998	142	常	1998.1.12	1998.6.18	117	1	97	1	44	9	6	4	6	0	1	0	259	119
	143	臨	1998.7.30	1998.10.16	10	20	7	10	20	32	14	1	10	1	1	1	263	105
	144	臨	1998.11.27	1998.12.14	6	11	6	0	7	34	3	0	5	0	0	0	263	104
1999	145	常	1999.1.19	1999.8.13	124	11	110	10	38	34	13	0	22	0	5	0	304	116
	146	臨	1999.10.29	1999.12.15	74	15	74	6	19	18	5	1	7	2	2	0	356	141
2000	147	常	2000.1.20	2000.6.2	97	9	90	7	35	23	17	1	20	2	2	0	356	143
	148	特	2000.7.4	2000.7.6	0	0	0	0	3	0	0	0	0	0	0	0	271	136
	149	臨	2000.7.28	2000.8.9	0	0	0	0	1	3	0	0	8	0	0	0	270	136
	150	臨	2000.9.21	2000.12.1	21	0	20	0	25	3	11	0	17	0	1	0	270	136
2001	151	常	2001.1.31	2001.6.29	99	1	92	1	64	6	17	1	22	0	1	0	277	136
	152	臨	2001.8.7	2001.8.10	0	7	0	0	0	36	0	0	0	0	0	0	276	140
	153	臨	2001.9.27	2001.12.7	28	7	28	5	29	36	9	3	11	0	1	0	275	140

注：資料は衆議院・参議院（1990），「衆議院の動き」各年版（衆議院常任委員会調査室），自由民主党（1987）および衆参両院のホームページ（http://www.shugiin.go.jp/ および http://www.sangiin.go.jp/）に基づく。「立法年」は一般会計予算を審議する予算国会に始まり，次年度の予算国会までに召集された国会を含む期間としている。「与党」は所属議員が内閣に参加する政党としている。衆議院の定数は466（第1～22回国会），467（第23～54回国会），486（第55～70回国会），491（第71～78回国会），511（第79～105回国会），512（第106～126回国会），511（第127～137回国会），500（第138～147回国会），480（第148回国会以降）であり，参議院の定数は250（第1～65回国会），252（第66～151回国会），247（第152回国会以降）である。単独与党でない国会における各与党会派の議席は以下のとおりである．

与党会派内訳

回次	衆議院	参議院	備考
1	社会(144)，民主(132)，国協(31)	社会(47)，民主(42)	緑風会閣僚6月まで
2	民主(105)，社会(140)，国協(32)	民主(44)，社会(46)	
3		民自(46)，緑風(77)	
4		民自(48)，緑風(77)	
5	民自(269)，民主連立(33)	民自(48)，緑風(77)，民主(44)	民主分裂3月26日
6	民自(266)，民主連立(33)	民自(52)，緑風(75)，民主(42)	
7	民自(266)，民主連立(33)	民自(52)，緑風(74)，民主(42)	
8		自由(77)，緑風(57)	
9		自由(76)，緑風(56)	
10		自由(75)，緑風(56)	
11		自由(81)，緑風(54)	

回次	衆議院	参議院	備考
12		自由(80), 緑風(54)	
13		自由(80), 緑風(54)	
14		自由(81), 緑風(57)	
緊		自由(81), 緑風(57)	
15		自由(80), 緑風(57), 民主ク(16)	
緊		自由(89), 緑風(55), 民主ク(9)	
16		自由(95), 純無ク(7)	
17		自由(93), 純無ク(7)	
18		自由(95), 純無ク(7)	
19		自由(94), 純無ク(7)	
20		自由(91), 純無ク(3)	
127	さき(52), 社会(77), 新生(60), 公明(52), 民社(19)	日新(4), 社会(73), 公明(24), 民社(11), 改革(11), 新生(8)	
128	さき(52), 社会(76), 新生(60), 公明(52), 民社(19)	新連(15), 社会(73), 公明(24), 民社(11), 新生(8)	
129	さき(55), 新生(61), 民社(19), 公明(52), 改会(5)	連新(23), 公明(24), 民社(11)	社会除く(4月25日連立離脱)
130	社会(74), 自民(200), さき(21)	社会(68), 自民(95)	
131	社会(72), 自民(201), さき(21)	社会(68), 自民(95)	
132	社会(70), 自民(208), さき(21)	社会(66), 自民(95)	
133	社会(64), 自民(207), さき(20)	社会(38), 自民(112), さき(3)	
134	社会(64), 自民(209), さき(21)	社会(39), 自民(111), さき(3)	
135	自民(209), 社会(63), さき(22)	自民(111), 社会(39), さき(3)	
136	自民(207), 社民(63), さき(23)	自民(111), 社民(36), さき(3)	
137	自民(206), 社民(35), さき(14)	自民(109), 社民(36), さき(4)	
145	自民(265), 自由(39)	自民(104), 自由(12)	
146	自民(265), 公明(52), 自由(39)	自民(105), 公明(24), 自由(12)	
147	自民(269), 公明(48), 自由(39)	自民(107), 公明(24), 自由(12)	自公保成立4月5日
148	自民(233), 公明(31), 保守(7)	自保(112), 公明(24)	
149	自民(232), 公明(31), 保守(7)	自保(112), 公明(24)	
150	自民(232), 公明(31), 保守(7)	自保(112), 公明(24)	
151	自民(239), 公明(31), 保守(7)	自保(112), 公明(24)	
152	自民(238), 公明(31), 保守(7)	自保(116), 公明(24)	
153	自民(237), 公明(31), 保守(7)	自保(116), 公明(24)	

注： 首相の所属する会派に続いて，議席数の多い会派の順に挙げている．会派の略は以下のとおり．
社会：社会党，民主：民主党，国協：国民協同党，民自：民主自由党，緑風：緑風会，民主連立：民主党(第十控室)，自由：自由党，民主ク：民主クラブ，純無ク：純無所属クラブ，さき：さきがけ日本新党(第127～129回)，新党さきがけ(第130回以降)，新生：新生党，公明：公明党，民社：民社党，日新：日本新党，改革：民主改革連合，新連：日本新党・民主改革連合，改会：改革の会，連新：日本・新生・改革連合，社民：社会民主党，保守：保守党，自保：自由民主党・保守党．

新憲法下の国政選挙

・衆議院総選挙

回	選挙日	自由	民主	国協	社会	労農	共産	諸無	定数	備考
23	1947年4月25日	131	126	31	143	4	4	27	466	自由＝日自，労農＝日農
24	1949年1月23日	264	69	14	48	7	35	29	466	自由＝民自

回	選挙日	自由	分自	改進	右社	左社	労農	共産	諸無	定数	備考
25	1952年10月1日	240		85	57	54	4		26	466	
26	1953年4月19日	199	35	76	66	72	5	1	12	466	
27	1955年2月27日	112		185	67	89	4	2	8	467	改進＝日民

回	選挙日	自民	自ク	公明	民社	社連	社会	共産	諸無	定数	備考
28	1958年5月22日	287					166	1	13	467	
29	1960年11月20日	296			17		145	3	6	467	
30	1963年11月21日	283			23		144	5	12	467	
31	1967年1月29日	277		25	30		140	5	9	486	
32	1969年12月27日	288		47	31		90	14	16	486	
33	1972年12月10日	271		29	19		118	38	16	491	
34	1976年12月5日	249	17	55	29		123	17	21	511	
35	1979年10月7日	248	4	57	35	2	107	39	19	511	
36	1980年6月22日	284	12	33	32	3	107	29	11	511	
37	1983年12月18日	250	8	58	38	3	112	26	16	511	
38	1986年7月6日	300	6	56	26	4	85	26	9	512	
39	1990年2月18日	275		45	14	4	136	16	22	512	

回	選挙日	自民	新生	日新	さき	公明	民社	社連	社会	共産	諸無	定数	備考
40	1993年7月18日	223	55	35	13	51	15	4	70	15	30	511	

回	選挙日	自民	新進	さき	自由	保守	公明	民主	社民	共産	諸無	定数	備考
41	1996年10月20日	239	156	2				52	15	26	10	500	
	（比例）	(70)	(60)					(35)	(11)	(24)		(200)	
42	2000年6月25日	233			22	7	31	127	19	20	21	480	
	（比例）	(56)			(18)		(24)	(47)	(15)	(20)		(180)	

・参議院通常選挙

回	選挙日	自由	民主	国協	社会	右社	左社	共産	緑風	諸無	定数	備考
1	1947年4月20日	39	29	10	47			4		121	250	自由＝日自
	（全国区）	(8)	(6)	(3)	(17)			(3)		(63)	(100)	
2	1950年6月4日	52	9		36			2	9	24	132	民主＝国民
	（全国区）	(18)	(1)		(15)			(2)	(6)	(14)	(56)	
3	1953年4月24日	46	8			10	18		16	30	128	民主＝改進
	（全国区）	(16)	(3)			(3)	(8)		(8)	(15)	(53)	

回	選挙日	自民	自ク	民社	公明	社連	社会	共産	緑風	諸無	定数	備考
4	1956年7月8日	61					49	2	5	10	127	
	（全国区）	(19)					(21)	(1)	(5)	(6)	(52)	
5	1959年6月2日	71					38	1	6	11	127	
	（全国区）	(22)					(17)	(1)	(4)	(8)	(52)	
6	1962年7月1日	69		4	9		37	3		5	127	公明＝公明政治連盟
	（全国区）	(21)		(3)	(7)		(15)	(2)		(3)	(51)	
7	1965年7月4日	71		3	11		36	3		3	127	
	（全国区）	(25)		(2)	(9)		(12)	(2)		(2)	(52)	
8	1968年7月7日	69		7	13		28	4		5	126	
	（全国区）	(21)		(4)	(9)		(12)	(3)		(2)	(51)	
9	1971年6月27日	62		6	10		39	6		2	125	
	（全国区）	(21)		(4)	(8)		(11)	(5)		(1)	(50)	
10	1974年7月7日	62		5	14		28	13		8	130	
	（全国区）	(19)		(4)	(9)		(10)	(8)		(4)	(54)	
11	1977年7月10日	63	3	6	14	1	27	5		7	126	
	（全国区）	(18)	(1)	(4)	(9)	(1)	(10)	(3)		(4)	(50)	
12	1980年6月22日	69		5	12	1	22	7		10	126	
	（全国区）	(21)		(3)	(9)	(1)	(9)	(3)		(4)	(50)	
13	1983年6月26日	68	2	6	14		22	7		7	126	
	（全国区）	(19)	(1)	(4)	(8)		(9)	(5)		(4)	(50)	
14	1986年7月6日	72	1	5	10		20	9		9	126	
	（全国区）	(22)	(1)	(3)	(7)		(9)	(5)		(3)	(50)	
15	1989年7月23日	36		3	10		46	5		26	126	
	（全国区）	(15)		(2)	(6)		(20)	(4)		(3)	(50)	

回	選挙日	自民	日新	さき	新進	民社	公明	社会	共産	諸無	定数	備考
16	1992年7月26日	67	4			4	14	22	6	9	126	
	（全国区）	(19)	(4)			(3)	(8)	(10)	(4)	(2)	(50)	
17	1995年7月23日	49		3	40			16	8	10	126	
	（全国区）	(15)		(2)	(18)			(9)	(5)	(1)	(50)	

回	選挙日	自民	保守	自由	民主	公明	社民	共産	諸無	定数	備考
18	1998年7月12日 (全国区)	44 (14)		6 (5)	27 (12)	9 (7)	5 (4)	15 (8)	20	126 (50)	
19	2001年7月29日 (全国区)	64 (20)	1 (1)	6 (4)	26 (8)	13 (8)	3 (3)	5 (4)	3	121 (48)	

注：政党の略は以下のとおり．

日自＝日本自由党，民自＝民主自由党，国協＝国民協同党，労農＝労働者農民党，日農＝日本農民党，諸無＝諸派・無所属合計，分自＝自由党分派，日民＝日本民主党，右社＝右派社会党，左社＝左派社会党，自ク＝新自由クラブ，社連＝社会民主連合，さき＝新党さきがけ，日新＝日本新党，社民＝社会民主党，緑風＝緑風会，国民＝国民民主党．

変数の定義と基礎統計（法案支持確率）

変　数	定　　義
法案支持	ある政党が法案を支持する場合1，その他の場合0．
（野党ダミー）	ある政党の法案賛否である場合1，その他の場合0．
対数審議時間	法案提出日から衆議院本会議議決日までの対数化日数．
与党議席	衆議院の与党議席割合百分率．
野党委員長	法案の付託される衆議院委員会の委員長が野党議員である場合1，その他の場合0．
衆参ねじれ	第115～126回国会における内閣提出法案である場合1，その他の場合0．
中道社民	第127～137回国会における内閣提出法案である場合1，その他の場合0．
自自連立	第138～145回国会における内閣提出法案である場合1，その他の場合0．
自公連立	第146回国会以降における内閣提出法案である場合1，その他の場合0．
（野党ダミー）＊ねじれ	（野党ダミー）と「衆参ねじれ」の積変数．
（野党ダミー）＊自自	（野党ダミー）と「自自連立」の積変数．
（野党ダミー）＊自公	（野党ダミー）と「自公連立」の積変数．

変　数	1956～93立法年				1956～01立法年			
	平均	標準偏差	最小	最大	平均	標準偏差	最小	最大
法案支持	0.725	0.447	0	1	0.731	0.443	0	1
対数審議時間	3.747	0.681	0	5	3.744	0.682	0	5
与党議席	57.843	4.511	49.511	64.454	57.540	5.194	37.573	71.200
野党委員長	0.078	0.269	0	1	0.106	0.308	0	1

注：基礎統計は衆議院本会議において採決のあった衆議院先議の新規内閣提出法案に対する政党の賛否を分析単位とし，延べ賛否数は1956～93立法年においては11,553件，1956～01立法年においては13,541件となる（実際の法案数は各々3,141件，3,725件である）．各野党の賛否を表明した法案数と支持した法案数は以下にまとめるとおりである．

野　党	1956～93立法年		1956～01立法年	
	賛否数	支持数	賛否数	支持数
共産党	3,141	1,546	3,725	1,850
社会党	3,141	2,359	3,513	2,683
民社党	2,654	2,272	2,654	2,272
公明党	1,834	1,510	1,994	1,659
新自ク	419	385	419	385
民主党	—	—	372	298
社民連	364	301	364	301
新進党	—	—	230	211
自由党	—	—	146	120
太陽党	—	—	71	69
自民党	—	—	53	50

注：1956～01立法年において賛否数の多い順に政党を挙げている．

変数の定義と基礎統計（立法危険率）

変数	定義	1949〜93立法年 平均	1949〜93立法年 標準偏差	1949〜93立法年 最小	1949〜93立法年 最大	1949〜01立法年 平均	1949〜01立法年 標準偏差	1949〜01立法年 最小	1949〜01立法年 最大
立法時間	法案成立の場合：会期初日から後議院本会議における可決日までの日数。法案不成立の場合：会期日数。	136.203	40.940	2	280	133.329	41.964	2	280
提出時間	会期初日から法案が国会に提出されるまでの日数。	94.661	47.251	0	273	90.445	48.388	0	273
会期	会期日数（会期が延長されるたびに変化する時間的変数としている）。	152.320	33.005	60	280	152.314	31.610	60	280
特別国会	特別国会である場合1、その他の場合0。	0.241	0.428	0	1	0.219	0.413	0	1
与党議席	衆議院の与党議席制合百分率。	58.342	5.832	39.615	64.807	58.134	6.153	37.573	71.200
社会化	1945年8月15日から各国会初日までの対数化日数。	8.603	0.753	7.151	9.760	8.718	0.804	7.151	9.916
法案序列	衆議院委員会の付託法案における法案提出順位（最高順位を0とし、順位が下がるに応じて減少する）。	-8.651	10.934	-64	0	-8.148	10.584	-64	0
付託法案	衆議院委員会の付託法案数。	17.709	15.589	1	67	16.867	15.142	1	67
野党委員長	法案の付託される衆議院委員会の委員長が野党議員である場合1、その他の場合0。	0.387	0.487	0	1	0.405	0.491	0	1
法案序列＊野党委員長	「法案序列」と「野党委員長」の積数。	-2.829	7.124	-57	0	-2.727	6.852	-57	0
危機1949〜54	Calder (1988) の定義による第一の「危機」における閣提出法案である場合1、その他の場合0。	0.290	0.454	0	1	0.263	0.440	0	1
危機1958〜63	Calder (1988) の定義による第二の「危機」における閣提出法案である場合1、その他の場合0。	0.140	0.347	0	1	0.127	0.333	0	1
危機1971〜76	Calder (1988) の定義による第三の「危機」における閣提出法案である場合1、その他の場合0。	0.110	0.313	0	1	0.100	0.300	0	1
衆参ねじれ	第115〜126回国会における内閣提出法案である場合1、その他の場合0。	0.038	0.192	0	1	0.035	0.183	0	1

変数	定義	1949〜93立法年				1949〜01立法年			
		平均	標準偏差	最小	最大	平均	標準偏差	最小	最大
連立政権	第127回国会以降の内閣提出法案である場合1、その他の場合0。	―	―	―	―	0.092	0.290	0	1
脆弱政権	「危機1949〜54」、「危機1958〜63」、「危機1971〜76」、「衆参ねじれ」、「連立政権」のいずれかに該当する内閣提出法案である場合1、その他の場合0。	0.579	0.494	0	1	0.618	0.486	0	1
法案序列＊脆弱政権	「法案序列」と「脆弱政権」の積変数	−6.100	10.998	−64	0	−5.834	10.561	−64	0
1958改正	1958年の国会法改正後における内閣提出法案である場合1、その他の場合0。	0.612	0.487	0	1	0.648	0.478	0	1
法案序列＊1958改正	「法案序列」と「1958改正」の積変数	−3.500	5.643	−45	0	−3.474	5.473	−45	0

注：基礎統計は会期延長による「会期」を時間変量変数とする子算国会における新規提出の内閣提出法案を分析単位とし、延べ法案数は1949〜93立法年においては8,408本、1949〜01立法年においては9,264本となる（実際の法案数は各々5,639本、6,444本である）．打ち切り割合は56.7%（1949〜93立法年），59.5%（1949〜01立法年）である。

厚生省部局再編前後の関連法案一覧

年	国会	再編	部局	法案	番号
1948	2	前	環境衛生	墓地,埋葬等に関する法律案	56
				食肉輸入取締規則を廃止する法律案	58
				理容師法特例案	106
				興行場法案	174
				公衆浴場法案	175
				旅館業法案	176
				へい獣処理場等に関する法律案	191
		後	医務	医師法案	177
				保健婦助産婦看護婦法案	178
				歯科衛生士法案	179
				歯科医師法案	180
				医療法案	184
			薬務	薬事法案	93
				麻薬取締法案	96
				大麻取締法案	122
1949	5	後	医務	医療法の一部を改正する法律案	77
				医師法及び歯科医師法の一部を改正する法律案	78
				死体解剖保存法案	165
			公衆衛生	国立病院特別会計法案	38
				伝染病予防法の一部を改正する法律案	111
			援護	未復員者給与法の一部を改正する法律案	151
			公害環境	国立公園法の一部を改正する法律案	121
1950	7	後	公衆衛生	一般会計と国立病院特別会計との間における国有財産の所属替又は所管換の無償整理に関する法律案	36
				栄養士法の一部を改正する法律案	49
				性病予防法等の一部を改正する法律案	50
			環境衛生	飲食営業臨時規整法の一部を改正する法律案	82
1952	13	前	援護	戦傷病者戦没者遺族等援護法案	66
1953	15	前	援護	未帰還者留守家族等援護法案	143
				戦傷病者戦没者遺族等援護法の一部を改正する法律案	144
1954	19	後	援護	未帰還者留守家族等援護法の一部を改正する法律案	68
				戦傷病者戦没者遺族等援護法の一部を改正する法律案	112
1955	22	後	援護	未帰還者留守家族等援護法の一部を改正する法律案	69
				戦傷病者戦没者遺族等援護法の一部を改正する法律案	70
1957	26	前	年金	厚生年金保険法の一部を改正する法律案(継続)	25:6
1959	31	後	年金	国民年金法案	123
1960	34	前	保険	社会保険審査官及び社会保険審査会法の一部を改正する法律案	40
				船員保険法の一部を改正する法律案	115
				厚生保険特別会計法等の一部を改正する法律案(継続)	31:167

年	国会	再編	部局	法　案	番号
1961	38	前	援護	未帰還者留守家族等援護法の一部を改正する法律案	93
			保険	厚生保険特別会計法等の一部を改正する法律案	19
				国民健康保険法の一部を改正する法律案	84
				健康保険法及び船員保険法の一部を改正する法律案	85
				日雇労働者健康保険法の一部を改正する法律案	86
				社会保険審議会及び社会保険医療協議会法の一部を改正する法律案	189
			年金	国民年金特別会計法案	95
				国民年金法の一部を改正する法律案	117
				年金福祉事業団法案	133
				通算年金通則法案	148
		後	援護	戦傷病者戦没者遺族等援護法の一部を改正する法律案	132
1962	40	前	児童	児童扶養手当法の一部を改正する法律案	9
			公害環境	ばい煙の排出の規制等に関する法律案	142
		後	保険	国民健康保険法の一部を改正する法律案	25
				船員保険法の一部を改正する法律案	64
			年金	国民年金法の一部を改正する法律案	32
			援護	戦傷病者戦没者遺族等援護法等の一部を改正する法律案	72
1963	43	前	児童	母子福祉資金の貸付等に関する法律の一部を改正する法律案	50
			公害環境	ばい煙の排出の規制等に関する法律の一部を改正する法律案	166
		後	保険	国民健康保険法等の一部を改正する法律案	87
				船員保険法の一部を改正する法律案	110
1964	46	後	児童	母子福祉法案	94
				重度精神薄弱児扶養手当法案	112
			(年金)	国民年金法及び児童扶養手当法の一部を改正する法律案	105
1965	48	前	環境衛生	清掃法の一部を改正する法律案	120
		後	児童家庭	母子保健法案	96
1967	55	後	環境衛生	環境衛生金融公庫法案	102
				下水道法の一部を改正する法律案	106
				下水道整備緊急措置法案	107
				清掃施設整備緊急措置法案	138
1968	58	後	環境衛生	清掃施設整備緊急措置法案	35
			公害環境	公害防止事業団法の一部を改正する法律案	24
				大気汚染防止法案	105
				騒音規制法案	106
1970	63	前	環境衛生	検疫法の一部を改正する法律案	17
			公害環境	自然公園法の一部を改正する法律案	16
				公害紛争処理法案	18
1971	65	後	環境衛生	下水道整備緊急措置法の一部を改正する法律案	37
			公害環境	悪臭防止法案	90

年	国会	再編	部局	法　案	番号
1973	71	前	環境衛生	化学物質の審査及び製造等の規制に関する法律案	108
				有害物質を含有する家庭用品の規制に関する法律案	110
1980	91	前	公衆衛生	原子爆弾被爆者に対する特別措置に関する法律の一部を改正する法律案	37
1981	94	前	公衆衛生	原子爆弾被爆者に対する特別措置に関する法律の一部を改正する法律案	29
				老人保健法案	74
1982	96	後	公衆衛生	原子爆弾被爆者に対する特別措置に関する法律の一部を改正する法律案	39
1983	98	前	医務	医療法の一部を改正する法律案	50
1984	101	後	医務	保健所法の一部を改正する法律案	40
				医療法の一部を改正する法律案	67
			公衆衛生	原子爆弾被爆者に対する特別措置に関する法律の一部を改正する法律案	39
1985	102	後	健康政策	医療法の一部を改正する法律案（継続）	101:67
			保健医療	原子爆弾被爆者に対する特別措置に関する法律の一部を改正する法律案	29

注：『厚生省50年史』に基づいて，部局再編前として再編年前年と前々年，再編後として再編年とその翌年とし，関連部局所管の法案を部局再編前後に整理している．ただし，同一部局における組織再編が続く場合，再編前後が混合することを回避するため，以下の措置を採っている．1年を置かず再編が続く場合，先発の再編年は分析対象としない．1年ないし2年を置く場合，先発の再編翌年は対象としない．また再編前後にまたがって継続審議とされた法案は対象とせず，これにより1982年の第96回国会における老人保健法案（第94回国会提出法案74）が除外されている．さらに1963年の第43回国会における国民年金法及び児童扶養手当法の一部を改正する法律案は年金と児童の2部局に関わるが，両部局で部局再編前後の定義が異なるため除外している．ただし，翌年の第46回国会における同名法案の場合，部局再編の定義が一致するため分析対象としている．1960年の第34回国会における厚生保険特別会計法等の一部を改正する法律案は3月15日に提出され，衆議院大蔵委員会において4月28日に議決不要とされ，第31回国会提出の継続審議となっていた同名の法案が修正可決されているが，この法案は再び継続審議となっている．同国会の船員保険法の一部を改正する法律案は，同名の第31回国会からの継続法案が衆議院社労委員会において3月17日に議決不要とされ，新規提出法案のほうが成立している．これら議決不要とされた2法案も分析から除外している．継続法案の番号は提出回次：番号としている．

参考文献

Achen, Christopher. 1986. *Statistical Analysis of Quasi-Experiments*. Berkeley: University of California Press.

縣公一郎．1995．「法令の制定と省庁の意思決定」西尾勝・村松岐夫編『講座行政学：第4巻／政策と管理』有斐閣，115-151頁．

Aldrich, John. 1995. *Why Parties? The Origin and Transformation of Party Politics in America*. Chicago: University of Chicago Press.

Allison, Paul. 1984. *Event History Analysis: Regression for Longitudinal Event Data*. Newbury Park: Sage Publications.

Alvarez, Michael and John Brehm. 1995. "American Ambivalence Towards Abortion Policy: Development of a Heteroskedastic Probit Model of Competing Values." *American Journal of Political Science*. 39: 1055-1082.

Amorim-Neto, Octavio, Gary Cox, and Mathew McCubbins. 2000. "The Cartel Model in Comparative Perspective: The Case of Brazil." *Paper presented at the 2000 Annual Meeting of the American Political Science Association*, Washington, DC, September.

青沼君明・木島正明．1998．「デフォルト率の推定」木島正明編『金融リスクの計量化：クレジット・リスク』社団法人金融財政事情研究会，38-99頁．

浅野一郎．1997．『国会辞典第3版：用語による国会法解説』有斐閣．

Bachrach, Peter and Morton Baratz. 1962. "The Two Faces of Power." *American Political Science Review* 56: 947-952.

Bachrach, Peter and Morton Baratz. 1963. "Decisions and Non-decisions: An Analytical Framework." *American Political Science Review* 57: 641-651.

Baerwald, Hans. 1974. *Japan's Parliament: An Introduction*. London: Cambridge University Press.（橋本彰・中邨章訳『日本人と政治文化』人間の科学社，1974年）

Baerwald, Hans. 1979. "Committees in the Japanese Diet." in *Committees in Legislatures: A Comparative Analysis*, ed. John Lees and Malcom Shaw, 327-360. Durham: Duke University Press.

Baron, David and John Ferejohn. 1989. "Bargaining in Legislatures." *American Political Science Review* 83: 1181-1206.

Baumgartner, Frank and Bryan Jones. 1993. *Agendas and Instability in American Politics*. Chicago: University of Chicago Press.

Bawn, Kathleen. 1995. "Political Control Versus Expertise: Congressional Choices about Administrative Procedures." *American Political Science Review* 89: 62-73.

Beck, Nathaniel. 1998. "Modeling Space and Time: The Event History Approach." in *Research Strategies in the Social Sciences: A Guide to New Approaches*, ed. Elinor Scarbrough and Eric Tanenbaum, 191-213. Oxford: Oxford University Press.

Beck, Nathaniel and Jonathan Katz. 1995. "What to Do (and Not to Do) with Time-Series-Cross-Section Data." *American Political Science Review* 89: 634-647.

Beck, Nathaniel and Jonathan Katz. 1996. "Nuisance vs. Substance: Specifying and Estimating Time-Series-Cross-Section Models." *Political Analysis* 6: 1-36.

Bennett, Scott. 1997. "Testing Alternative Models of Alliance Duration, 1816-1984." *American Journal of Political Science* 41: 846-878.

Bennett, Scott. 1999. "Parametric Models, Duration Dependence, and Time-Varying Data Revisited." *American Journal of Political Science* 43: 256-270.

Bennett, Scott and Allan Stam. 1996. "The Duration of Interstate Wars, 1816-1985." *American Political Science Review* 90: 239-257.

Binder, Sarah. 1997. *Minority Rights, Majority Rule: Partisanship and the Development of Congress*. Cambridge: Cambridge University Press.

Blondel, Jean. et al. 1970. "Legislative Behavior: Some Steps toward a Cross-National Measurement." *Government and Opposition* 5: 67-85.

Blossfeld, Hans-Peter and Götz Rohwer. 1995. *Techniques of Event History Modeling: New Approaches to Causal Analysis*. Mahwah: Lawrence Erlbaum Associates, Publishers.

Box-Steffensmeier, Janet. 1996. "A Dynamic Analysis of the Role of War Chests in Campaign Strategy." *American Journal of Political Science* 40: 352-371.

Box-Steffensmeier, Janet and Bradford Jones. 1997. "Time Is of the Essence: Event History Models in Political Science." *American Journal of Political Science* 41: 1414-1461.

Box-Steffensmeier, Janet and Christopher Zorn. 2001. "Duration Models and Proportional Hazards in Political Science." *American Journal of Political Science* 45: 972-988.

Box-Steffensmeier, Janet, Laura Arnold and Christopher Zorn. 1997. "The Strategic Timing of Position Taking in Congress: A Study of the North

American Free Trade Agreement." *American Political Science Review* 91: 324-338.

Brady, David and Mathew McCubbins. 2002. *Party, Process, and Political Change in Congress: New Perspectives on the History of Congress*. Stanford: Stanford University Press.

Breen, Richard. 1996. *Regression Models: Censored, Sample Selected, or Truncated Data*. Thousand Oaks: Sage Publications.

Brehm, John. 1993. *The Phantom Respondents: Opinion Surveys and Political Representation*. Ann Arbor: University of Michigan Press.

Brehm, John. 2000. "Alternative Corrections for Sample Truncation: Applications to the 1988, 1990, and 1992 Senate Election Studies." *Political Analysis* 8: 183-199.

Bueno de Mesquita, Bruce and Randolph Siverson. 1995. "War and the Survival of Political Leaders: A Comparative Study of Regime Types and Political Accountability." *American Political Science Review* 89: 841-855.

Calder, Kent. 1988. *Crisis and Compensation: Public Policy and Political Stability in Japan, 1949-1986*. Princeton: Princeton University Press. （淑子カルダー訳『自民党長期政権の研究：危機と補助金』文藝春秋，1989年）

Campbell, Andrea, Gary Cox, and Mathew McCubbins. 2002. "Agenda Power in the U.S. Senate, 1877-1986." in *Party, Process, and Political Change in Congress: New Perspectives on the History of Congress*, eds. David Brady and Mathew McCubbins, 146-165. Stanford: Stanford University Press.

Campbell, John. 1992. *How Policies Change: The Japanese Government and the Aging Society*. Princeton: Princeton University Press. （三浦文夫・坂田周一監訳『日本政府と高齢化社会：政策転換の理論と検証』中央法規，1995年）

Carey, John and Matthew Shugart. 1998. *Executive Decree Authority*. Cambridge: Cambridge University Press.

Cowhey, Peter and Mathew McCubbins. 1995. *Structure and Policy in Japan and the United States*. Cambridge: Cambridge University Press.

Cox, D. R. 1972. "Regression Models and Life Table." *Journal of the Royal Statistical Society* Series B 34: 187-220.

Cox, Gary. 1987. *The Efficient Secret: The Cabinet and the Development of Political Parties in Victorian England*. Cambridge: Cambridge University Press.

Cox, Gary. 1997. *Making Votes Count: Strategic Coordination in the World's Electoral Systems*. Cambridge: Cambridge University Press.

Cox, Gary. 2000. "On the Effects of Legislative Rules." *Legislative Studies Quarterly* 25: 169-192.

Cox, Gary. 2001. "Agenda Setting in the U.S. House: A Majority-Party Monopoly." *Legislative Studies Quarterly* 26: 185-211.

Cox, Gary. 2002. "On the Effects of Legislative Rules." in *Legislatures: Comparative Perspectives on Representative Assemblies*, ed. Gerhard Loewenberg, Peverill Squire, and D. Roderick Kiewiet, 247-268. Ann Arbor: University of Michigan Press.

Cox, Gary, and Mathew McCubbins. 1993. *Legislative Leviathan: Party Government in the House*. Berkeley: University of California Press.

Cox, Gary, and Mathew McCubbins. 1994. "Bonding, Structure, and the Stability of Political Parties: Party Government in the House." *Legislative Studies Quarterly* 19: 215-231.

Cox, Gary, and Mathew McCubbins. 1995. "Bonding, Structure, and the Stability of Political Parties: Party Government in the House." in *Positive Theories of Congressional Institutions*, eds. Kenneth Shepsle and Barry Weingast, 101-117. Ann Arbor: University of Michigan Press.

Cox, Gary, and Mathew McCubbins. 2002. "Agenda Power in the U.S. House of Representatives, 1877-1986." in *Party, Process, and Political Change in Congress: New Perspectives on the History of Congress*, eds. David Brady and Mathew McCubbins, 107-145. Stanford: Stanford University Press.

Cox, Gary, and Frances Rosenbluth. 1995. "Anatomy of a Split: the Liberal Democrats of Japan." *Electoral Studies* 14: 355-376.

Cox, Gary, Mikitaka Masuyama, and Mathew McCubbins. 2000. "Agenda Power in the Japanese House of Representatives." *Japanese Journal of Political Science* 1: 1-21.

Crenson, Matthew. 1971. *The Unpolitics of Air Pollution: A Study of Non-decisionmaking in the Cities*. Baltimore: Johns Hopkins University Press.

Döring, Herbert. 1995. "Time as a Scarce Resource: Government Control of the Agenda." in *Parliaments and Majority Rule in Western Europe*, ed. Herbert Döring, 223-246. New York: St. Martin's Press.

Dion, Douglas. 1997. *Turning the Legislative Thumbscrew: Minority Rights and Procedural Change in Legislative Politics*. Ann Arbor: University of Michigan Press.

Dion, Douglas and John Huber. 1996. "Procedural Choice and the House Committee on Rules." *Journal of Politics* 58: 25-53.

Epstein, David and Sharyn O'Halloran. 1994. "Administrative Procedures, Information, and Agency Discretion." *American Journal of Political Science* 38: 697-722.

Epstein, David and Sharyn O'Halloran. 1999. *Delegating Powers: A Transaction Cost Politics Approach to Policy Making under Separate Powers*. Cambridge: Cambridge University Press.

衛藤幹子．1995.「福祉国家の『縮小・再編』と厚生行政」『レヴァイアサン』17号91-114頁．

Evans, Peter, Dietrich Rueschemeyer, and Theda Skocpol. 1985. *Bringing the State Back in*. Cambridge: Cambridge University. Press.

藤本一美．1990.『国会機能論：国会の仕組みと運営』法学書院．

福元健太郎．2000a.「内閣立法の審議過程の歴史的分析，1947－1998」『公共政策：日本公共政策学会年報2000』．

福元健太郎．2000b.『日本の国会政治：全政府立法の分析』東京大学出版会．

福元健太郎．2002.「二院制の存在理由」『レヴァイアサン』30号91-116頁．

Fenno, Richard. 1962. "The House Appropriations Committee as a Political System." *American Political Science Review* 56: 310-324.

Gaventa, John. 1980. *Power and Powerlessness: Quiescence and Rebellion in an Appalachian Valley*. Oxford: Clarendon Press.

Geddes, Barbara. 1990. "How the Cases You Choose Affect the Answers You Get: Selection Bias in Comparative Politics." *Political Analysis* 2: 131-152.

Golub, Jonathan. 1999. "In the Shadow of the Vote? Decision Making in the European Community." *International Organization* 53: 733-764.

Golub, Jonathan. N.d. "Institutional Reform and Decisionmaking in the European Union." in *Institutional Challenges in the European Union*, ed. Madeleine Hosli and Adrian Van Deemen, forthcoming. London: Routledge.

Grambsch, Patricia and Terry Therneau. 1994. "Proportional Hazards Tests and Diagnostics based on Weighted Residuals." *Biometrika* 81: 515-526.

Grant, Tobin. 1999. "Timing in the Legislative Process: Introducing Legislation in the House of Representatives." *Paper presented at the 1999 Annual Meeting of the Midwest Political Science Association*, Chicago, IL, April.

Greene, William. 2000. *Econometric Analysis*, 4th ed. Upper Saddle River: Prentice Hall.

Hammond, Thomas and Gary Miller. 1987. "The Core of the Constitution." *American Political Science Review* 81: 1155-1174.

原田一明．1997.『議会制度：議会法学入門』信山社．

Heckman, James. 1976. "The Common Structure of Statistical Models of Truncation, Sample Selection and Limited Dependent Variables and a Simple Estimator for Such Models." *Annals of Economic and Social Measurement* 5 (4): 475-492.

Heckman, James. 1979. "Sample Selection Bias as a Specification Error." *Econometrica* 47: 153-161.

樋渡展洋. 1995a.「55年体制の『終焉』と戦後国家」『レヴァイアサン』16号 121-144頁.

樋渡展洋. 1995b.「『55年』政党制変容の政官関係」日本政治学会編『年報政治学1995：現代日本政官関係の形成過程』岩波書店, 107-134頁.

Hiwatari, Nobuhiro. 1998. "Adjustment to Stagflation and Neoliberal Reforms in Japan, the United Kingdom, and the United States: The Implications of the Japanese Case for a Comparative Analysis of Party Competition." *Comparative Political Studies* 31: 602-632.

Hosmer, David and Stanley Lemeshow. 1999. *Applied Survival Analysis: Regression Modeling of Time to Event Data*. New York: Wiley.

Huber, John. 1996. *Rationalizing Parliament: Legislative Institutions and Party Politics in France*. Cambridge: Cambridge University Press.

Huber, John and G. Bingham Powell. 1994. "Congruence between Citizens and Policymakers in Two Visions of Liberal Democracy." *World Politics* 46: 291-326.

Huber, John and Charles Shipan. 2000. "The Costs of Control: Legislators, Agencies, and Transaction Costs." *Legislative Studies Quarterly* 25: 25-52.

Huber, John and Charles Shipan. 2002. *Deliberate Discretion? The Institutional Foundations of Bureaucratic Autonomy*. Cambridge: Cambridge University Press.

Hug, Simon. 2001. *Altering Party Systems: Strategic Behavior and the Emergence of New Political Parties in Western Democracies*. Ann Arbor: University of Michigan Press.

飯尾潤. 1995.「政治的官僚と行政的政治家」日本政治学会編『年報政治学1995：現代日本政官関係の形成過程』岩波書店, 135-149頁.

Immergut, Ellen. 1992. *Health Politics: Interests and Institutions in Western Europe*. Cambridge: Cambridge University Press.

猪口孝. 1983.『現代日本政治経済の構図：政府と市場』東洋経済新報社.

猪口孝・岩井奉信. 1987.『「族議員」の研究：自民党政権を牛耳る主役たち』日本経済新聞社.

伊藤光利. 1988.「国会のメカニズムと機能：一党優位制における議会」日本政治学会編『年報政治学1987：政治過程と議会の機能』岩波書店，129-148頁．

伊藤光利. 1990.「比較議会研究と国会研究：対立と協調のダイナミクスの追及」『レヴァイアサン』6号172-185頁．

伊藤光利. 2000.「連立政権の政策能力」水口憲人・北原鉄也・久米郁男編『変化をどう説明するか：政治篇』木鐸社，207-234頁．

岩井奉信. 1988.『立法過程』東京大学出版会．

岩井奉信. 1990a.「保革図式の風化と多党化国会：昭和三十年～昭和四八年」内田健三・金原左門・古屋哲夫編『日本議会史録5』第一法規，329-400頁．

岩井奉信. 1990b.『「政治資金」の研究：利益誘導の日本的政治風土』日本経済新聞社．

自由民主党. 1987.『自由民主党史』自由民主党．

Johnson, Chalmers. 1982. *MITI and the Japanese Economic Miracle: The Growth of Industrial Policy, 1925-1975*. Stanford: Stanford University Press.（矢野俊比古監訳『通産省と日本の奇跡』TBSブリタニカ，1982年）

Kalbfleisch, John and Ross Prentice. 1980. *The Statistical Analysis of Failure Time Data*. New York: John Wiley & Sons.

加藤淳子. 1991.「政策決定過程研究の理論と実証：公的年金制度改革と医療保健制度改革のケースをめぐって」『レヴァイアサン』8号165-184頁．

加藤淳子. 1995.「政策知識と政官関係：1980年代の公的年金制度改革，医療保健制度改革，税制改革をめぐって」日本政治学会編『年報政治学1995：現代日本政官関係の形成過程』岩波書店，107-134頁．

加藤淳子. 1997.『税制改革と官僚制』東京大学出版会．

Kato, Junko. 1991. "Public Pension Reforms in the United States and Japan: A Study of Comparative Public Policy." *Comparative Political Studies* 24: 100-126.

Kato, Junko. 1994. *The Problem of Bureaucratic Rationality: Tax Politics in Japan*. Princeton: Princeton University Press.

Kato, Junko. 1998. "When the Party Breaks Up." *American Political Science Review* 92: 857-887.

加藤淳子／マイケル・レイヴァー. 1998a.「96年日本における政党の政策と閣僚ポスト」『レヴァイアサン』22号106-114頁．

加藤淳子／マイケル・レイヴァー. 1998b.「政権形成の理論と96年日本の総選挙」『レヴァイアサン』22号80-105頁．

Kato, Junko and Michael Laver. 1998a. "Party Policy and Cabinet Portfolios in Japan, 1996." *Party Politics* 4: 253-260.

Kato, Junko and Michael Laver. 1998b. "Theories of Government Formation and the 1996 General Election in Japan." *Party Politics* 4: 229-252.

加藤淳子／マイケル・レイヴァー／ケネス・シェプスリー．1996．「日本における連立政権の形成：ヨーロッパ連合政治分析におけるポートフォリオ・アロケーション・モデルを用いて」『レヴァイアサン』19号63-85頁．

川人貞史．1992．『日本の政党政治1890－1937年：議会分析と選挙の数量分析』東京大学出版会．

川人貞史．1999．「1950年代議員立法と国会法改正」『法学』63巻4号481-518頁．

川人貞史．2000．「中選挙区制研究と制度論」『選挙研究』15号5-16頁．

川人貞史．2002．「議院運営委員会と多数決採決」『レヴァイアサン』30号7-40頁．

川人貞史・福元健太郎・増山幹高・待鳥聡史．2002．「国会研究の現状と課題：資料解題を中心として」『成蹊法学』55号157-200頁．

Kessler, Daniel and Keith Krehbiel. 1996. "Dynamics of Cosponsorship." *American Political Science Review* 90: 555-566.

Kiewiet, D. Roderick and Mathew McCubbins. 1991. *The Logic of Delegation: Congressional Parties and the Appropriations Process*. Chicago: University of Chicago Press.

木島正明・小守林克哉．1999．『信用リスク評価の数理モデル』朝倉書店．

菊池守．1994．「参議院の独自性」『議会政策研究会年報』1号3-23頁．

木村利雄．1993．「議会における交渉機関の変遷と会派の関係」『議会政治研究』26号1-10頁．

King, Gary. 1989. *Unifying Political Methodology: The Likelihood Theory of Statistical Inference*. New York: Cambridge University Press.

King, Gary, Robert Keohane, and Sidney Verba. 1994. *Designing Social Inquiry: Scientific Inference in Qualitative Research*. Princeton: Princeton University Press.

King, Gary, James Alt, Nancy Burns and Michael Laver. 1990. "A Unified Model of Cabinet Dissolution in Parliamentary Democracies." *American Journal of Political Science* 34: 846-871.

北岡伸一．1995．『自民党：政権党の38年』読売新聞社．

Kohno, Masaru. 1997. *Japan's Postwar Party Politics*. Princeton: Princeton University Press.

河野勝. 2002. 『制度』東京大学出版会.
小島和夫. 1979. 『法律ができるまで』ぎょうせい.
厚生省五十年史編集委員会. 1988. 『厚生省五十年史』財団法人厚生問題研究会.
Krauss, Ellis. 1984. "Conflict in the Diet: Toward Conflict Management in Parliamentary Politics." in *Conflict in Japan*, ed. Ellis Krauss, Thomas Rohlen and Patricia Steinhoff, 243-293. Honolulu: University of Hawaii Press.
Krehbiel, Keith. 1991. *Information and Legislative Organization*. Ann Arbor: University of Michigan Press.
Krehbiel, Keith. 1993. "Where's the Party." *British Journal of Political Science* 23: 235-266.
Krehbiel, Keith. 1998. *Pivotal Politics: A Theory of U.S. Lawmaking*. Chicago: University of Chicago Press.
Krehbiel, Keith. 1999. "Paradoxes of Party in Congress." *Legislative Studies Quarterly* 24: 31-64.
草野厚. 1999. 『連立政権：日本の政治1993～』文藝春秋.
Laver, Michael and W. Ben Hunt. 1992. *Policy and Party Competition*. New York: Routledge.
Lijphart, Arend. 1977. *Democracy in Plural Societies: A Comparative Exploration*. New Haven: Yale University Press. （内山秀夫訳『多元社会のデモクラシー』三一書房，1979年）
Lijphart, Arend. 1984. *Democracies: Patterns of Majoritarian and Consensus Government in Twenty-One Countries*. New Haven: Yale University Press.
Lukes, Steven. 1974. *Power: A Radical View*. Basingstoke: Macmillan Education.
真渕勝. 1987.「アメリカ政治学における『制度論』の復活」『思想』11月号 126-154頁
真渕勝. 1997.「予算編成過程」岩村正彦ほか編『岩波講座現代の法3：政治過程と法』岩波書店，149-179頁.
真渕勝. 1999.「変化なき改革，改革なき変化－行政改革研究の新アプローチ」『レヴァイアサン』24号7-24頁
Macey, Jonathan. 1992. "Organizational Design and Political Control of Administrative Agencies." *Journal of Law, Economics, and Organization* 8: 93-110.
待鳥聡史. 1996.「アメリカ連邦議会研究における合理的選択制度論」『阪大法学』46巻3号69-113頁.
待鳥聡史. 2000.「緑風会の消滅過程」水口憲人・北原鉄也・久米郁男編『変

化をどう説明するか：政治篇』木鐸社，123-145頁．

待鳥聡史．2001．「国会研究の新展開」『レヴァイアサン』28号134-143頁．

Maddala, G. 1983. *Limited Dependent and Qualitative Variables in Econometrics*. New York: Cambridge University Press.

前田英昭．1990．「委員会制度：法律案の成立過程」藤本一美編『国会機能論：国会の仕組みと運営』法学書院，47-70頁．

前田英昭．1992．「国会審議と議事妨害」『議会政治研究』23号1-15頁．

前田英昭．1999．『国会の立法活動：原理と実相を検証する』信山社．

Manley, John. 1965. "House Committee on Ways and Means: Conflict Management in a Congressional Committee." *American Political Science Review* 59:927-939.

March, James and Johan Olsen. 1989. *Rediscovering Institutions: the Organizational Basis of Politics*. New York: Free Press.（遠田雄志訳『やわらかな制度：あいまい理論からの提言』日刊工業新聞社，1994年）

Martin, Lanny. 1999. "Coalition Politics and Parliamentary Government: Essays on Government Formation, Government Survival, and the Legislative Agenda." Doctoral Dissertation. University of Rochester.

増山幹高．1996．「議会，合理的選択，制度論」『公共選択の研究』26号79-92頁．

増山幹高．1998．「議事運営の理論と実証」1998年度日本政治学会研究会報告（於同志社大学）．

増山幹高．1999．「立法過程における国会再考」『成蹊法学』50号278-304頁．

増山幹高．2000．「立法時間の研究」『レヴァイアサン』26号150-167頁．

増山幹高．2001a．「首相の辞任と支持率：在任期間の生存分析」『公共選択の研究』37号14-24頁．

増山幹高．2001b．「国会運営と選挙：閣法賛否の不均一分散 Probit 分析」『選挙研究』16号56-67頁．

増山幹高．2001c．「国会は全会一致的か？」『成蹊法学』52号150-168頁．

増山幹高．2002a．「政権安定性と経済変動：生存分析における時間変量的要因」日本政治学会編『年報政治学2002：20世紀のドイツ政治理論』岩波書店，231-245頁．

増山幹高．2002b．「議事運営と行政的自律」『レヴァイアサン』30号41-66頁．

増山幹高．2003a．「政党の離合集散と代議制度」『成蹊法学』57号122-156頁．

増山幹高．2003b．「国会の機能・運営」『AERAMook 新版 政治学がわかる。』32-35頁．

Masuyama, Mikitaka. 1998. "Legislative Scheduling: A Case of the Japanese

Diet." *Paper prepared for delivery at the 1998 Annual Meeting of the American Political Science Association*, Boston, MA, September.

Masuyama, Mikitaka. 1999a. "How the Majority Exercises Agenda Power in the Japanese Diet." *Paper prepared for delivery at the 1999 Annual Meeting of the Midwest Political Science Association*, Chicago, IL, April.

Masuyama, Mikitaka. 1999b. "Legislative Agenda Power and Administrative Delegation in Japan." *Paper prepared for delivery at the 1999 Annual Meeting of the American Political Science Association*, Atlanta, GA, September.

Masuyama, Mikitaka. 2000a. "Legislative Time and Agenda Power in the Japanese Diet." *Review of Asian and Pacific Studies* 20: 65-85.

Masuyama, Mikitaka. 2000b. "Is the Japanese Diet Consensual?" *Journal of Legislative Studies* 6 (4) 9-28.

Masuyama, Mikitaka. 2001. "Agenda Power in the Japanese Diet: A Duration Analysis of Lawmaking." Doctoral Dissertation. University of Michigan.

松澤浩一．1990．「国会法改正の史的概観」(1)～(3)『議会政治研究』15号28-33頁，16号33-42頁，17号26-39頁．

McCubbins, Mathew and Gregory Noble. 1995. "The Appearance of Power: Legislators, Bureaucrats, and the Budget Process in the United States and Japan." in *Structure and Policy in Japan and the United States*, eds. Peter Cowhey and Mathew McCubbins, 56-80. Cambridge: Cambridge University Press.

McCubbins, Mathew and Frances Rosenbluth. 1995. "Party Provision for Personal Politics: Dividing the Vote in Japan." in *Structure and Policy in Japan and the United States*, eds. Peter Cowhey and Mathew McCubbins, 35-55. Cambridge: Cambridge University Press.

McCubbins, Mathew and Thomas Schwartz. 1984. "Congressional Oversight Overlooked: Police Patrols versus Fire Alarms." *American Journal of Political Science* 28: 165-179.

McCubbins, Mathew, Roger Noll, and Barry Weingast. 1987. "Administrative Procedures as Instruments of Political Control." *Journal of Law, Economics, and Organization* 3: 243-277.

McCubbins, Mathew, Roger Noll, and Barry Weingast. 1989. "Structure and Process, Politics and Policy: Administrative Arrangements and the Political Control of Agencies." *Virginia Law Review* 75: 431-482.

Mezey, Michael. 1979. *Comparative Legislatures*. Durham: Duke University Press.

Mochizuki, Mike. 1982. "Managing and Influencing the Japanese Legislative

Process: The Role of the Parties and the National Diet." Doctoral Dissertation. Harvard University.

森本昭夫．1993．「会期不継続の原則と新たな分析：日本特有の議会運営の側面」『議会政治研究』26号37-45頁．

村川一郎．1985．『日本の政策決定過程』ぎょうせい．

村松岐夫．1981．『戦後日本の官僚制』東洋経済新報社．

村松岐夫・伊藤光利・辻中豊．1986．『戦後日本の圧力団体』東洋経済新報社．

永久寿夫．1995．『ゲーム理論の政治経済学：選挙制度と防衛政策』PHP研究所．

中野実．1989．「わが国福祉政策形成の政治過程：主に昭和六〇年公的年金制度改正を事例として」日本政治学会編『年報政治学1988：転換期の福祉国家と政治学』岩波書店，125-161頁．

中野実．1996．「政界再編期の立法過程：変化と連続」『レヴァイアサン』18号71-95頁．

西村康雄．1984．「行政裁量の内在的統制」日本行政学会編『年報行政研究18：日本の行政裁量－構造と機能－』ぎょうせい，89-112頁．

野中尚人．1998．「先祖帰り？：連立政権時代における政策過程の変容」『レヴァイアサン』臨時増刊号37-67頁．

North, Douglass. 1990. *Institutions, Institutional Change and Economic Performance*. New York: Cambridge University Press.（竹下公視訳『制度・制度変化・経済成果』晃洋書房，1994年）

大橋靖雄・浜田知久馬．1995．『生存時間分析：SASによる生物統計』東京大学出版会．

大井啓資．1990．「国対委と議運委の役割」藤本一美編『国会機能論：国会の仕組みと運営』法学書院，99-123頁．

大石眞．2001．『議会法』有斐閣．

大嶽秀夫．1979．『現代日本の政治権力経済権力』三一書房．

大嶽秀夫．1994．『自由主義的改革の時代：1980年代前期の日本政治』中央公論社．

大山礼子．1987．「国会改革の流れ」『レファレンス』440号112-129頁．

大山礼子．1997a．『国会学入門』三省堂．

大山礼子．1997b．「審議手続」岩村正彦ほか編『岩波講座現代の法3：政治過程と法』岩波書店，181-206頁．

大山礼子．1999．「参議院改革と政党政治」『レヴァイアサン』25号103-122頁．

Pempel, T. J. 1974. "The Bureaucratization of Policymaking in Postwar Japan." *American Journal of Political Science* 18: 647-664.

Polsby, Nelson. 1975. "Legislatures." in *Handbook of Political Science Vol. 5: Governmental Institutions and Process*, ed. Fred Greenstein and Nelson Polsby, 257-319. Reading: Addison-Wesley.

Powell, G. Bingham. 2000. *Elections as Instruments of Democracy: Majoritarian and Proportional Visions*. New Haven: Yale University Press.

Powell, Walter and Paul DiMaggio. 1991. *The New Institutionalism in Organizational Analysis*. Chicago: University of Chicago Press.

Ramseyer, Mark and Frances Rosenbluth. 1993. *Japan's Political Marketplace*. Cambridge: Harvard University Press.（加藤寛監訳『日本政治の経済学：政権政党の合理的選択』弘文堂，1995年）

Reed, Steven. 1990. "Structure and Behavior: Extending Duverger's Law to the Japanese Case." *British Journal of Political Science* 20: 335-356.

Reed, Steven. 1993. *Making Common Sense of Japan*. Pittsburgh: University of Pittsburgh Press.

Reed, Steven, and Ethan Scheiner. N.d. "Electoral Incentives and Policy Preferences : Mixed Motives behind Party Defections in Japan." *British Journal of Political Science*, forthcoming.

Richardson, Bradley. 1997. *Japanese Democracy: Power, Coordination, and Performance*. New Haven: Yale University Press.

Richardson, Bradley and Scott Flanagan. 1984. *Politics in Japan*. Boston: Little, Brown and Company.

Rohde, David. 1991. *Parties and Leaders in the Postreform House*. Chicago: University of Chicago Press.

Rohde, David. 1994. "Parties and Committees in the House." *Legislative Studies Quarterly* 19: 341-359.

坂本孝治郎．1986．「強行採決と議長裁定：昭和五十六年度政府予算案をめぐって」日本政治学会編『年報政治学1985：現代日本の政治手続き』岩波書店，49-85頁．

坂本孝治郎．1988．「国会における法案審査：そのデータ作成の試み」日本政治学会編『年報政治学1987：政治過程と議会の機能』岩波書店，175-204頁．

坂本孝治郎．1990．「公明党の衆議院進出・野党多党化以降の国会の変遷：昭和四二年～平成二年」内田健三・金原左門・古屋哲夫編『日本議会史録6』第一法規，227-309頁．

坂本孝治郎．1997．「立法過程」岩村正彦ほか編『岩波講座現代の法3：政治過程と法』岩波書店，105-148頁．

佐藤誠三郎・松崎哲久．1986．『自民党政権』中央公論社．
佐藤達夫．1959．「会期制・点描」『ジュリスト』170号22-26頁．
Schattschneider, E. E. 1960. *The Semi-Sovereign People: A Realist's View of Democracy in America*. New York: Holt, Rinehart, & Winston. （内山秀夫訳『半主権人民』而立書房，1972年）
Schickler, Eric. 2001. *Disjoined Pluralism: Institutional Innovation and the Development of the U.S. Congress*. Princeton: Princeton University Press.
Schoenfeld, David. 1982. "Partial Residuals for the Proportional Hazards Regression Model." *Biometrika* 69: 239-241.
Schulz, Heiner and Thomas König. 2000. "Institutional Reform and Decision Making Efficiency in the European Union." *American Journal of Political Science* 44: 653-666.
政党政治研究会．1988．『議会政治100年：生命をかけた政治家達』徳間書店．
Shepsle, Kenneth. 1986. "The Positive Theory of Legislative Institutions: An Enrichment of Social Choice and Spatial Models." *Public Choice* 50: 135-178.
Shepsle, Kenneth and Barry Weingast. 1995. *Positive Theories of Congressional Institutions*. Ann Arbor: University of Michigan Press.
清水剛．1999．「イベント・ヒストリー分析の理論と方法」高橋伸夫編『生存と多様性：エコロジカル・アプローチ』白桃書房．
新川敏光．1993．『日本型福祉の政治経済学』三一書房．
衆議院・参議院．1990．『議会制度百年史』大蔵省印刷局．
Sigelman, Lee and Langche Zeng. 2000. "Analyzing Censored and Sample-Selected Data with Tobit and Heckit Models." *Political Analysis* 8: 167-182.
曽根泰教・岩井奉信．1988．「政策過程における議会の役割」日本政治学会編『年報政治学1987：政治過程と議会の機能』岩波書店，155-160頁．
Steinmo, Sven, Kathleen Thelen, and Frank Longstreth. 1992. *Structuring Politics: Historical Institutionalism in Comparative Analysis*. New York: Cambridge University Press.
Steslicke, William. 1973. *Doctors in Politics: the Political Life of the Japan Medical Association*. New York: Praeger.
田原総一朗．1986．『日本大改造：新・日本の官僚』文藝春秋．
高橋秀行．1986．「日本医師会の政治行動と意思決定」中野実編『日本型政策決定の変容』東洋経済新報社，237-266頁．
武見太郎．1983．『実録日本医師会：日本医師会長25年の記録』朝日出版社．
Takemi, Taro. 1982. *Socialized Medicine in Japan: Esseys, Papers and Addresses*. Tokyo: Japan Medical Association.

滝口正彦．1994．「衆議院における委員の割当及び選任方法」『議会政治研究』29号18-26頁．
田丸大．2000．『法案作成と省庁官僚制』信山社．
谷勝宏．1995．『現代日本の立法過程：一党優位制議会の実証研究』信山社．
建林正彦．1997．「中小企業政策と選挙制度」日本政治学会編『年報政治学1997：危機の日本外交』岩波書店，177-196頁．
建林正彦．2000．「中選挙区制と議員行動」水口憲人・北原鉄也・久米郁男編『変化をどう説明するか：政治篇』木鐸社，97-122頁．
建林正彦．2002．「自民党分裂の研究：93年の自民党分裂と90年代の政党間対立」『社会科学研究』53巻2・3号5-37頁．
Tsebelis, George. 2002. *Veto Players: How Political Institutions Work*. Princeton: Princeton University Press.
Tsebelis, George and Jannette Money. 1997. *Bicameralism*. Cambridge: Cambridge University Press.
辻清明．1952．『日本官僚制の研究』弘文堂．
内田健三．1986．「政党内・間の手続き：とくに議院運営委を中心に」日本政治学会編『年報政治学1985：現代日本の政治手続き』岩波書店，35-48頁．
Warwick, Paul. 1994. *Government Survival in Parliamentary Democracies*. Cambridge: Cambridge University Press.
Weingast, Barry and Mark Moran. 1983. "Bureaucratic Discretion or Congressional Control?: Regulatory Policymaking by the Federal Trade Commission." *Journal of Political Economy* 91: 765-800.
Whittle, Peter. 1982. *Optimization over Time: Dynamic Programming and Stochastic Control*. New York: Wiley.
山口二郎．1989．『一党支配体制の崩壊』岩波書店．
読売新聞調査研究本部．1989．『西欧の議会：民主主義の源流を探る』読売新聞社．
Zorn, Christopher. 2000. "Modeling Duration Dependence." *Political Analysis* 8: 367-380.

あとがき

　本書は国会における立法過程の計量的な分析を試みるものであるが，正直なところ，私は大学院に進み，研究者となることを志したときには，国会を研究しようとも，ましてや統計学を学ぶとも思ってはいなかった．その頃から漠然とながらも，医療や社会保障といった分野における政策研究に関心があり，本書において厚生省を題材にしている部分があるのはその名残でもある．ただし，政策研究という関心自体は少なくとも私の頭のなかでは今もなお一貫しており，本書はその実現に向けた一連の研究課題の1つをまとめているに過ぎないと思っている．私自身の当初の予想に反して，時間と労力を要し，遠回りをし過ぎたという感は否めないが，今後もこうした国会研究を継続するとともに，議会制度という観点から政策研究に取り組んでいくというのが長期的な野望である．

　したがって，そうした政策研究という意味において私を指導し，期待して下さっている方々にはもうしばらくのご猶予をお願いするしかない．ただし，本書において国会を分析対象とするようになった背景には，私の学部時代からの紆余曲折した研究者生活があり，今日までに与えられた数多くの幸運な出会いがなければ，本書が陽の目をみることもなかった．私が政策研究について関心を持つようになったのは，慶応大学において曽根泰教先生のゼミに入ったことがきっかけであり，先生のご指導のもとにゼミ生による共同研究をするという経験がなければ，おそらく研究者としての道を歩もうと考えることすらなかったであろう．政策研究に対する関心から，政策形成の理論や分析手法を本格的に学びたいと思うようになっていたところ，私にとって運命的な出会いとなったのが，ジョン・キャンベル先生の医療政策研究を手伝う機会に恵まれたことである．先生は「いかに政策が変わるのか」という観点から，日本における高齢者対策を分析した本を出版する最終段階にあり，政策分野的にも，分析手法的にも関心を共有するキャンベル先生からご指導

を賜ったことは私の研究者としての方向性を決定した．また先生を通じて，当時イェール大学から調査のために帰国されていた加藤淳子先生の知遇を得，以来，折りにふれて励ましの言葉をいただくことによって，私は何度も救われてきた．

　本書はミシガン大学に提出した博士論文を基にしており，ミシガン大学における2人の議会研究者との出会いに多くを負っている．私は組織論的な観点からの医療政策に関する研究を進めていたが，いわゆる歴史的制度論や社会学的制度論の政策分析に方法論的な限界を感じ，むしろジョン・キングダン先生を通じてアメリカにおける議会研究に魅せられるとともに，ジョン・ヒューバー先生から議会制度の合理的選択論を学んだことによって，政策を構造的に規定する議会制度という発想を得るようになった．ヒューバー先生のフランス議会における制度選択に関する博士論文がなければ，私が日本の国会に目を向けることもなかったであろう．私の研究が日本の国会や政治を理解するにあたって何がしかの学問的貢献をなすものであれば，それはミシガン大学の研究・教育プログラムの賜物である．とくに指導教授として，頑迷な私を忍耐強く博士論文の完成まで導いて下さったキャンベル先生には心より感謝を申し上げたい．論文の審査の際には，キングダン先生はすでにミシガン大学を退職され，またヒューバー先生もコロンビア大学に移られていたが，快く審査の労をとって下さったことは私には望外の喜びである．さらに学部外の審査委員として，情報組織論の第一人者であるマイケル・コーエン先生が加わられたのも運命的なことのように思える．これまでのご指導に加えて，今後の方向性に関する多くの貴重なご助言に改めて感謝したい．

　ミシガン大学以外においても，博士論文をまとめ，本書を執筆するにあたって，多くの方々からご指導，ご助言を賜った．まず東京大学社会科学研究所においては，立法資料を収集・整備するという物理的な意味だけでなく，研究所に集う研究者との知的交流を通じて有意義な研究の機会を得た．とくに平島健司先生，石田浩先生，渋谷博先生には研究所在籍中に過分なご配慮も頂戴した．さらに，日本学術振興会の特別研究員となり，カリフォルニア大学サンディエゴ校政治学部に客員研究員として滞在したことは，本書の理論的，方法論的な骨格を基礎づけるうえで貴重な経験となっている．とくにゲイリー・コックス，マット・マッカビンズの両先生には立法過程における

政党や議事運営についてご指導いただき，共著論文の執筆という幸運にも恵まれた．またニール・ベック先生から生存分析を学んだことは本書における計量分析の欠くべからざる方法論的な基礎となっている．

　本書は博士論文とともに，参考文献に挙げた学会報告や論文に基づいており，それらは，成蹊大学の同僚諸先生方は言うまでもなく，研究会や研究プロジェクトを通じていただいた貴重な助言や建設的な批判なくしては成し得なかったものである．「政治過程研究会」は多様な実証的政治分析を試みる研究者の集まりであり，小林良彰先生をはじめとして参加者から多くのことを学ぶことができている．また国会研究の共同プロジェクトを通じて，川人貞史，坂本孝治郎，福元健太郎，待鳥聡史の諸先生と日頃から国会や立法に関して議論し，情報を共有することによって，本書は世代を越えた国会研究者の理想的な協力関係の産物となっている．東京大学社会科学研究所の「喪失の90年代？」プロジェクトにおいては，本書第9章の基礎となる分析を行う機会を与えられ，樋渡展洋先生をはじめワークショップの参加者を含めて多くの方々から貴重なご意見をいただいた．また日韓比較研究において，飯尾潤先生と共著論文を執筆したことは代議制度に対する理解を確認する意味でも重要な経験となっている．

　本書における研究は，科学研究費補助金奨励研究A（平成12・13年度），成蹊大学研究助成費（平成13年度），財団法人櫻田会特別共同研究助成（平成13年度），科学研究費補助金基盤研究B（平成14年度）の部分的成果から成っている．本書の出版にあたっては，財団法人櫻田会第14回政治学術図書出版助成を頂戴し，審査委員の先生方より刊行に向けて有益なご意見をいただいた．とくに田中治男先生には，博士論文の拙い草稿から目を通していただき，櫻田会の出版助成を受けるにあたっても多大なご尽力を賜った．また木鐸社の坂口節子氏には草稿の段階より具体的なご助言をいただいている．ここに改めて御礼申し上げたい．このほかにも多くの方々からご意見をいただき，また資料の収集や整理，分析には友人や学生諸君の協力を得たが，すべての方々のお名前を挙げることは物理的にかなわず，ご海容下されば幸いである．

　本書を亡き瀬波正志先生に捧げる．高校を中退し，今で言うところのフリーターであった私が学業に戻ったのは，先生の法律事務所で働く機会に恵ま

れたからである．瀬波先生の薫陶を受けなければ，今の私はなく，したがって，本書も存在しない．今後の精進を誓いつつ，先生のご冥福を祈りたい．

2003年3月　吉祥寺にて

増 山 幹 高

索引

あ

委員会審査	17-18, 50-51, 55, 146
委員会制	38, 51, 54, 205
委員会中心主義	51, 60, 66, 133, 145, 205-206
依頼立法	34
打ち切り	75-76, 82, 115, 120-121, 128, 209-210, 230

か

会期延長	45, 119, 134, 145, 147-148, 151, 153, 211-213, 221, 230, 233
会期延長制限	151-153, 212-213
会期制	19, 38, 45, 47-48, 51, 57, 61, 90, 113-114, 147, 152-153, 177, 205, 209, 212-213
会期日数	39, 45, 90, 93, 98, 107, 114-116, 119-120, 221
会期不継続	58, 65, 127, 146, 206-207
会派	40, 59, 105, 137, 223, 228, 232, 236
閣外協力	181, 193, 236-237
各派交渉会	59, 233
稼動日数	57, 127, 206
カプラン・マイヤー法	116, 230
観察主義	21-22, 25, 31, 47, 49, 71, 76-79, 95-96, 165, 167, 176, 203-204, 217, 222, 225, 227
官僚支配	21-22, 31, 42-43, 45, 47, 160-165, 168, 203, 222
議院運営委員会	38, 50, 58-59, 61-62, 146, 148, 205, 221, 223, 229, 233
議院内閣制	11-15, 18-19, 22, 25-26, 42, 46, 48, 52, 73-74, 76-79, 96, 101, 106, 110-111, 121, 153, 159, 177, 199, 204, 207-209, 214, 216, 218, 220, 222, 225, 237
議員立法	12, 18-19, 25, 32-34, 37-38, 48, 79, 146, 204, 216-217, 220, 234
危機	43, 137-142, 144, 152, 156, 183, 198, 201, 221
危険比率	124-125, 135, 144, 183, 232, 233
危険率	81-84, 115-116, 118, 121, 124-125, 127-128, 209, 227, 231, 232
議事運営権	26-29, 55, 62, 64-66, 72-74, 78-80, 89, 97-99, 104, 106-113, 121, 129, 133-136, 142-145, 148, 150-153, 156, 159-160, 165, 167, 172, 175, 177, 179, 184-186, 188, 190, 195-197, 203, 205-208, 210-218, 224-225
議事運営モデル	26, 71-74, 121, 126, 134-135, 144, 150, 207, 230
議事協議員／議事協議会	59, 148, 223, 233

議事日程	19, 50, 58-59, 61, 72, 76, 128, 205, 210
議事連合	72, 129, 211, 232
基礎的危険率	83-84, 118, 124
記名投票	60, 224
逆転委員会	136, 211
逆転可決	56-57
牛歩	60
強行採決	56, 60, 139, 224
行政的裁量	160, 163-165, 172-173, 177, 213, 231
行政的な自律性	25, 159, 160, 162, 172, 175, 177, 214
行政立法	162
均一性	114, 118, 126-127
形式修正／形式的な修正	35-36, 166
継続審議	65, 76, 94, 147-148, 230, 235
継続法案	90, 114, 116, 122, 130-131, 155-156, 173, 200-201, 219, 232-233, 235-236
決裁権	55, 59, 61-62, 153, 205, 213
権限委譲	21, 42, 153, 160, 167, 176-177, 213-214
顕在化	26-27, 77-78, 80, 85-87, 89, 96-97, 100-101, 110-111, 114, 207-208
権力集中／権力の集中	19, 61, 140, 198-199, 205, 216, 218, 222, 237
権力分散／権力の分散	198, 222
後議	51, 53, 90, 116
交渉型審議仮説	107, 110, 186, 229
厚生省	160, 165, 167-168, 170-171, 173-177, 213, 235
公聴会	17-18, 50
行動論	12, 20, 79, 95, 167
合理的選択論	24, 134, 145, 217, 229, 232, 236
国会関連法規	25-26, 37, 45-46, 49, 52, 61, 71, 204-205
国会機能論	37, 94-95, 114, 220
国会対策委員会	59
国会法改正	27, 34, 45, 57, 134, 145, 147-149, 151-152, 156, 163, 173, 183, 201, 211-212, 219, 230, 233-234
国会無能論	13, 37, 46, 51, 94, 113, 205
コックス・モデル	84, 125, 128, 130-131, 135, 209
ゴンペルツ・モデル	83, 231

さ

再議決	53-54, 223
採決	18, 27, 50, 56, 59-61, 64, 77-78, 96-98, 128, 205, 210, 221, 228, 233

三権分立	11, 12
参考人	17, 50
時間依存	83-85, 116-118, 122, 125, 227, 230-232
時間的次元	26-27, 71, 74, 76, 78, 96, 100, 111, 114, 127-128, 154, 208-209
時間不変	119, 231
時間変量	119, 231
指数モデル	83, 118, 123, 128, 209
事前審査	15, 19, 22, 166-167, 217, 232
質疑	17-18, 50, 55-57, 60, 65
実質修正／実質的な修正	36, 235
質問主意書	224
主因子分析	67, 206
終局	55, 60, 65
集合行為論的ディレンマ	42, 153, 213
衆参ねじれ	36, 142, 144, 184-185, 187-189, 191, 195, 214
趣旨説明	17-18, 50, 58, 63, 146
常会	57-58, 147-148, 221, 233
消極的議事運営権	26, 79, 89, 101-102, 110-111, 184-185, 207-208
少数与党	137-138, 141, 147, 152, 181, 197, 212
小選挙区	54, 181, 198, 237
常任委員会	15, 38, 50, 54-56, 58, 162, 166, 220, 228, 234
審議拒否	19, 60, 103-104
審議引き延ばし	45, 51, 56, 60, 94
審議妨害	45, 52, 60, 65
審査回数	93, 103-105
審査未了	18
信任	12-13, 15, 19, 48, 52-54, 61, 204-205
政官関係	14, 21, 24, 28, 43, 46-47, 154, 159-160, 162-163, 176-177, 217
政権選択	14, 153, 198, 216
政権流動性	179-180, 182, 185, 190, 194-195, 213-214
政策転換	43-45, 47, 161-162, 176, 203
政治優位／政治家優位	28, 46, 159, 165, 175-177, 214
生存分析／イベント・ヒストリー分析／生存時間分析	23, 26, 48, 75, 81-82, 113-116, 118-119, 121, 127, 129, 176, 207, 209-210, 213, 225-227, 230-231
制度論	12, 24, 42, 61, 78-79, 134, 145, 167, 176-177, 213, 216-219, 235-236
政府立法	19, 25, 32, 34, 37, 47-48, 79, 102, 110-111, 162, 203-204, 207, 211, 217
政務調査会／政調	15, 22, 42, 46, 166-167, 172, 217, 220
積極的議事運営権	27, 79, 112-113, 115, 127, 129, 133, 136, 179, 207, 209
セレクション	27, 77-78, 85-89, 96-98, 100, 109-110, 119-120, 207, 226-227

全会一致	18-19, 26, 38, 45, 47, 49, 51-52, 55, 58-59, 61-62, 68, 71, 101, 108, 112, 204-206, 208, 221
先議	49, 50-51, 53, 107, 228, 231
先決性	63, 65, 205, 225
潜在化	76-77, 80, 96, 101, 111, 208
戦略的行動	14, 22, 79, 184
相互作用	37, 46, 69, 95, 101-102, 104-107, 109, 111-112, 120, 129, 185-186, 206, 208
族議員／「族」議員	15, 22, 166-167, 176
組織再編	160, 165, 168, 173, 235
組織的な自律性	24, 28, 160, 217

た

大統領制	12, 18
代理委任	21, 24-25, 28, 42-43, 45-47, 159-163, 165, 167-168, 175-177, 203, 213-214, 222
多元主義論	165, 175
多数決	14-15, 24, 61, 65, 112, 134, 145, 205, 217, 229
多数主義	24-27, 29, 46, 49, 59, 61-69, 71, 79, 89, 101-102, 110-112, 129, 133, 145, 149, 151-154, 159-160, 167, 172, 175-177, 204, 206-207, 210-213, 216-218, 222
多数派形成	181, 189, 196-198, 215
単独政権	28, 34, 39-40, 45, 91, 97, 103, 105, 107, 115, 139, 142, 165-166, 179, 181, 185, 187, 189, 191-192, 195-198, 214, 220, 236-237
中間報告	51, 56, 60, 64, 146, 148
中選挙区	42, 46, 54, 167, 181, 197-198, 215, 237
定例日	57, 223
討議	93-95, 103-105, 114, 229
討議型審議仮説	107
動議	55-56, 60, 65
討論	18, 50, 55, 60, 65, 216
特別委員会	17, 54-56, 170, 237
特別会	57, 147-148, 235
特別多数	54

な

二院制	38, 51-52, 198, 205, 215
日程間値	93, 100
日程値	93-95, 114
粘着	20, 38, 51, 93, 95, 101, 125, 136, 149, 152-153, 160, 205, 208,

	212-213, 234

は

廃案	18-19, 53, 55, 59, 65, 217
伯仲	37-38, 40, 45, 52, 102, 120, 125, 127-129, 136, 140, 161, 210
パネル分析	164
派閥	42, 46, 54, 138-141, 180, 197
反対収斂仮説	107, 109
否決	52-53, 56-57, 64, 76-77, 96, 182, 223, 225
非決定	89, 96, 226
表決	50, 55, 224
非予算国会	90, 115
比例危険	84, 125, 231-232
比例主義	222
比例代表	54, 68, 181, 198, 237
部局再編	168, 170-174, 177, 213, 235
不均一分散	101, 107, 109, 185, 229
不信任	52, 60, 138, 141-142, 147, 180, 182
法案賛否	27, 89, 101-102, 105-106, 108-109, 111, 185-190, 192, 195-196, 208, 215, 220, 228
法案支持確率	110, 187-189, 229-230
法案支持政党数	103
法案修正	18, 35-37, 64, 165-166, 222, 225
包括性	179, 184-185, 195, 214
保守合同	34, 137-138, 144
本会議中心主義	145

ま

みなし否決	223
問責	60

や

野党委員長	56, 99, 108, 110, 134-135, 143, 186, 228-229, 232, 236
優越性	25, 46, 51-54, 159, 177, 214
予算関連法案	50, 57, 63, 220, 224
予算国会	90-91, 98, 107, 115, 119-121, 128, 130, 142, 149, 155, 188, 209, 219-220, 228, 230
与党化	190-192, 196-198, 215
与党的野党	188, 196, 215
与野党協調	26, 37-38, 40-42, 45-47, 49, 59, 68, 101-102, 104, 109-110, 120, 126, 152-153, 160-164, 203-204, 208, 212-213, 229

ら

離合集散	137, 181, 197-198, 215
理事	55-56, 59, 64, 233
立法危険率	114-115, 118, 121-128, 130-131, 134-137, 143-145, 149, 151, 155-156, 160, 162-163, 165, 168, 172-174, 176, 182-184, 195, 200-201, 209-214, 231-234
立法・行政関係	14, 25, 27, 101, 106, 110-112, 153-154, 159-160, 167, 172, 175-177, 188, 195-196, 203, 208-209, 211, 213, 215, 217-218
立法ゲーム	13, 22, 26, 79
立法時間	26, 71, 73-74, 76-78, 90-92, 113-116, 118-128, 134, 206-207, 209, 228, 230-231
立法的生産性	25, 48, 58, 79-80, 136, 152, 204, 207
立法的な効率性	14, 129, 133-136, 142, 144-145, 150, 154, 159-160, 162, 182, 184, 195, 209, 211, 214
立法的優遇度	160, 162-163, 165, 172-173, 176-177, 234
立法年	33, 36, 38-39, 162-164, 173, 219, 221, 234
両院協議会	51-54, 223
臨時会	57, 147-148
連合審査	17-18, 50
連立政権	36, 137, 142, 179-192, 194-198, 200, 215, 230, 236-237

わ

ワイバル・モデル	83, 118, 123-126, 128, 209

SUMMARY

AGENDA POWER IN THE JAPANESE DIET

MASUYAMA, Mikitaka

The purpose of this study is to explain how agenda power is exercised in the Japanese Diet. The scarcity of legislative time makes agenda power a central concern of parliamentary politics. In particular, legislative agenda prioritization determines the life course of individual legislation in the Diet, which profoundly affects the structural relationship between politicians and bureaucrats.

Legislative Behavior and Institutions

Following the introductory chapter that briefly discusses the analytical approach taken in this study, Chapter 2 begins with a classification of the existing interpretations of the Japanese Diet and legislative process into three aspects: bureaucratic dominance, parliamentary accommodation, and principal-agent delegation. By reexamining these interpretations, I have shown that government bills have a much better chance of success and constitute an overwhelming majority of bills passed by the Diet. Government legislation in terms of both success and amendment rates has neither increased nor decreased during the postwar period.

These observations, however, do not help to determine whether it is the interpretation of bureaucratic dominance or the principal-agent delegation that accurately captures the reality of lawmaking. On the other hand, the level of government legislation is on the decline. It is consistent with the interpretation of parliamentary accommodation, in which the Diet is seen as gradually becoming a more difficult obstacle to overcome for bureaucratic bills. Yet, the downward trend of government legislation itself may become less apparent once the extraordinary legislative demand in the early postwar period and the effect of procedural changes made in the early 1960s are taken into account. The interpretation of both bureaucratic dominance and parliamentary accommodation expect some kind of trade-off between legislation and administrative ordinances, but there is no such relationship. Rather, the number of administrative ordinances tends to increase in the periods of "crisis," during which policy changes presumably take place, in disagreement with the idea of bureaucratic agents faithfully shifting with political drift.

What is most notable about postwar legislation at the macro level is that the production of government legislation has been relatively stable over time, while that of administrative regulations has been unstable. However, none of the three "observationalistic" interpretations properly capture these aspects. Previous research has stylized the Diet as a political institution where individual lawmakers initiate legislation and the opposition obstructs government legislation, thus limiting its analytical scope towards the "controversial" cases defined by confrontation between the legislative and the administrative branches. The fact that "controversial" legislation is scarcely observed has drawn scholarly attention away from the Diet, and the vast majority of legislation that the Diet ordinarily produces has not undergone academic scrutiny. No serious attention has been paid to the fluctuation in administrative regulations and the relationship between laws and ordinances.

The problem of observationalistic interpretation comes from the academic tradition in which observers portray the Diet as a political institution where the opposition parties and individual legislators primarily exercise influence. Most observers conclude that administrative agencies are dominant in initiating legislation and that the Diet ceremonially ratifies the bills proposed by the agencies. On the other hand, Mochizuki (1982) who departs from the tradition of underestimating the role of the Diet, argues that the institutional design of the Diet necessitates interparty accommodation and makes the legislative process more "viscous" than it appears. The institutional attributes of the Diet that Mochizuki emphasizes are (1) bicameralism, (2) the committee system, (3) the limited length of Diet sessions, and (4) the "unanimity norm" on procedural matters. In particular, these observationalistic views are based on the common assumption that the Diet is institutionally designed to facilitate unanimous decisions and interparty accommodation.

By reviewing the Constitution, the Diet Law, and the House Rules, with special attention to agenda setting procedures, Chapter 3 reveals that the "unanimity norm" in the Diet is less binding than commonly recognized. The postwar Diet is modeled on the legislative process of the U.S. Congress, but the constitutional principle of the Diet follows the fusion of power in the British Parliament.

The ruling majority, of course, must get over the parliamentary hurdle set by the distinct second chamber and the decentralized committees. Nevertheless, agenda power is institutionally designed to lie in the hands of the ruling majority as long as it commands a majority in both houses and in committees.

The system of "short sessions" imposes considerable time constraints on the way the Diet makes laws. At the same time, however, the majority can extend the term of an ordinary session as long as it wishes, and the cabinet is empowered to convoke an extraordinary session at will. Moreover, the term of a session is a matter of the Diet Law that can be amended by a simple majority. The presiding officer of each house, who has formal authority on procedural matters, usually abides by the decision made in the directorate of the House Management Committee (HMC), where party representatives seek unanimous decisions on procedural matters. It is, however, critically important to recognize that the presiding officer is authorized to make decisions when the HMC reaches no agreement.

Chapter 3 also shows that the Diet ranks relatively high in terms of the ruling majority's ability to control the legislative agenda. To be concrete, the Diet is classified into categories in each of the seven criteria proposed by Döring (1995) to rank 18 western European countries in order of government agenda control. With respect to the agenda setting rules such as "Precedence of the House over Committees" and "Control over the Committee Agenda," most of the national legislatures studied facilitate majority agenda setting as compared to the Japanese Diet. In other words, Diet committees are relatively more autonomous than those in other national legislatures, which is in line with the fact that the postwar Diet is partially transplanted from the committee system of the U.S. Congress. With regard to the other five criteria, however, the Diet rules facilitate majority agenda setting, placing the Diet alongside the legislatures like those of Britain and Ireland on a majority agenda control continuum. The finding is also borne out by the results of the principal factor analysis conducted on the 18 countries and Japan by utilizing the numerical values of Döring's country classification on the seven agenda control criteria. It is thus fair to conclude that the institutional design of the Diet is not as consensual as commonly recognized, and in fact ensures majority agenda setting even in comparison with western European parliaments.

The presiding officer's prerogative to determine the proceedings of conflicting issues provides an institutional foundation to facilitate legislation contingent on the majority's wishes. Given the Diet's rules and procedures, lawmaking comes down to a matter of agenda setting, as long as a party or coalition of parties commands a majority in the Diet. While the institutional design of the Diet is commonly assumed to be consensual and facilitate opposition participation in lawmaking, the majority can exercise the institutional prerogative to pass its desired bills through the Diet. The opposition attempts to delay Diet deliberations, with hopes that the majority takes into account the costs entailed in exercising its procedural prerogative. It is not the institutional design of the Diet to facilitate consensual decision making, but the majority bias in the Diet's rules that compels the opposition to adopt dilatory tactics.

Legislative Time and Agenda Power

The scarcity of legislative time makes agenda power a central concern of parliamentary politics. The Diet is in session for approximately 200 days per year, although these days do not belong to one continuous legislative session, and are split into one major budgetary session and a few other minor ones. What makes the time constraint even more severe is the rule of the Diet that requires unfinished bills to fail unless the house concerned resolves to continue deliberation while the Diet is not in session. Coupled with the constraint on legislative time, the opposition's dilatory tactics tend to pile up pending bills as the end of the legislative session approaches. This affects the way in which the majority assigns legislative agenda priority and critically determines the life course of successful legislation, thus inducing bureaucrats to strategically draft legislative proposals acceptable to the majority. Although legislative scholars agree on the importance of time management in the Diet, no study to date has systematically examined the effect of timing at the individual legislation level.

This study adapts the legislative scheduling model proposed by Cox and McCubbins (1993), which allows us to understand how the scarcity of legislative time affects the ruling majority's ability to achieve the legislative outcomes it desires. Agenda power is twofold: *negative* agenda power and *positive* agenda power. The former is to keep issues off the legislative agenda, while the latter is to propose changes to existing policy.

Viewed in the perspective of negative agenda power, the institutional design of the Diet that allows the majority to take control of parliamentary agendas, provides the majority with a credible threat to set a limit to the scope of legislation that bureaucrats can initiate. From this perspective, three scenarios can be expected.

(1) No bill, which the majority opposes, is submitted to the Diet.
(2) Some bills, which the opposition supports, reach the voting stage taking little time.
(3) Other bills, which the opposition does not support, may take between a matter of days to a matter of months to reach the voting stage.

While the majority always supports any government bill submitted to the Diet, the legislative positions of opposition parties converge on the opposing votes as time passes in the legislative process. In particular, the latter part of the hypothesis allows us to examine whether the interparty interaction over the course of legislation facilitates the legislative agreement between the government and the opposition, as expected in the traditional perspective that places emphasis on the function of parliamentary consultation.

In Chapter 5, a heteroskedastic probit model is applied to the data set of party voting records on government legislation during the period of the Liberal Democratic Party (LDP) government, estimating the likelihood of an opposition party to unsuccessfully oppose a government bill. Contrary to the accepted views in the literature, the analysis indicates that neither the majority's parliamentary strength nor the interparty interaction over the course of legislation increases the likelihood of an opposition party to support a government bill. Rather, it is merely a matter of the distribution of party positions over the legislative process. In other words, some bills that opposition parties agree on may reach the voting stage taking little time, while others that parties disagree over may take between a matter of days to a matter of months to be voted on. The party positions are distributed heteroskedastically over time, and simply converge on the opposing votes as time passes in the legislative process.

The analysis also finds that it is more likely for an opposition party to support a government bill if the chairman of the committee to which the bill in question is referred belongs to an opposition party and thus the ruling majority has no agenda control in committee deliberation. Therefore, one should abandon the traditional image of the Diet in which, parliamentary accommodation either at the macroscopic or microscopic levels, facilitates opposition participation and legislative viscosity. In contrast, the findings are consistent with the expectations from the perspective that places emphasis on the institutional design of the Diet to allow the majority to take control of parliamentary agendas, and the legislative-administrative relationship in which bureaucrats internalize the parliamentary preference.

With regard to *positive* agenda power, this study applies the statistical techniques of duration modeling to the data set of government legislation from major legislative sessions of the postwar period. Duration modeling provides an answer to the question of how long it takes for an event of interest to occur. In particular, it allows us to deal with the time constraint imposed by the term of legislative sessions by treating unfinished bills as "censored" legislation to be handled in a manner compatible with the bills enacted during the session. With a duration analysis framework, we can also utilize different parametric forms for the distribution of legislative duration times and examine how time affects the likelihood of successful legislation.

In Chapter 6, two parametric methods are considered for modeling individual legislation data. The exponential model assumes that the legislative hazard is constant over time. On the other hand, the Weibull model allows the hazard to either increase or decrease with time. The comparison of the two parametric estimates strongly implies that the likelihood of successful legislation increases as the duration time gets longer. The Cox partial likelihood method, which assumes no particular parametric form for the distribution of duration times, results in estimated coefficients substantially similar to those in the Weibull model.

Due to the time constraint imposed by the term of legislative sessions, the chance of successful legislation increases in proportion with the lapse of time. The traditional approach to legislative time is thus doubly problematic. Firstly, it ignores the issue of censoring that inevitably affects legislative duration data. Secondly, it overestimates the weight of time earlier in the session while underestimating it later in the session. It is thus important to take into account the institutional constraint on legislative time, and in doing so it becomes possible to properly examine the effects of exogenous factors on the legislative hazard function.

The legislative scheduling model implies that the extent to which agenda prioritization affects the timing and likelihood of successful legislation is a function of the majority's agenda power in the Diet. First, a government proposal given agenda priority is estimated to take less time to pass the Diet and have a higher chance of legislative success. The analysis thus provides preliminary evidence confirming the effect of agenda prioritization on the likelihood of successful legislation. Second, the estimates suggest that by presiding over committee meetings, the ruling majority can speed up the passage of a government bill, substantiating systematically the importance of committee agenda control. Third, the impact of agenda prioritization on the chance of a bill to pass the Diet is estimated to become weaker, when the majority does not hold the chairmanship of the committee to which the bill in question is referred.

The duration analysis also implies that the overall unstableness of the ruling majority has an independent impact on legislative hazard. The productivity of government legislation increased during the 1990s when the LDP failed to maintain a majority in both houses. At the same time, agenda prioritization becomes less determining when the parliamentary base of the majority is unstable, confirming the agenda power hypothesis at the longitudinal macroscopic level.

In order to analyze the majority force that extends beyond the legislative process within the Diet, Chapter 7 also examines whether the parliamentary rules, under which the majority exercises agenda power, have been institutionalized to influence legislative behavior in the manner intended by the majority. The duration analysis implies that the effect of agenda prioritization was strengthened after the Diet Law revision made in 1958, which imposed a restriction on session extension, and marked the institutionalization of the postwar legislative process in the Diet.

The duration analysis also provides supporting evidence with respect to parliamentary accommodation. The strength of the ruling majority's parliamentary base is estimated to associate positively with the likelihood of a bill to pass the Diet. At the same time, the gradual institutionalization of interparty relationship is shown to have an independent impact on the likelihood of successful legislation, although it is difficult to distinguish the institutionalization effect from that of the Diet Law revision made in 1958. Taking these estimates together, one can thus conclude that the macroscopic political factors have a substantial impact on the productivity of government legislation at the microscopic level.

However, it is worth emphasizing that the discussion to revise the Diet Law had already begun in the early 1950s. The realization of the revision to restrict session extension had to wait until after a series of events in the 1950s, such as the conservative merger and the emergence of a single party majority in both houses. Were the Diet a political institution where the opposition primarily exercised influence, as pictured by the traditional view, the restriction of session extension to set a limit on valuable legislative time would have probably been made as part of the 1955 Diet Law revision under the minority government. If the accommodation between the government and the opposition alone supplies the driving force behind parliamentary institutionalization, one might more reasonably expect the revision to restrict session extension to have been made after the crisis of the US-Japan security treaty that reached its peak of confrontation in 1960. Therefore, the Diet's rule change to impose restrictions on session extension was primarily institutionalized neither as a result of accommodation, nor to facilitate accommodation.

In contrast, the political context of the 1958 Diet Law revision is in line with the majority interpretation of the Diet. In particular, it is important to bear in mind that the conservative independents in the House of Councilors either lost their seats or joined the LDP in the late 1950s, allowing the LDP to secure a majority in both houses and to take control of agenda setting in the Diet. Note also that the 1958 Diet Law revision strengthened the prerogative of the presiding officer of each house. In particular, the revised Diet Law stipulates that the presiding officer of each house makes decisions if there is no unanimous opinion on procedural matters in the consultative body appointed by the HMC, which in practice the HMC directorate substitutes. Therefore, the 1958 Diet Law revision can be considered as the institutional selection of the Diet that rather reflects the concentration of agenda power in the hands of the ruling majority and the institutionalization of the legislative-administrative structure under the parliamentary cabinet system.

Majority agenda setting and parliamentary accommodation appear to be contradictory, but they may work together to determine the amount of deliberation time that facilitates the predominant pattern of policy making; that of being contingent on the ruling majority's will. As discussed in Chapter 3, it is the Diet's rules that insure majority lawmaking and compel the opposition to take dilatory tactics, with hopes that the majority considers the legislative and non-legislative costs incurred, in order to railroad the bills that the opposition dislikes. As an institutional solution to the collective dilemma problem among the Diet members, this game of lawmaking has behaviorally resulted in establishing the norm of restrained partisanship that helps to avoid parliamentary turmoil in the Diet. At the same time, it allows the ruling majority, as a "procedural coalition," to secure control of the legislative agenda for its members. Viewed in this light, the seemingly paradoxical relationship between the productivity of government legislation and the parliamentary base of the ruling majority during the 1990s can be interpreted as a consequence of the strategic effort by bureaucrats not to jeopardize their legislation by overloading the Diet and to draft bills more acceptable to the Diet when the parliamentary base of the government was weak.

Legislative-Administrative Relationship and Government Instability

It is thus critically important to understand the institutional design of the Diet in terms of not only facilitating accommodation between the government and the opposition, but also in constructing a link between the legislature and administrative agencies, which implies that bureaucratic power over policy design does not necessarily conflict with the policy goals that the ruling majority pursues. This study proposes the legislative institutional interpretation of the relationship between the Diet and the bureaucracy. In order to provide evidence that substantiates the view, in which the legislative-administrative relationship is structured by the institutional design of the Diet, Chapter 8 examines how the legislative agenda priority given to bureaucratic legislation is related to the autonomy of bill-proposing administrative agencies. The result of the time-series-cross-sectional analysis of administrative ordinances implies that, as the legislation initiated by an agency becomes more successful, the agency exercises more legislative discretion in terms of the number of administrative ordinances promulgated by the agency. Also, the comparison of the likelihood of successful legislation between the periods before and after the organizational changes in the Ministry of Health and Welfare suggests that the legislative preference given to government bills is on average higher after the organizational changes.

Considering these findings collectively, I believe that the institutional design of the Diet that facilitates majority agenda setting is better understood as not only inducing bureaucrats to strategically draft legislative proposals acceptable to the ruling majority, but also structuring the legislative-administrative relationship in which bureaucrats internalize the majority's policy goals. The Diet is institutionally designed to be the last hurdle of lawmaking, and the extent to which the parliamentary majority exercises legislative authority in the Diet must have enormous impact on the extra-parliamentary stages where administrative agencies draft proposals and implement policies. Given the majority's ability to control the legislative agenda, the administrative agencies producing legislative proposals that the majority prioritizes are systematically rewarded.

Although principal-agent scholars have analyzed the delegation relationship between the LDP and administrative agencies, the systematic evidence that they provide merely suggests that notwithstanding the shifts in the LDP's policy direction, there is no major change in the career paths of bureaucrats and the pattern of bureaucratic legislation in the postwar years. Yet, this is observationally equivalent to the view in which bureaucrats are assumed to be independent and outside the reach of politicians. Despite the fact that the Diet is the constitutional origin of the supremacy of politicians, the previous approach has considered only a stable majority and strong leadership as an institutional consequence of the parliamentary cabinet system. No serious attention has been paid to the legislative process within the Diet.

In contrast, this study examines legislative-administrative delegation by looking at the relationship between the agenda priority given to bureaucratic legislation and the administrative autonomy of bill-proposing agencies. In particular, the analysis shows how royal bureaucrats can be systematically rewarded in terms of their discretion to promulgate administrative ordinances, and how recalcitrant bureaucrats are organizationally forced to act in line with the parliamentary preference in the policy area where the delegation relationship between politicians and bureaucrats most likely exists. Departing from the traditional principal-agent approach to the observation of no bureaucratic behavioral change, this study provides us with an empirical basis to expect delegated policy-making under political control, whether or not any change is observed in bureaucratic behavior. Contrary to the existing studies that fail to address properly the relationship between government legislation and administrative ordinances, this study shows systematically how legislative agenda power affects the way policy-making is relegated to the administrative process.

During the 1990s, the most notable political change that occurred in Japan was that the LDP became unable to maintain a majority in the Diet, and consequently negotiations between political parties have been an essential element of the law-making process. To be concrete, the LDP lost its majority in the House of Councilors in 1989 for the first time since the mid-1950s. Following the split in the party, the LDP fell short of winning a majority in the House of Representatives in the 1993 general election. Such a change is considered as an increase in the instability of power, which may have a substantial consequence on legislative activity. First, the duration analysis of government legislation implies that the government refrains from submitting a bill that invites parliamentary disunion, increasing the likelihood of a bill to pass the Diet, given an unstable legislative coalition in the Diet.

Second, because of the necessity for coalition building, it becomes more likely for a political party to support a legislative proposal, as compared to a period when a single-party commands a majority in both houses of the Diet. Although the legislative positions of opposition parties are in principle structured along a left-right ideological dimension, all the parties, with the exception of the Communist Party, became fully supportive of government legislation once the LDP failed to maintain a majority in the House of Councilors. These positional changes imply that when the government cannot take full control of the Diet, the parties of centrists and social democrats occupy a pivotal position in legislative coalition building. As in the case of the New Frontier Party, an opposition party may have no reason to object government legislation when the ruling coalition consists of ideologically diverse parties and the opposition party in question lies within the ideological range of these ruling parties.

The findings also call our attention to the problem of the traditional approach that places emphasis on an observable event such as the transition of power. To distinguish the politics of the 1990s, the traditional approach tends to highlight the demise of the LDP dominance, the transition to the era of coalitions, and the policy making organizations and patterns seemingly characteristic of the coalition governments. Nevertheless, it is important to recognize that the trend toward consensual decision making was established well ahead of the demise of the LDP government in 1993.

Therefore, a critical consequence of the increased government instability in the 1990s is the fact that the parties of centrists and social democrats assumed the pivotal role in coalition building, shifting the range of government legislation in their favor, particularly in government financing. At the same time, however, the legislative gain came with a heavy electoral cost. That is, the condition for the opposition parties to appeal to the public as an alternative to the government further deteriorated, even though the LDP itself continued to decline in power. To understand the political dynamics of the 1990s, we must thus pay attention to the shift in the political landscape in the early 1990s, that evolved into the underlying factor behind the demise of the LDP government and determined the formation of governments in the ensuing period.

Conclusion

This study confirms the view in which the Diet is seen as a political institution where the ruling majority exercises influence. I have revisited the institutional design of the Diet with special attention to legislative agenda setting, and statistically examined the data set of individual government legislation from major postwar Diet sessions.

In strong contrast to the traditional image of the Diet, which emphasizes parliamentary accommodation to facilitate opposition participation and legislative viscosity, the analysis shows that the party positions on government legislation converge on the opposing votes as time passes in the legislative process. The analysis also shows that a government proposal given agenda priority is estimated to take less time to pass the Diet and has a higher chance of legislative success. The estimates imply that the extent to which agenda prioritization affects the likelihood of successful legislation is a function of the majority's ability to take control of the legislative agenda.

Moreover, majority force extends beyond the legislative process within the Diet. To test the majority structure of the Diet, this study examines a selection of parliamentary institutions and the relationship between the legislative and the administrative branches. The analysis shows that the rules of the Diet, under which the ruling majority exercises agenda power, have been institutionalized to influence legislative behavior in the manner intended by the majority. This study also examines the relationship between the agenda priority given to bureaucratic legislation and the administrative autonomy of bill-proposing agencies, and shows that the administrative agencies producing legislative proposals that the majority prioritizes are systematically rewarded.

In short, the institutional design of the Diet is to allow the majority to take control of parliamentary agendas, and to structure the legislative-administrative relationship in which bureaucrats internalize the parliamentary preference. I believe that my findings underline the importance of the further development of models that take agenda procedures into account. The examination of the institutional design of the Diet not only contributes to a comparative understanding of restrictive procedures that have been of major interest to legislative scholars, but also offers a majority interpretation of political institutions in representative democracy.

著者略歴

増山 幹高 (ますやま みきたか)

1964年　京都府生まれ
1989年　慶應義塾大学法学部卒業
2001年　ミシガン大学Ph.D.（政治学）取得
現　在　成蹊大学法学部助教授

論　文
「政権安定性と経済変動：生存分析における時間変量的要因」『年報政治学2002』2002年
「議事運営と行政的自律」『レヴァイアサン』2002年30号
「国会運営と選挙：閣法賛否の不均一分散Probit分析」『選挙研究』2001年16号
"Is the Japanese Diet Consensual?" 2000. *Journal of Legislative Studies* 6
「立法時間の研究」『レヴァイアサン』2000年26号

議会制度と日本政治：議事運営の計量政治学

2003年9月20日第一版第1刷印刷発行　Ⓒ

著者との了解により検印省略	著　者　　増　山　幹　高	
	発行者　　坂　口　節　子	
	発行所　　㈲　木　鐸　社	
	印刷　㈱アテネ社　　製本　関山製本社	

〒112-0002　東京都文京区小石川5-11-15-302
電話 (03) 3814-4195　　ファクス (03) 3814-4196
郵便振替　00100-5-126746　　http://www.bokutakusha.com

乱丁・落丁本はお取替致します

ISBN4-8332-2339-2　C3031

選挙制度変革と投票行動
三宅一郎著
A5判・240頁・3500円（2001年）ISBN4-8332-2309-0
　選挙制度改革後，2回にわたって行われた総選挙に示された有権者の投票行動の分析から，55年体制崩壊後の政治変化を読み取る三宅政治学の現在。有権者による小選挙区・比例区の2票の使い分け，一部で言われている戦略投票との関係など，著書の一貫したアプローチを新しいそれとの整合を図ることを試みる。

ソーシャル・ネットワークと投票行動
飽戸　弘編著
A5判・192頁・2500円（2000年）ISBN4-8332-2290-6
■ソーシャル・ネットワークの社会心理学
　90年夏，投票行動の国際比較のための共同研究事業が先進5カ国の研究者によって始められた。本書は，それに参加した日本チームが共通基準に基づいて十年余に及ぶ調査研究と分析を行った成果。伝統的な「組織のネットワーク」から現代的な「都市型ネットワーク」への変化に着目。

変動する日本人の選挙行動（全6巻）

①政権交代と有権者の態度変容　蒲島郁夫著
A5判・316頁・2500円（2000年2刷）ISBN4-8332-2237-X

②環境変動と態度変容　綿貫譲治・三宅一郎著
A5判・226頁・2500円（1997年）ISBN4-8332-2238-8

③日本人の投票行動と政治意識　小林良彰著
A5判・244頁・（品切）（1997年）ISBN4-8332-2239-6

④転変する政治のリアリティ　池田謙一著
A5判・224頁・2500円（1997年）ISBN4-8332-2240-X

⑤政党支持の構造　三宅一郎著
A5判・224頁・2500円（1998年）ISBN4-8332-2241-8

⑥JESⅡ　コードブック
蒲島郁夫・三宅一郎・綿貫譲治・小林良彰・池田謙一著
A5判・1010頁・10000円（1998年）ISBN4-8332-2242-6
　有権者の政治意識について，1993年〜1996年10月にかけて行った7回にわたるパネル調査（JESⅡ）のデータを解読するマニュアル。